AF460162

BIBLIOTHÈQUE COLONIALE ET DE VOYAGES

NOS

EXPLORATEURS

EN AFRIQUE

PARIS. — IMPRIMERIE A. PICARD ET KAAN. 293. L. C.

Types de Touaregs.

COLLECTION PICARD

BIBLIOTHÈQUE COLONIALE ET DE VOYAGES

NOS EXPLORATEURS EN AFRIQUE

PAR

JULES GROS

Ancien secrétaire de la Société de géographie commerciale de Paris.

ILLUSTRATIONS DE GENILLOUD, LOEVY ET MASSÉ

Troisième édition

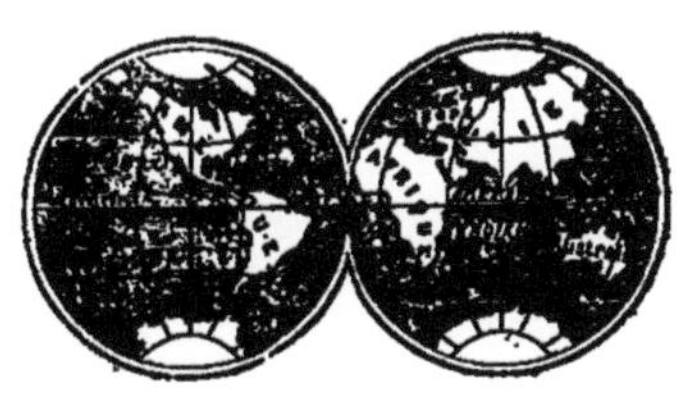

PARIS

ALCIDE PICARD ET KAAN, ÉDITEURS

11, RUE SOUFFLOT, 11

CET OUVRAGE

EST ADOPTÉ PAR LE MINISTÈRE DE LA MARINE
POUR LES BIBLIOTHÈQUES DE LA MARINE
ET PAR LA VILLE DE PARIS
POUR LES BIBLIOTHÈQUES MUNICIPALES
ET LES DISTRIBUTIONS DE PRIX A SES ÉCOLES

A

M. H. A. COUDREAU

C'est à vous, grand explorateur de l'Amérique, que je dédie ce livre. Je désire qu'il vous plaise et j'espère que vous serez bienveillant pour l'œuvre, en raison de l'amitié que vous avez bien voulu montrer à l'auteur.

JULES GROS.

NOS

EXPLORATEURS

EN AFRIQUE

INTRODUCTION

De toutes les parties du monde encore incomplètement connues, l'Afrique est sans contredit celle qui, dans les dernières années, a excité au plus haut point la curiosité et les investigations du monde civilisé.

Après les voyages du grand Livingstone qui, le premier, a apporté des connaissances précises sur la configuration de la partie sud de ce continent et qui, le premier, l'a traversé dans toute sa largeur, nous avons vu surgir une pléiade d'explorateurs glorieux, et une vaste étendue de terre désignée jusque-là sur les cartes par la mention *Terra incognita* est devenue, grâce à leurs patientes recherches, un pays connu et dont il est déjà permis de tracer les fleuves, les montagnes, les villages et les lacs. Peu d'hommes ont réussi à traverser l'Afrique équatoriale dans toute la largeur; deux des plus célèbres, en partant de l'Océan Indien, sont allés rejoindre l'Océan Atlantique, ce sont l'Anglais Cameron et l'Américain Stanley; un autre, le Portugais Serpa Pinto, est parti, au contraire, de la côte ouest de l'Afrique et a atteint, au prix de fatigues inénarrables, la rive orientale de ce mystérieux continent.

Grâce à ces efforts et à ceux de tant d'autres valeureux pionniers de la science et de la civilisation, les sources et le cours du Nil, la région des grands lacs, le cours des fleuves Zambèze, Congo, Ogôoué, Niger, n'ont plus rien de caché ni d'inconnu. Nous voudrions dire au prix de quels efforts surhumains ces découvertes ont été faites; mais le cadre d'un volume ne saurait avoir une telle étendue: nous allons du moins raconter ici les plus intéressantes aventures qui ont signalé les principaux voyages d'exploration de nos compatriotes.

I. — LE SAHARA

RENÉ CAILLIÉ[1]

DE SAINT-LOUIS AU MAROC PAR TOMBOUCTOU

L'EMPIRE DE LA SOIF

La ville de Tombouctou, la capitale du Soudan et le grand marché de l'Afr'que centrale, a été depuis longtemps le but des investigations et des efforts d'un grand nombre de voyageurs. Cinq Européens seulement ont réussi à atteindre et à visiter la cité mystérieuse, un Anglais, le major Laing, qui paya de la vie sa soif d'apprendre et de savoir, deux Allemands, Barth, et tout récemment le docteur Lenz, un Français, René Caillié et enfin tout récemment un Français qui s'est fait Arabe le Dr Hadji-Abd-el Kerim Bey, médecin de l'empereur du Maroc. C'est l'épopée de Réné Caillié qui tiendra la tête de cet ouvrage; le sublime dévouement du pauvre boulanger, les souffrances qu'il endura, son courage indomptable, sa constance à toute épreuve lui donnent droit à cet honneur.

Si l'on consulte l'interminable liste des explorateurs qui se sont illustrés depuis le commencement de notre siècle et qui, au prix de fatigues surhumaines, ont apporté leur part de découvertes au domaine de la géographie, nul ne mérite davantage d'inspirer l'intérêt et la sympathie universelle que

[1] Cf. G. FRANCK. *Voyages et aventures de René Caillié.* Paris A Picard et Kaan.

notre compatriote René Caillié. Sans appui, sans subsides, sans fortune personnelle, sans avoir reçu cet avantage moral que donne une forte et solide éducation, il a accompli, grâce à la seule force de sa volonté, grâce à son courage indomptable, le plus difficile et le plus merveilleux voyage qui ait

René Caillié.

encore été fait dans l'intérieur de l'Afrique. C'est lui qui, le premier des Européens, a réussi à apporter à l'ancien monde des renseignements précis sur Tombouctou. Si le major anglais Laing est entré une année plus tôt dans la mystérieuse capitale du Soudan, il n'eut pas, comme Caillié, le bonheur d'en revenir; assassiné après cinq journées de marche à la sortie de la ville, il a laissé ses os, blanchis sous le soleil torride du désert, pour marquer les traces de son passage. Notre hardi compatriote eut, lui, l'insigne honneur, à son retour en France, d'obtenir avec la grande médaille d'or de la Société de géographie de France, le grand prix qu'une souscription nationale, ouverte à Paris en 1824, avait établi en faveur du voyageur européen qui le premier pénétrerait à Tombouctou et en rapporterait en Europe la description.

René Caillié est né le 10 novembre 1799 à Mauzé, hameau du département des Deux-Sèvres, à quatre lieues environ de Niort. En vain son père, honnête et pauvre boulanger, tenta-t-il de lui faire apprendre un état manuel. L'amour des voyages et des aventures entraînait invinciblement le jeune homme vers les contrées mystérieuses des continents inconnus. L'inspection d'une carte d'Afrique et des immenses territoires laissés en blanc dans cette partie du monde le décida sur la direction qu'il devait prendre. A seize ans, ayant seize francs pour toute fortune, il s'embarqua sur la gabarre *la Loire* qui allait au Sénégal et, après une traversée dangereuse et accidentée, il arriva à Saint-Louis.

Une première expédition à travers les déserts brûlants de la Sénégambie, à la suite du major Cray, fut pour lui le dur apprentissage de la carrière de privations et de fatigues qu'il avait embrassée. Après avoir couru des dangers de toute nature et avoir affronté cent fois la mort, il revint de ce voyage atteint d'une maladie grave. Quand il fut guéri, il sollicita successivement, mais en vain, l'appui et les secours du gouvernement français et du gouvernement anglais dans le but d'accomplir le voyage de Tombouctou, qui était devenu l'objectif de tous ses rêves. Les refus humiliants, les promesses vaines, les espérances déçues, les difficultés matérielles de l'existence, rien ne parvint à détruire cette résolution d'airain.

« Mort ou vif, disait-il, j'aurai le prix de la Société de géographie! et, si je meurs à la peine, ma sœur le recevra. »

Il alla vivre plusieurs mois dans un village de l'intérieur, y étudia patiemment les mœurs, la langue, les coutumes des indigènes, s'y familiarisa surtout avec l'étude du Coran, puis il revint encore à Saint-Louis, où il obtint un modeste emploi qui lui permit d'amasser, à force d'économie, un petit pécule de deux mille francs. Il convertit ce modeste trésor en une pacotille d'objets recherchés par les nègres, puis il résolut de partir seul et d'accomplir avec ses uniques ressources sa gigantesque entreprise.

Nous n'essayerons pas ici de raconter cette épopée ; qu'il nous suffise de signaler quelques-unes des souffrances surhumaines qu'il eut à endurer pendant ce long voyage qui n'a pas encore eu son pendant, et que doivent s'attendre à subir tous ceux de nos compatriotes qui seraient tentés de recommencer une entreprise semblable.

Après une longue marche des plus fatigantes, après avoir perdu une partie de ses effets sans pouvoir les recouvrer, il arriva à Timé avec une plaie au pied qui lui rendait la marche presque impossible. Une fièvre ardente le saisit et l'obligea à s'arrêter. Une bonne vieille négresse, mère de son hôte Baba, prit pitié de sa jeunesse et s'offrit pour soigner sa blessure. Grâce à des remèdes efficaces, quoique lents, connus par les indigènes, il voyait peu à peu sa plaie se refermer, et il commençait à espérer pouvoir se remettre bientôt en route pour Jenné et de là pour Tombouctou, quand de violentes douleurs dans la mâchoire vinrent lui apprendre qu'il était atteint du scorbut, affreuse maladie qu'il éprouva dans toute son horreur. Mais laissons parler le voyageur lui-même; la simplicité de son récit lui donne un caractère de sincérité et un attrait que ne sauraient avoir les développements les plus éloquents :

« Mon palais, dit-il, fut entièrement dépouillé, une partie des os se détacha et tomba, mes dents semblaient ne plus tenir dans leurs alvéoles, mes souffrances étaient affreuses; je craignis que mon cerveau ne fût détraqué par la force des douleurs que je ressentais dans le crâne; je fus plus de quinze jours sans trouver un instant de sommeil. Pour mettre le comble à mes maux, la plaie de mon pied se rouvrit, et je voyais s'évanouir tout espoir de partir. Que l'on s'imagine ma situation ! Seul dans l'intérieur d'un pays sauvage, couché sur la terre humide, n'ayant d'autre oreiller que le sac de cuir qui contenait mon bagage, sans médicaments, sans personne pour me soigner que la bonne vieille mère de Baba, qui, deux fois par jour, m'apportait un peu d'eau de riz qu'elle me forçait à boire, car je ne pouvais rien manger, je devins bientôt un véritable squelette. Enfin j'étais dans un état si cruel que je finis par inspirer de la pitié même à ceux qui étaient le moins disposés à me plaindre.

« J'avais perdu toute mon énergie, les souffrances absorbaient mes idées; il ne me restait qu'une pensée, celle de la mort; je la désirais, je la demandais...

« Enfin, après six semaines de souffrances aiguës, pendant lesquelles je ne m'étais nourri que de légère bouillie de riz et n'avais eu que de l'eau pour boisson, je commençais à me trouver mieux et à réfléchir à ce qui se passait autour de moi. Je ne voyais presque plus mon hôte Baba : il me fut aisé de penser que je les gênais; ils étaient fatigués d'avoir chez eux un homme continuellement malade. Les cadeaux que j'étais obligé de réitérer sans cesse absorbaient tous mes moyens; je ne pouvais me dissimuler que mon bagage devenait si mince que j'avais à craindre de n'avoir plus assez de marchandises pour finir mon voyage; car, malgré l'état affreux où je me trouvais, je ne renonçais pas à le continuer; j'aimais mieux mourir en route que de retourner sur mes pas sans avoir fait de plus grandes découvertes. Etant seul dans ma case, je me livrais à mes réflexions et je cherchais les moyens que je pourrais employer pour me rendre sur le Niger où j'espérais m'embarquer pour aller à Tombouctou et arriver un jour à cette ville mystérieuse, objet de mes recherches. Je ne me suis pas reproché un seul instant la résolution qui m'avait conduit dans ces déserts où je semblais avoir été appelé à souffrir mille maux. Je voyais avec peine la belle saison s'écouler; les chemins étaient praticables, les marais desséchés; enfin tout contribuait à me faire regretter le temps que je perdais à Timé. Voyant que je ne guérissais pas, Baba, saisi d'un mouvement de compassion, revint me voir; il s'assit auprès de moi. Après m'avoir demandé de mes nouvelles, il me dit qu'il allait faire venir une vieille femme qui connaissait ma maladie; je lui sus bon gré de cette attention. La vieille vint; elle m'examina attentivement, puis elle me rassura en me disant qu'elle allait me donner une médecine qui me ferait beaucoup de bien, que je serais bientôt guéri; elle ajouta que cette maladie était commune dans le pays, et que si l'on n'y faisait pas de remède prompt on perdait toutes ses dents.

« Pour commencer son traitement, elle m'interdit le sel et me fit défense de manger de la viande et même de boire du bouillon.

« Dans la soirée, elle m'apporta dans un coin de son pagne des morceaux de bois rouge qu'elle fit bouillir dans de l'eau; elle m'ordonna de m'en laver la bouche plusieurs fois par jour, ce que j'eus bien soin d'observer. Je trouvais cette eau très âcre; elle contenait un fort astringent. Cependant je n'éprouvais que peu de soulagement; ma guérison me paraissait bien lente. La convalescence ne commença que vers le 15 décembre. La plaie de mon pied, sur laquelle j'avais mis un emplâtre de diachylon, guérit avec le scorbut. »

Pour peindre avec fidélité toutes les peines, toutes les fatigues, tous les dangers qui accompagnèrent le long voyage de Caillié à travers ces pays sauvages, son arrivée à Tombouctou, les difficultés qu'il rencontra pour y entrer et pour en sortir la vie sauve, il faudrait des volumes. Nous conseillons à ceux de nos lecteurs que ces lamentables aventures pourraient intéresser de lire le *Journal d'un voyage à Tombouctou et à Jenné,* qu'a publié à son retour l'héroïque explorateur.

Pour rentrer en Europe, René Caillié résolut de se diriger sur Tafilet et le Maroc. Il partit donc par la route du nord en se joignant à une caravane qui allait à El-Araoân.

Le 4 mai 1828, les Maures, avec lesquels le voyageur se décida à partir, se mirent en route vers le nord sur un sable presque mouvant et entièrement aride. La caravane comptait près de six cents chameaux et parcourait environ deux milles, terme moyen, à l'heure.

Après avoir traversé le lieu fatal où le major Laing avait été assassiné, étranglé par deux nègres esclaves, sur l'ordre de Maures fanatiques, il visita la ville d'El-Araoân.

La partie la plus dramatique de son voyage fut la traversée du désert. Ici commence une nouvelle série de fatigues inexprimables : les puits sont rares; ceux qu'on trouve contiennent de l'eau saumâtre et presque impotable, et souvent encore il faut les déblayer parce qu'ils ont été remplis par les sables qu'emporte le vent ; la chaleur est suffocante, on est forcé de ne marcher guère que de nuit.

Ici encore nous nous sentons dans la nécessité de laisser la parole au vaillant voyageur : mieux que personne, il sait exprimer les mortelles angoisses de cette course à travers le désert enflammé :

Caravane dans le désert.

« ...... A dix heures du matin, nous fîmes halte. Le vent brûlant d'est qui commençait à souffler rendait la chaleur insupportable, et une poussière embrasée nous entrait dans les yeux malgré les précautions que nous avions prises pour nous en garantir. On campa sous des tentes ; on nous distribua de l'eau tiède, qui cependant fut trouvée délicieuse, quoiqu'elle n'étanchât que faiblement notre soif ; ensuite nous nous étendîmes sur le sable pour nous reposer un peu. Malgré toutes les précautions que j'avais prises, la chaleur fut si forte, ma soif si ardente, qu'il me fut impossible de dormir; ma bouche était en feu et ma langue collée à mon palais.

« J'étais comme expirant sur le sable en attendant avec la plus grande impatience le moment où l'on devait nous donner à boire : je ne songeais qu'à l'eau, aux rivières, aux fleuves, aux ruisseaux; je n'avais pas d'autres pensées pendant la fièvre ardente qui me dévorait; dans mon impatience, je maudissais mes compagnons, le pays, les chameaux, que sais-je?... le soleil même, qui ne regagnait pas assez vite les bornes de l'horizon.

« L'endroit où nous étions campés était d'une aridité affreuse; pas un seul petit brin d'herbe ne reposait l'œil; la nature offrait l'aspect le plus effrayant.

« Les chameaux dispersés dans la plaine, cette solitude profonde, le silence du désert, produisaient une impression pénible, difficile à exprimer; ces pauvres animaux, exténués de fatigue, étaient couchés près des tentes, la tête entre les jambes, attendant tranquillement le signal du départ... »

Plus loin nous trouvons la description de dangers non moins terribles. La caravane arrivait aux puits de Télig; un vent d'est, qui soufflait avec violence, soulevait des monceaux de sable, et par l'effet de la sécheresse qu'il répandait partout, l'eau des outres, se vaporisant, diminuait à vue d'œil. Ecoutez la description que fait d'un ouragan dans le désert l'intrépide voyageur :

« Une de ces trombes surtout (les trombes de sable), plus considérable que les autres, traversa notre camp, culbuta toutes les tentes et nous faisant tournailler comme des brins de paille, nous renversa pêle-mêle les uns sur les autres. Nous ne savions plus où nous étions; on ne distinguait rien à un pied de distance; le sable, comme un brouillard épais, nous enveloppait dans de noires ténèbres; le ciel et la terre semblaient confondus et ne faisaient qu'un tout.

« Durant ce bouleversement de la nature, la consternation était générale; on n'entendait de tous côtés que des lamentations; le plus grand nombre se recommandaient à Dieu en criant de toutes leurs forces : « Il n'y a qu'un seul Dieu et Mahomet est son prophète ! » Au milieu de ces cris, de ces prières et des mugissements du vent on distinguait par intervalles les mugissements sourds et plaintifs des chameaux aussi effrayés et bien plus à plaindre que leurs maîtres, puisque depuis quatre jours ils n'avaient rien mangé. Tout le temps que dura cette affreuse tempête, nous restâmes étendus sur le sol, sans mouvement, mourant de soif, brûlés par le sable et battus par le vent... »

Nous renonçons à peindre, et les limites de ce livre nous en font un devoir, les mille misères qui sont comme les douloureuses stations de ce calvaire. Que le lecteur ajoute aux peintures que nous avons empruntées au livre du voyageur, la déception du mirage qui fait entrevoir au loin des lacs limpides et des fleuves aux flots bleus; celle des puits qu'après des jours de recherches on retrouve, mais dèsséchés; qu'il y ajoute les vexations, les outrages de toute sorte supportés par notre infortuné compatriote, qu'on affecte souvent, malgré les précautions qu'il a prises, de traiter comme un chrétien; qu'il y ajoute enfin les trahisons de ses guides qui le volent et l'insultent, le tourment de l'incertitude, et il n'aura qu'une faible esquisse de ce qu'a souffert René Caillié avant de sortir du Sahara.

Enfin il arrive dans la ville de Tanger; là, peut-être, il va pouvoir échapper à ses défiants compagnons de route et trouver un protecteur dans le représentant de la France; mais comment, sans éveiller le soupçon, demander aux étrangers la maison du consul français? Il se présente à la résidence anglaise; un domestique du consul repousse avec horreur le misérable couvert de haillons qui vient frapper à la porte, tant son aspect est sale et rebutant. Enfin il découvre la maison de notre consul. M. Delaporte lui saute au cou et l'embrasse avec effusion dès qu'il apprend qu'il a devant ses yeux un héroïque compatriote, échappé par une série de miracles à une mort certaine.

Tels sont les dangers, les peines qu'ont à subir ces hommes généreux qui, sans espoir de gain personnel, pour le seul amour de la science, s'en vont, à travers les pays inconnus, tracer la route à leurs compatriotes qui, plus tard, portant dans les mondes nouveaux leur industrie et leur commerce, recueilleront les fruits dont les misères, les souffrances et souvent la vie des explorateurs ont été la semence féconde.

René Caillié revint en France sur une goëlette que mit à sa disposition le commandant de la station française qui bloquait alors Cadix et débarqua le 8 octobre 1828 à Toulon.

Le 5 décembre suivant, la Société de géographie de Paris lui décerna le grand prix de 10000 fr., objet de ses ambitions; il reçut en outre la croix de la Légion d'honneur et une pension du gouvernement.

Il dota sa sœur et se retira près d'elle dans un village de la Charente-Inférieure dont il devint maire.

Il mourut peu d'années après, des suites des maladies qu'il avait contractées en Afrique.

HENRI DUVEYRIER

LE SAHARA ALGÉRIEN

Ici, de toute justice, devrait prendre sa place un des voyageurs dont les longues et savantes explorations ont rendu le plus de services à la science géographique et largement participé à l'ouverture du grand continent inconnu : nous voulons parler de M. Henri Duveyrier. Malheureusement cet intrépide explorateur est aussi modeste qu'il est savant, et s'il a fait connaître les résultats scientifiques de ses longues et patientes recherches, il a toujours évité avec soin de parler de lui-même et de publier le côté pittoresque de ses aventures et de ses voyages.

Nous nous contenterons donc de résumer les résultats obtenus par son obstination patiente et par son indomptable courage.

M. Henri Duveyrier quitta la France au commencement de 1859. Il avait, en partant, l'intention de parcourir dans toute leur étendue le Sahara algérien et le Sahara marocain. S'il n'a pu mener jusqu'au bout cette colossale entreprise, il a du moins pu apporter à la science des données aussi précieuses que certaines sur l'existence, les mœurs, l'histoire, le langage et l'ethnographie de la plupart des tribus jusqu'alors inconnues qui habitent le Grand Désert.

Ces populations formaient avant le onzième siècle, c'est-à-dire avant la transformation de tout le nord de l'Afrique par l'invasion arabe, une nation compacte appelée le peuple Berbère. Aujourd'hui elles se sont disséminées un peu dans tous les sens. Les unes se sont réfugiées dans les gorges de la Djerdjera et dans les parties montagneuses de l'Atlas, où elles se sont maintenues jusqu'à nos jours sous le nom de Kabyles. D'autres, refoulées dans le Sahara marocain et dans le Maroc, ont pris le nom collectif de Chellouhs. D'autres enfin se sont enfoncées dans le Sahara proprement dit où elles règnent encore sans partage, sous le nom de Touaregs.

Les Touaregs, que M. Henri Duveyrier est allé étudier dans leurs agrestes demeures ou dans leur vie nomade au milieu du désert, sont généralement grands et bien faits, maigres, secs, nerveux; leurs muscles semblent être des ressorts d'acier. Leur peau est blanche dans l'enfance, mais le soleil ne tarde pas à leur donner la teinte bronzée spéciale aux habitants des tropiques. Leur figure a le type caucasique.

Les femmes, grandes aussi, ont le port altier et sont généralement belles; leur physionomie les rapproche beaucoup plus des femmes européennes que des femmes arabes.

Les Touaregs ont des vêtements plus ou moins beaux, plus ou moins riches, suivant l'état de leur fortune. Presque tous ont une chemise longue à manches, en toile de coton blanc. La coiffure consiste en une calotte rouge de Tunis, avec gland en soie et la chaussure est une large et forte semelle fixée aux pieds au moyen de courroies.

Mais le signe le plus caractéristique de ce costume est un voile qui couvre la tête, la figure et le cou, et qui est arrangé de façon à ce que les yeux soient seuls visibles. Ce voile est d'un usage général. Les Touaregs ne le quittent, ni en voyage, ni au repos, ni même pour manger, encore moins pour dormir. Cette mode se retrouve chez plusieurs autres tribus vivant dans l'Afrique centrale et a sans doute pour origine la nécessité d'abriter le visage contre les sables emportés par le vent.

C'est à M. Duveyrier qu'on doit la connaissance des Touaregs dans leur vie privée. C'est lui qui nous a fait savoir que la femme touareg jouit d'autant plus de considération qu'elle compte plus d'amis parmi les hommes; mais pour conserver sa réputation, elle ne doit en préférer aucun. Une femme qui n'aurait qu'un ami ou qui témoignerait plus d'affection pour un de ses adorateurs que pour les autres, serait considérée comme pervertie et montrée au doigt. De plus, les mœurs permettent, entre hommes et femmes, en dehors de l'époux et de l'épouse, des rapports qui rappellent l'ancienne chevalerie; une femme, par exemple, peut écrire sur le bouclier ou sur le voile de celui qu'elle préfère des vers à sa louange et des souhaits de prospérité. Le chevalier, de son côté, peut graver sur les rochers ou sur les arbres le nom de sa belle, sans que cela entraîne le moindre blâme ou la moindre pensée défavorable à la vertu de l'un d'eux.

M. Duveyrier affirme que les Touaregs ont encore quelques-unes des vertus de leurs ancêtres : ils sont fidèles à leurs traités et à leur parole, mais, d'autre part, ils exigent que ceux qui traitent avec eux accomplissent rigoureusement leurs promesses. Leur bravoure est proverbiale, ils dédaignent entre eux l'usage des armes à feu qu'ils considèrent comme des armes déloyales. La défense et la protection de leurs hôtes et de leurs alliés est leur vertu par excellence.

Malgré ces qualités, quelques tribus de Touaregs vivent de brigandage, comme faisaient d'ailleurs sans scrupule nos seigneurs du moyen âge; alors ils deviennent la terreur du désert. Montés sur des chameaux coureurs appelés méhara [1], ils suivent, attaquent, et pillent ou rançonnent toutes les caravanes; enlèvent les habitants du Soudan et les vendent comme esclaves aux Turcs. Quelquefois même, après avoir ainsi vendu les victimes de leurs *razzias*, ils vont attendre la caravane des acheteurs et reprennent de force la marchandise humaine dont ils ont déjà touché le prix.

Les tribus des Touaregs habitent le Touat, le Djebel Hoggard, le Ghât, et l'Aïr qu'on appelle aussi l'Asben. Le Touat a pour ville principale In-Çalah, qui se trouve à peu près à moitié chemin entre l'Algérie et Tombouctou. Le Djebel Hoggard a pour capitale Idelès, et Ghât est la ville principale de la province du même nom. L'Aïr, pays montueux, a pour grand centre de population la ville d'Aghadès, peuplée de 8 000 habitants environ, et qui est la résidence d'un sultan. C'est le théâtre d'un commerce important.

1. Au singulier *m.bari*.

Un autre peuple africain étudié et visité par M. Henri Duveyrier est le peuple Tibbou moins connu que les Touaregs et qui est composé d'hommes de race berbère très mêlée à la race nègre et qui sont presque noirs. Ils sont nomades généralement et à l'aide de leurs méhara ils traversent de grandes distances en peu de temps. Leur taille élancée et leur agilité leur ont valu le surnom d'oiseaux.

Ils sont vifs, gais, insouciants et naturellement pillards. Leur principale occupation est de rançonner les caravanes. Les dattes forment leur principale nourriture avec le lait de leurs chamelles. Leur commerce le plus important est celui du sel qui abonde dans leur pays. Le trait le plus caractéristique de leurs mœurs est la suprématie qu'ils accordent à leurs femmes, contrairement aux coutumes de tous les autres peuples d'Afrique.

M. Duveyrier, nous l'avons dit, a, par un excès de modestie, toujours refusé d'écrire ses voyages[1]. Cependant, pour donner à nos lecteurs qui ne le connaissent pas, une idée de la façon sérieuse dont il a étudié les choses de son entourage, pendant ses longues et belles explorations, nous citerons une lettre qu'il écrivait d'Algérie le 15 décembre 1874, alors que la Société de géographie l'avait chargé d'aller explorer la région des chotts en compagnie du commandant d'état-major Roudaire, l'auteur du projet d'une mer intérieure.

[2]EXPLORATION DU CHOTT MELGHIGH

« Camp dans El Mehaïmel, 15 décembre 1874.

« Je saisis l'occasion du cavalier qui partira demain pour Biskra, pour vous envoyer des nouvelles de la mission du capitaine Roudaire dans le bassin des Chotts du département de Constantine.

1. Il a pourtant publié un livre intitulé *Les Touaregs du Nord*, avec une carte, ouvrage purement scientifique.

2. Lire la série de ces intéressantes lettres dans le *Bulletin de la Société de géographie*.

« Ma dernière lettre était datée du camp près Aïn-Maâch, dans le canton de Djeneyyen. Faute de guides connaissant bien le pays que nous visitons, je croyais que nous étions alors à Aïn-Djeneyyen même ; plus tard j'ai trouvé un homme du pays qui m'a appris le nom véritable de cette source du pays de Djeneyyen.

« A partir de Chegga, nous avons marché à l'est sur Djeneyyen ; le détachement et les bagages ont fait un détour au nord pour éviter de passer par les terrains inondés ou détrempés des bords du chott Melghigh ; les officiers ont commencé le nivellement géométrique dès le signal de Chegga. Ces opérations sont faites *avec le plus grand soin* par le capitaine Martin et le lieutenant Baudot ; ce dernier s'était déjà occupé de questions de nivellement et avait étudié, en particulier, le nivellement de la Suisse. La topographie est faite par le capitaine Parisot. Le travail marche, suivant les indications du capitaine Roudaire, qui y met la main et qui calcule les résultats. Il a donné, pour la station d'Aïn-Maâch, 22 mètres au-dessus de la mer.

« De Aïn-Maâch, j'ai fait avec M. Le Châtelier, ingénieur des mines, une courte excursion dans la direction du nord, jusqu'à un point qui forme un petit relief au-dessus de la plaine. La distance est d'environ 4 kilomètres et demi. Nous arrivâmes à un monticule allongé en forme de cirque. La surface du monticule, au sommet, est composée de sable pur, sur lequel reposent des cailloux roulés et d'autres non roulés.

« La masse du monticule est composée de sable marneux friable ; à 35 centimètres au-dessus du faîte, paraît une couche de marne verte recouvrant un lit de sable rempli de *cardium edule* [1] qui repose lui-même sur une autre couche de marne. Les *cardium* se trouvent à deux mètres ou deux mètres cinquante plus bas que le niveau du sommet du monticule, à la base d'une érosion horizontale qui me semble avoir été pro-

1. C'est le nom scientifique des *bucardes* (cœur de bœuf), genre de mollusques acéphales, à coquille bivalve en forme de cœur de bœuf, comme leur nom l'indique, comprenant un grand nombre d'espèces vivantes ou fossiles. Le *cardium edule* est la bucarde comestible, vulgairement appelée *coque*, *sourdon* ou *bigour*.

duite par le *flot de la mer*, ou par le flot *du lac d'eau salée* qui a subsisté après la formation de l'isthme dit de Gabès.

« Je dis cela parce que la ligne d'érosion n'est certainement pas à 20 mètres au-dessus du sol d'Aïn-Maâch. Je croirais à peine à une différence de niveau de 6 à 8 mètres. Par conséquent, à l'époque où le flot a creusé le flanc de cette butte, juste au-dessus des coquilles de cardium qui sont restées en place jusqu'à présent, le niveau des eaux salées recouvrant alors le lit des chotts Melghigh et Firaoûn des modernes, devait être de beaucoup inférieur au niveau de la Méditerranée.

« Le sol du territoire appelé Djeneyyen est formé, tantôt par de la glaise, tantôt par une sorte de terre sableuse imprégnée de sel. La glaise se montre, par places, fendillée à la surface, ou humectée par les eaux pluviales, tant par celles qui tombent à Djeneyyen même, que par celles qu'y apportent les *ouâdi* descendant du Sahara par le nord-ouest. Ce sol n'est pas encore débarrassé du sel que la mer y a déposé. Dans les endroits secs et bas, on voit le sel à l'état poudreux, mais en petite quantité.

« Il y a, dans Djeneyyen, au moins une dizaine de bouquets de hauts roseaux qui se voient de loin, grâce au caractère très plat de la contrée. Chaque touffe de roseaux abrite une source, dont l'eau est salée.

« Le point connu sous le nom des ruines de *Queçar de Djeneyyen* est probablement le bouquet de roseaux d'Aïn-Maâch. Mes guides, à mon premier voyage, m'avaient bien indiqué qu'il y avait eu un queçar ou village fortifié à Djeneyyen. D'autres indigènes m'ont confirmé cette assertion cette année-ci, mais ils ont ajouté que les traces du village ont disparu sous l'action d'eau d'inondation, et le fait même est déjà trop ancien pour qu'on puisse obtenir des données précises, quant au point où s'élevait le village, ou quant à la date de sa destruction.

« Tout le pays qui borde au nord le chott Melghigh subit des changements après chaque saison de grandes pluies. Et cela est bien plus marqué encore tout près du chott, comme à Djeneyyen, qu'à El-Faïdh, où le sondage artésien a prouvé l'existence d'une épaisseur de terre alluvionale qui est vraiment extraordinaire. Les changements dont je parle sont causés par les apports successifs d'alluvions, arrivant par le canal de chaque ouâd[1] tributaire du chott Melghigh.

Henri Duveyrier.

« Au nord du chott, on trouve des étendues immenses d'un sol que les Arabes appellent *bakhbâkha* et qui est intéressant à étudier. Sans entrer ici dans le domaine des analyses, qui

1. Rivière ou ruisseau.

sont du ressort de l'ingénieur des mines, et qui ne manqueront pas d'avoir une haute importance, je me bornerai à décrire l'aspect physique des *bakhbâkha*.

« On appelle ainsi une terre sablonneuse et marneuse qui forme couche sur une terre plus tassée, dont la détache un phénomène peut-être seulement physique, mais je crois aussi chimique. Cette croûte superficielle et peu consistante offre, par des temps secs, le même aspect que la pellicule d'œufs au-dessus du plat sucré qu'on appelle *tôt-fait;* elle tient au sol par places, tandis qu'ailleurs elle est boursouflée, laissant des cavités, souvent assez grandes, entre elle et la couche inférieure.

« La croûte superficielle, lorsqu'on la casse (et elle cède au moindre effort), laisse voir du côté intérieur une masse de petits cristaux de sel. A la moindre pluie ou inondation, la croûte de la bakhbâkha s'affaisse, pour se reformer par un temps plus sec. On ne saurait calculer quelle masse de terre végétale inutilisée se trouve accumulée ainsi sur le rivage nord du chott Melghigh. L'eau n'y manque pas non plus, car, indépendamment des flaques d'eau ou des puisards qui, à défaut des premières, assurent de l'eau aux voyageurs, pour peu qu'ils connaissent la contrée, il semble difficile de croire que des sondages artésiens pratiqués *dans les lits des rivières* après étude faite du système hydrologique, ne donneraient pas de bons résultats. Mais cette surface couverte par la terre végétale se trouve presque partout, sinon partout, sur notre route, à un niveau plus bas que la mer.

« Entre Djeneyyen et El-Mehaïmel, d'où je date cette lettre, le nivellement géométrique a permis de constater de très petites différences dans le niveau du sol, différences de hauteur en plus ou en moins, qui finalement accusent, à El-Mehaïmel même, un relèvement très faible du sol.

« El-Mehaïmel est un nom arabe qui implique l'idée de réservoir. Il est parfaitement justifié par l'aspect topographique de la contrée qui le porte. C'est un point qui reçoit un certain nombre de ouâdi venant du nord, et ces ouâdi, arrivant ici dans un terrain d'alluvions non tassées, où la pente vers le sud n'est plus que très faible, se divisent en bras nombreux qui s'anastomosent entre eux. On est donc ici dans un premier *réservoir*, tributaire, il est vrai, du dernier réservoir actuel, le chott Melghigh.

« Aujourd'hui, nous sommes fortement gênes par un vent du nord 80 grades ouest, qui force les officiers chargés du nivellement à suspendre leur travail. On ne pourrait ni faire de bonnes lectures d'angles, ni tenir les mises droites. La ligne qu'ils suivront à partir d'El-Mehaïmel passera par El-Faïdh et le puits d'El-Ba'adja. Ce dernier est situé à l'est du chott Sellen et à l'ouest du chott Touïdjîn. A El-Ba'adja sera resolue négativement ou affirmativement la premiere objection relative à la continuité de la dépression vers l'est.

« Cette objection est la cote barométrique de hauteur qui place El-Ba'adja au niveau même de la mer, d'après le capitaine Parisot.

« Il est fort possible qu'avant El-Ba'adja, le nivellement détruise un autre document du même genre, ma hauteur barométrique d'El-Faïdh + 33 mètres, je doute, en effet, que nous trouvant à El-Mehaïmel à peu près à — 20 mètres, et le pays conservant, d'après ce qui nous est dit, à peu près les mêmes caractères entre El-Faïdh, il puisse y avoir une montée de 50 mètres entre ces deux points.

« Il m'est impossible de tracer sur le terrain les résultats de mes relèvements à la boussole. Si je devais absolument le faire, il me faudrait renoncer à toutes les autres observations, météorologiques, botaniques, etc, qui ont de l'intérêt. Plus tard, à mon retour, je me livrerai à ce travail d'une manière plus utile.

« Je daterai ma prochaine lettre d'El-Faïdh ou d'El-Ba'adja, suivant le jour du départ du prochain courrier. »

« El-Faïdh, 23 décembre 1874

« N'attendez pas encore de moi les résultats du nivellement géométrique qui a déjà maintenant une longueur de 60 kilomètres à compter de Chegga. Le chef de l'expédition m'a promis communication des cotes, dès qu'il enverra lui-même un rapport sur ses opérations. D'ici là, je dois garder pour moi ce que j'apprends des résultats.

« Je puis vous indiquer le chemin que nous avons suivi, et que j'ai relevé constamment, entre Chegga et El-Faïdh. Ce chemin passe par la source d'Aïn-Maâch, à Djeneyyen, tout près du chott Melghigh ; il passe ensuite au sud du village de Sidi-Mohamed-Moûssa et arrive à El-Faïdh sur l'ouâd Er-Remel, au nord des deux villages que j'ai placés sur ma carte du Sahara.

« Dans l'intervalle, j'ai relié directement l'itinéraire de la colonie au village de Sidi-Mohamed-Moûssa. Cet itinéraire s'écarte un peu de la ligne de nivellement, par la raison qu'on cherche un terrain aisé pour les chameaux et les mulets.

« Aujourd'hui, je veux vous parler d'une découverte extrêmement intéressante qui a été faite dans la journée d'hier, près des deux villages des Ouled-Amer et des Ouled-Boû-Hadîdja, qui sont placés sur ma carte.

« Les Arabes du Sahara algérien m'avaient vivement surpris en 1860, lorsqu'ils me signalèrent deux ophidiens : la vipère des jongleurs ou Naja-Hajje, et le python, comme existant dans la plaine d'El-Faïdh. Je me proposais, vu la saison d'hiver, de contrôler, par une enquête nouvelle, ces indications se rapportant à des animaux qui craignent le froid. Je n'osais espérer voir ni l'un ni l'autre de ces reptiles.

« Pendant le nivellement, le soldat Hudin, qui servait de porte-mire, vit un grand serpent tournant autour d'une broussaille : il s'approcha et lui écrasa la tête sous son pied. Le docteur Jacquemet et moi, nous eûmes tout le loisir d'examiner ce serpent que j'ai mesuré, et que nous avons vidé ensemble, ou plutôt que je tenais, pendant que le docteur procédait très adroitement à la préparation.

« Ce serpent est un python; sa longueur est de 2m03; sa plus grande circonférence est de 13 centimètres. La tête est petite. Les dents, fines et pointues, ont ceci de particulier qu'il y en a, de forme recourbée, qu'on sentait avec le doigt *sur le palais* de l'animal. La langue est fortement bifurquée.

Le cou est un peu plus large que la tête. La queue est, à l'origine, presque aussi large que le corps; elle mesure 31 centimètres à partir de la naissance, jusqu'à son extrémité qui est une pointe obtuse.

« La tête est recouverte d'écailles. Le dos est garni d'une peau noire sur laquelle sont collées des écailles non imbriquées, de forme ovale allongée, parfaitement isolées les unes des autres et variant en couleur, de la teinte du cacao au noir, les deux couleurs se trouvant parfois sur la même écaille.

« Contrairement à ce qu'on observe sur le dos, les écailles des côtés du corps sont imbriquées les unes sur les autres, et leur forme est dolichoïde (allongée). La couleur générale de l'animal vu dans le dos est un fond brun terne, avec de rares mouchetures noires. Son ventre est entièrement blindé par des écailles imbriquées, formant chacune une bande transversale de couleur gris foncé, ayant une longueur égale à la largeur du ventre. On peut soulever facilement ces dernières écailles avec le doigt.

« L'animal était à jeun, les parois de son ventre étaient chargées de pelottes de graisse. Enfin, il exhalait, même avant la section du ventre, mais infiniment plus fort une fois cette section faite, une odeur fétide, écœurante au plus haut degré, que trois lavages à l'eau de savon ont à peine écartée de nos mains... »

Ces deux lettres adressées à M. Maunoir, secrétaire général de la Société de géographie de France, nous paraissent suffisantes pour faire connaître à nos lecteurs quelle a été la nature multiple des études faites par M. Duveyrier et pour leur faire regretter la rareté de ses écrits.

LE RABBIN MARDOCHÉE

DU MAROC A TOMBOUCTOU

Le voyageur qui, l'un des derniers, est arrivé à Tombouctou n'est pas précisément Français, mais il a sa place marquée dans ce livre, parce qu'il a entrepris ses explorations sous le protectorat de la France et que son existence constitue une véritable épopée.

Au sud du Maroc, se trouvent deux petites oasis assez rapprochées; l'une s'appelle Akka et l'autre Adda. C'est dans la première que naquit d'une famille israélite Mardochée Abi-Sérour. Ce jeune enfant, dès l'âge de neuf ans, fut pris d'un irrésistible besoin de courir le monde et de s'instruire. Nous avons vu que c'est une fièvre de cette nature qui avait entraîné l'audacieux René Caillié à la découverte de l'Afrique centrale, et l'avait poussé jusqu'à Tombouctou.

Mardochée quitta son pauvre village, et sans ressources, sans appui, parcourut l'Espagne, le midi de la France, l'Italie, la Grèce. Il arriva enfin à Jérusalem où il se livra à l'étude avec acharnement. Ses efforts furent couronnés de succès, car il se fit remarquer par les grands dignitaires de la religion hébraïque et il conquit le grade de rabbin après quatre années d'un labeur persistant. Il pensa alors à son père, à ses frères qu'il avait laissés misérables et il se remit en route pour Akka. Après avoir franchi toute l'Afrique septentrionale, il rentra enfin dans son village et il trouva les siens plus dénués encore qu'ils ne l'étaient à son départ.

Désirant mettre à profit ses connaissances nouvelles pour procurer quelque aisance à tous ces êtres aimés, il arrêta le projet d'entreprendre le commerce dans la ville de Tombouctou qui, jusqu'alors, avait été fermée aussi rigoureusement aux israélites qu'aux chrétiens. Il partit, accompagné de son jeune frère Isaac et il parcourut en quarante-quatre jours toute la partie du désert qui sépare Akka d'Araôan, ville qui n'est plus qu'à sept journées de Tombouctou.

Ce voyage, à dos de chameau, à travers un pays nu et désolé, sans eau, véritable mer de sable, tel qu'on se représente faussement le Sahara tout entier, à travers des régions sillonnées en tous sens par des bandes de pillards, constitue à lui seul tout un poème d'émotions et de dangers.

A Araôan, les deux voyageurs furent arrêtés par le cheik arabe qui gouvernait cette ville et qui voulut les mettre à mort comme il avait déjà fait en 1826 pour l'explorateur anglais, le major Laing. Mardochée eut besoin, dans cette circonstance critique, d'user de toute la finesse de son esprit et de toute l'expérience qu'il avait acquise des mœurs et des lois de l'Islam. Il invoqua le texte du Coran, démontra à ses ennemis qu'il leur était interdit de mettre à mort un homme qui se livrait au commerce, quand bien même il professait une religion étrangère; enfin, à force de diplomatie, il obtint de séjourner à Araôan moyennant un tribut annuel qu'il s'engageait à payer au cheik arabe. On lui défendit toutefois expressément, sous peine de mort, de se rendre à Tombouctou.

Bien décidé, malgré les dangers qu'il avait à courir, à gagner cette ville, Mardochée passa à Araôan l'année 1860, guettant l'occasion favorable d'échapper à ses surveillants et profitant néanmoins de son séjour parmi eux pour faire le commerce et pour s'enrichir : les aptitudes mercantiles de sa race le servirent à merveille.

Chez tous les peuples du monde, la clé d'or ouvre toutes les portes. Moyennant une somme importante qu'il donna au cheik arabe, d'abord si mal disposé en sa faveur, il obtint de lui l'autorisation de se rendre à Tombouctou, où il ne put entrer qu'à grand'peine et déguisé en Arabe. Une fois installé dans la ville, il espérait y rencontrer l'appui des négociants marocains, ses compatriotes. Ceux-ci ne virent en lui qu'un concurrent redoutable en raison même de son savoir et de son habileté; ils devinrent ses plus ardents persécuteurs et allèrent jusqu'à demander qu'il fût mis à mort.

Mardochée s'adressa au gouverneur musulman, offrit de lui payer un tribut annuel important, et malgré les intrigues de ses ennemis, il obtint enfin le droit de se livrer au négoce. Aidé de son frère, il travailla avec ardeur pendant les années 1861 et 1862, de sorte que quand il rentra à Akka en 1863, il avait acquis une petite fortune.

L'entreprise avait été trop heureuse pour que son auteur ne songeât pas à la recommencer; il repartit pour Tombouctou, emmenant une cargaison importante et accompagné de quelques-uns de ses parents et de ses coreligionnaires, avec lesquels il avait résolu de fonder, dans la capitale du Soudan, une colonie israélite.

Les affaires des nouveaux venus, ainsi que l'avait espéré Mardochée, ne tardèrent pas à prospérer. Au bout d'une année, le jeune frère du rabbin reprit la route du Maroc, emportant avec lui une riche cargaison de plumes d'autruches, de poudre d'or, d'ivoire, etc. Une tribu d'Arabes pillards le rencontra et le dépouilla de toutes ses richesses; il dut s'estimer heureux d'avoir la vie sauve.

Cette absence de droits et de garanties dans l'exercice du commerce devait être fatale à Mardochée; il recommençait avec ardeur, mais chaque fois qu'il s'enrichissait, il se voyait dépouillé par les bandits; il dut ainsi rentrer dans son pays aussi pauvre qu'il en était parti. Depuis cette époque, éclairé par l'expérience, il est venu se placer sous le protectorat de la France. M. Auguste Beaumier, notre ancien consul à Mogador, lui avait accordé son appui et son amitié. En 1875, il l'adressa à la Société de géographie de France. Mardochée exposa devant cette société son projet de faire une nouvelle expédition à Tombouctou et d'aller y tenter une fois encore la fortune, en emportant de France une pacotille d'objets de peu de valeur chez nous, mais qui s'échangent avec les produits les plus précieux de l'Afrique centrale.

Plusieurs naturalistes le chargèrent auparavant d'aller faire une exploration dans la partie sud-ouest du Maroc. M. Henri Duveyrier voulut bien se charger d'apprendre à Mardochée l'usage de la boussole et d'autres instruments utiles pour les observations géographiques ; il lui enseigna en outre l'art de tracer un itinéraire.

L'année suivante, l'élève montra à son maître qu'il avait su profiter de ses leçons. Mardochée, qui venait de parcourir

Vue de Tombouctou.

toute la province marocaine du Soûs, en rapporta à Mogador un itinéraire détaillé et exact dont il envoya le texte hébreu à la Société de géographie. Ce précieux document, traduit par un savant hébraïsant, M. Joseph Halévy, auquel ses voyages en Arabie ont valu une réputation bien méritée, est accompagné de notes réellement importantes et curieuses sur les ruines anciennes qu'on était loin de s'attendre à trouver dans l'intérieur de la province du Soûs.

Le rabbin Mardochée a fait des observations géographiques et archéologiques absolument nouvelles sur 220 kilomètres du pays qui s'étend au sud de Dâr-ben-Doléïmi. Ce point n'est désigné que sur l'itinéraire de M. Léopold Panet qui fit, en 1850, le voyage de Saint-Louis du Sénégal à Mogador.

L'explorateur israélite a trouvé là, sur toute la longueur de son itinéraire, qui court entièrement en terrain inconnu, des monuments dont le nombre et les dimensions, autant que la latitude sous laquelle ils sont situés, excitent un intérêt des mieux justifiés. Les inscriptions qu'il a découvertes dans ces ruines et dont il a pris des empreintes ont été étudiées par M. Duveyrier qui a fait à leur sujet un rapport aussi savant qu'intéressant à la Société de géographie. On en tirera certainement de précieuses indications sur la civilisation des peuples vivant à l'époque à laquelle remonte la construction des monuments du sud de la province du Soûs.

Les observations du rabbin Mardochée n'ont pas porté exclusivement sur des sujets épigraphiques et archéologiques ; il a marqué sur son itinéraire quatre marchés qui sont les points où vient converger le mouvement commercial intérieur de la province du Soûs. Cette contrée possède, entre autres richesses, dans l'*arganier*, un arbre à huile qui forme une espèce botanique tout à fait spéciale et qui est pour les habitants une source de grande fortune.

PAUL SOLEILLET[1]

I

DANS LE SAHARA

De tous les voyages entrepris récemment dans le Sahara, il n'en est certainement pas de plus importants que ceux qu'a accomplis Paul Soleillet dont la science déplore, hélas! aujourd'hui la mort. Nous nous contenterons de rappeler ici les grandes lignes et les principaux événements de ces glorieuses et utiles explorations.

Après avoir fait deux voyages intéressants dans le Sahara algérien et avoir utilisé cette exploration de régions très peu connues à se faire des alliances parmi les personnages importants de la race arabe, des Berbères et des tribus du Sahara central, Soleillet entreprit d'aller à Tombouctou en passant par l'oasis d'In-Çalah.

Pour réussir dans une telle entreprise où tant d'autres avaient déjà échoué, Soleillet comprit qu'il fallait d'abord lui enlever tout caractère politique, militaire et religieux. Il résolut de se présenter à ces populations comme un négociant voulant ouvrir à leur pays un avenir commercial. Pour cela il fallait porter au Touat des produits manufacturés français et offrir aux gens de cette contrée de leur fournir

1. JULES GROS. *Paul Soleillet en Afrique*, in-8. Paris, A. Picard et Kaan.

à meilleur compte des marchandises semblables à celles qu'ils se procurent à l'étranger.

Il fallait en outre rapporter de ce pays les échantillons des

Paul Soleillet.

produits que notre commerce et notre industrie peuvent utiliser, et en offrir des prix supérieurs à ceux qu'ils ont coutume d'en tirer. Enfin, il importait de décider quelques négociants de la contrée à venir apporter eux-mêmes les échantillons de leurs marchandises en Algérie et y nouer des relations commerciales.

Soleillet traversa d'abord Laghouat, le pays des M'zabites, Ouargla, qui constituent les trois principales étapes de son voyage; puis il arriva à El-Goléah. Là, il vit se confirmer la nouvelle d'une insurrection berbère et du départ d'un chef de parti, Bou-Choucha, pour le Nord. Cet état politique de la contrée rendait le voyage si périlleux que Soleillet y aurait peut-être renoncé pour le moment, si sa situation pécuniaire lui avait donné la possibilité d'attendre une occasion plus favorable.

A Ouargla, l'explorateur était parvenu à s'assurer l'amitié et la protection du chaambi Ahmed-Ben-Ahmed qui s'était intéressé à ses projets et lui avait offert son appui très puissant auprès des tribus de l'intérieur.

Les habitants d'El-Goléah ne tardèrent pas à représenter aux voyageurs tous les dangers du voyage entrepris et à les dissuader d'aller plus loin. Tous les gens de l'escorte étaient si démoralisés que Soleillet prit la résolution de laisser son monde et ses bagages à El-Goléah et de continuer seul sa route avec Ahmed, un de ses serviteurs, Mohamed-ben-Saoud et un interprète, Bafou. La petite caravane ainsi composée s'engagea hardiment sur la route d'In-Çalah entreprenant en pays inconnu et ennemi un voyage de 450 kilomètres.

Montés sur des mehara, ou chameaux de course, les voyageurs n'emportaient pour toute nourriture que des dattes et de l'eau.

Pour éviter de tomber entre les mains de Bou-Choucha et de ses gens, ils ne suivaient pas la route ordinaire des caravanes. Le temps était presque toujours pluvieux. Quand la pluie cessait, le vent soufflait sec et froid.

On se fait généralement une fausse idée du Sahara. On se le représente comme un océan de sable : cela est vrai pour une certaine partie, la région des dunes, qui ressemble à une mer aux vagues immobiles; mais cette région fut traversée par les voyageurs en trois heures au sud d'El-Goléah, tandis qu'au sud des provinces d'Oran et de Constantine, elle acquiert une largeur telle qu'il faut plusieurs jours de marche pour la franchir.

On donne le nom de dune à un amas de sable dont le sommet est soulevé par le vent, mais dont la base est immobile. Ces dunes, malgré la friabilité du sable, conservent une configuration constante, sans doute en raison de la direction contraire des vents qui règnent au désert et dont l'un défait le lendemain ce que l'autre avait édifié la veille.

La caravane, au sortir de la région des sables, s'avança à travers de grands plateaux longs au plus de 60 kilomètres, séparés par d'étroits vallons ou ouad.

Ces ouad étaient recouverts d'épaisses touffes de joncs, indice certain de la présence de l'eau à peu de profondeur. Des champs d'alfa poussant dans les lieux élevés, formaient des touffes énormes, tandis que plusieurs des plateaux traversés étaient complètement dépourvus de végétation ; les uns étaient noirs, d'autres blancs et d'autres rouges.

Les seuls animaux nuisibles qu'on rencontre dans cette région sont la vipère à cornes qui vit dans les endroits secs et arides, et le scorpion dont la piqûre est dangereuse mais non mortelle. Les mammifères et les oiseaux n'y ont d'autres représentants que la gazelle et l'autruche.

Les voyageurs arrivèrent enfin à In-Çalah, mais ils ne purent y entrer ni y séjourner longtemps; la Djemâa, sorte de Conseil général et de Chambre de commerce, et El-Hadj-Abd-el-Kader, qui y était tout puissant, refusèrent de recevoir le Français, sous prétexte qu'étant les sujets de l'empereur du Maroc, ils ne pouvaient traiter aucune affaire sans y être autorisés par leur souverain. Cette réponse était un faux-fuyant et une fin de non-recevoir. En réalité, les habitants d'In-Çalah craignaient de voir en Soleillet un émissaire de la France et un avant-coureur d'une armée conquérante. Le Touat n'est pas une dépendance du Maroc; c'est une confédération indépendante qui ne reconnaît à l'empereur du Maroc qu'une suprématie religieuse due à sa qualité de chérif.

Malgré le court espace de temps que Soleillet a passé à In-Çalah, il a pu en rapporter des renseignements précieux.

In-Çalah est une oasis composée de cinq quéçour ou villages. Du haut d'une dune qui sépare le village de Milianah des autres, le voyageur a aperçu une forêt de palmiers qui s'étend à perte de vue et ferme l'horizon au sud, sur une étendue de dix kilomètres. Ces quéçour sont habités par des populations d'origines diverses. La race nègre y a de nombreux représentants.

La position d'In-Çalah en fait un centre de transit commercial important. Des caravanes nombreuses, venant de Bournou, de Tombouctou et du Haoussa, y apportent de l'indigo, de l'ivoire, de la gomme, de la poudre d'or, des plumes d'autruche, des peaux, des parfums et des esclaves.

Les produits qui sont actuellement l'objet de transactions importantes sont les cuirs, le salpêtre, l'ivoire et les plumes d'autruche.

La peau de bœuf brute se vend un douro, 5 francs, la pièce; les plumes d'autruche valent, quand il s'agit des mâles, de 80 à 100 douros la dépouille, suivant la quantité de plumes qu'elle contient; les peaux de femelles ne valent que la moitié de cette somme.

Soleillet était un de ces explorateurs qui songent toujours à rapporter de leurs voyages quelque produit précieux des pays qu'il a visités. Il croyait que chaque contrée fournit une matière qui lui est spéciale et qui doit suffire à assurer sa richesse. C'est ainsi que dans son premier voyage à travers le Sahara algérien, il avait constaté la présence de nombreux et riches gisements de houille et d'anthracite. En revenant d'In-Çalah il a rapporté à Marseille de riches échantillons de salpêtre, qui ont été analysés par le docteur Jaquême et qui, à eux seuls, pourraient constituer un commerce important et avantageux. Plus tard, pendant son voyage à Ségou, il a doté l'Europe de l'arbre à beurre, et enfin plus récemment, il a rapporté de son voyage à l'Adrar d'admirables échantillons d'un nouveau caoutchouc qui y est extrêmement abondant et ne demande que la peine de le récolter.

II

VOYAGE A SÉGOU

Dès qu'il fut de retour en France, Soleillet se voua tout entier à l'idée qu'il avait émise de la création d'une ligne ferrée reliant notre colonie du Sénégal à l'Algérie, en passant par Tombouctou. Il comprit que la première chose à faire avant de s'arrêter à aucune sorte de tracé, était d'explorer les contrées à traverser et il se mit à la recherche des ressources nécessaires pour entreprendre une grande exploration entre Saint-Louis du Sénégal et Tombouctou, puis entre Tombouctou et l'Algérie.

La Société de géographie de France, à laquelle il exposa ses projets, resta absolument indifférente et refusa son concours. D'un autre côté, Soleillet, malgré l'appui de M. Ferdinand de Lesseps, vit ses offres refusées par la Société internationale africaine, ayant son siège à Bruxelles.

Après avoir fait dans le nord de la France, sans grand résultat, des conférences sur son projet d'exploration en Afrique, Soleillet vint s'adresser à la Société des Etudes maritimes et coloniales, et exposa devant elle son plan de voyage. La Société décida que, dans la mesure de ses forces, elle appuierait l'explorateur; elle demanda et obtint pour lui une légère subvention qui lui permit de se rendre au Sénégal.

L'amiral Thomasset lui donna des lettres de recommandation si chaleureuses et si pressantes qu'en arrivant à Saint-Louis, Soleillet, quoique absolument inconnu, put inspirer assez de confiance pour se faire charger, par le gouverneur, d'une mission sur le haut Niger. L'administration, après lui avoir voté les fonds nécessaires, le chargeait d'aller à Ségou sur le grand fleuve et, de là, de se rendre, si cela était possible, jusqu'à Tombouctou. Le but de la mission était d'étudier les voies praticables pour mettre le Sénégal en relations avec le Soudan. Cette tâche, Soleillet n'a pu la remplir qu'en partie, puisqu'il lui a été impossible d'aller au delà de Ségou; mais la preuve que ses efforts n'ont pas été infructueux, c'est que la colonie lui vota de nouveaux fonds et le chargea de reprendre son exploration pendant le courant du mois de janvier suivant. Ces subsides, auxquels s'était jointe une somme de dix mille francs allouée par l'État, n'ont hélas pas produit les résultats attendus.

Soleillet était un de ces hommes qui nourrissent une idée et se livrent à elle tout entiers. Dès qu'ils l'ont épousée, ils s'y consacrent exclusivement et ne voient plus qu'elle.

L'idée du vaillant voyageur était simple et peut être néanmoins merveilleusement féconde. L'Afrique du Nord peut se diviser en deux grandes régions bien distinctes : la partie orientale, qui a été déjà l'objet de tant d'investigations, est traversée dans toute sa longueur par un grand fleuve, le Nil; cette route fluviale la met dans une situation extrêmement favorable pour les transactions commerciales. Mais le Nil ne nous appartient pas et la France n'a que peu à gagner au négoce qui se fera dans cette région. Dans la partie occidentale, au contraire, nous possédons deux de nos colonies les plus importantes, l'Algérie au nord et le Sénégal à l'ouest. Toutes deux sont relativement rapprochées d'un des pays les plus riches du monde, le Soudan.

Le Soudan, en effet, contient tous les produits de la zone intertropicale : les animaux précieux y abondent, l'éléphant qui donne l'ivoire et l'autruche qui donne les plumes; les productions végétales s'y groupent à l'infini; on y trouve l'indigo, le riz, les plantes oléagineuses, les céréales, le tabac, le café, le chanvre, et cent autres produits naturels, gommes et résines, fruits et parfums qui n'ont pas encore été utilisés par les Européens. La population y est extrêmement compacte, puisqu'elle dépasse certainement le nombre de quarante millions d'habitants.

Tel est le pays qui est à nos portes et qu'il s'agit de conquérir pacifiquement à la civilisation, à l'industrie et au commerce. Deux routes peuvent également nous y conduire de l'une ou de l'autre de nos colonies.

Le Soudan comme la Haute-Égypte est arrosé par un fleuve admirable, le Niger, accessible des deux côtés, mais surtout par sa partie supérieure, voisine de nos possessions du Sénégal et qui a sur la partie inférieure l'avantage d'être partout et en tout temps navigable.

Le Niger prend sa source dans les monts Loma; il se dirige d'abord au nord-est, puis descend vers le sud-ouest et le sud. Il rejoint l'Océan dans le golfe de Bénin. Depuis longtemps les Anglais ont remonté son cours inférieur jusqu'à Boussa et y ont établi le siège d'un important trafic. En ce point, des cataractes s'opposent à ce qu'on remonte le fleuve plus avant. Le grand commerce de cette région est le beurre végétal; c'est le produit d'un arbre qui forme des forêts entières et qui paraît inépuisable. Ce beurre est employé dans tous les usages où les graisses, les huiles et les corps gras sont utilisés : on en fait du savon, du beurre comestible, des huiles, etc. C'est ainsi que chaque région du globe contient soit un produit, soit une plante qui lui est spéciale et qui forme l'élément principal de sa richesse.

Si les Anglais et les autres peuples européens sont arrêtés dans leur route vers le Soudan par les cataractes de Boussa, nous avons, nous, pour y pénétrer, la rivière du Sénégal qu'on remonte jusqu'à Médine; en ce point, elle devient innavigable à cause des rapides qui embarrassent son cours. En toute saison, on peut la remonter jusqu'à Bammacou. De ce point, une route de terre, qui ne coûterait pas plus de 200 à 250000 francs, ferait du Niger un fleuve français. Soleillet fit part de cette idée non seulement au gouverneur du Sénégal, mais encore au ministre des colonies; comme les diverses sociétés savantes qui s'occupent de ces questions, ils apportèrent une vive attention à l'exposé de ce projet et promirent de l'examiner dans ses détails et dans son application. Qu'il soit donné suite à cette pensée, et bientôt des embarcations françaises pourront sillonner le Niger et aller faire saluer notre drapeau jusque bien au delà de Tombouctou [1].

1. En 1887, M. Caron commandant une canonnière française, a pu arriver par le Niger, de nos possessions sénégalaises à Tombouctou et a pu revenir à son point de départ, Bammakou.

De l'Algérie, on peut pénétrer aussi dans le Soudan en traversant le Sahara. Soleillet, qui a étudié les deux routes, affirme même que c'est le chemin le plus facile. Le Sahara qui sépare notre colonie du Soudan a été comparé par les poètes qui n'y sont jamais allés à une mer de sables mouvants. Rien n'est plus faux, nous l'avons dit, que ces peintures fantaisistes. Le Sahara est en effet un désert, mais il ne l'est que parce qu'il n'est ni habité ni cultivé.

Partout on y trouve de l'eau à diverses profondeurs, quelquefois à fleur du sol; partout on y découvre des lits desséchés d'anciens fleuves, dont le déboisement de ces vastes plaines ou quelque autre cause, ont supprimé le cours visible. Mais ces écoulements des eaux des hauts plateaux n'en ont pas moins continué souterrainement. Et comment pourrait-il ne pas en être ainsi dans une région dont le centre est occupé par de hautes montagnes? Ces sommets sont couverts par des neiges persistantes, plusieurs mois, et même par des neiges perpétuelles?

Le Sahara peuplé redeviendrait un pays fertile, boisé, sillonné de cours d'eau, une contrée heureuse et par suite un chemin facile à suivre et naturel pour aller au Soudan. Mais comment peupler le Sahara? Bien que ce soient des contrées où les blancs peuvent vivre, travailler, se développer, ce serait une utopie de songer à entraîner des émigrants européens dans un pays où tout est à faire, tout à créer. Il suffit pour s'en convaincre de voir avec quelle peine on arrive à peupler notre attrayante colonie de l'Algérie. Là se trouverait peut-être la solution tant cherchée de l'abolition de l'esclavage en Afrique.

Il ne faut pas se le dissimuler, si les Européens, les Américains et les colons de presque toutes les nations civilisées du monde ont fait un louable effort moral, une œuvre pie, un acte de désintéressement qu'on ne saurait trop exalter, en supprimant l'esclavage, l'effet matériel qu'on attendait de cette grande mesure d'humanité et de civilisation a été loin de répondre aux espérances conçues, en ce qui regarde le bonheur matériel et l'adoucissement des mœurs chez les peuples nègres.

Dans tous les temps, les tribus noires se sont fait une

guerre acharnée pour se procurer des esclaves, et dans tous les points de l'Afrique centrale le commerce de la chair humaine est resté le plus important trafic. Depuis l'abolition de la traite, les nègres ne sont devenus ni plus pacifiques, ni plus humains, ni moins ardents à la conquête des esclaves. Seulement, le parti vainqueur, ne trouvant pas d'acheteurs pour les ennemis prisonniers, massacre invariablement et sans pitié tous ceux qui ont dépassé douze ans, quel que soit d'ailleurs leur sexe. Avec une inflexible logique, ils ont compris qu'ils ne seraient jamais assurés de la soumission de l'ennemi vaincu, que l'esclave rapproché du pays où il est né rêverait sans cesse revanche, liberté, révolte. Ils ne conservent en conséquence que ceux dont l'âge leur assure la soumission d'abord et l'assimilation rapide.

Soleillet, constatant que les peuples les plus civilisés d'Europe, les Anglais et les Portugais eux-mêmes, n'éprouvent aucun scrupule à racheter ces esclaves voués à la mort et à les incorporer dans leurs armées pour cinq ou sept ans, qu'ils leur font ainsi payer leur liberté par une période de servitude militaire, s'est demandé s'il ne serait pas à la fois politique et humain d'acheter les esclaves, de les arracher à une mort cruelle et certaine, et de les transporter dans ce Sahara qui n'a besoin que de bras pour devenir riche et fertile. Là, on les initierait à l'agriculture, aux arts et à la civilisation de l'Europe; on les aiderait à se construire des villes et des villages et, après un engagement de dix années par exemple, on leur octroierait, avec leur liberté, leurs demeures, les terres qu'ils ont cultivées et leurs instruments de travail. Soleillet pensait que ce serait là la double solution de ces problèmes, le peuplement du Sahara, et l'abolition effective de l'esclavage.

Il ne faudrait pas conclure de ces mœurs sauvages et féroces à l'infériorité de la race nègre qui habite cette partie de l'Afrique occidentale. Les noirs sont des peuples civilisables; ce sont des hommes grands et beaux, aux traits caucasiques et dépourvus du prognatisme qui caractérise les races nègres de certains points de l'Afrique occidentale et de l'Afrique du centre. Ils ont eu déjà assez d'intelligence et de force pour franchir deux degrés de l'humanité : ils ne sont plus chasseurs comme les Indiens d'Amérique, ni pasteurs comme les Arabes, mais ils en sont arrivés à ce point de civilisation où un peuple demande aux arts et à l'industrie les moyens de vivre; il faudrait donc peu de chose pour faire gravir à ces hommes les degrés qui les séparent de nous dans l'échelle de la civilisation.

Certes, un des plus grands obstacles à ces progrès est bien certainement la difficulté des communications à travers ces territoires, et c'est là que se manifeste l'utilité d'un chemin de fer entre Alger et Saint-Louis, en passant par Tombouctou. Ce projet n'est pas né d'hier et Soleillet, qui l'a présenté le premier en France, s'en était fait en tout temps et en tous lieux l'apôtre; mais il a toujours été le premier à proclamer qu'avant de songer à construire des lignes ferrées, il importe d'explorer et d'étudier le pays à travers lequel elles doivent passer.

Soleillet arriva à Saint-Louis en mars 1878, après avoir débarqué au cap Vert et visité tout le Cayor, qu'habite la race Yolof, la plus noire et la plus belle de toute l'Afrique. Le Cayor est aujourd'hui un des plus grands centres de production des arachides.

Il y a quelques années, un naturaliste d'Aix fit un voyage au cap Vert et, entre autres choses curieuses, rapporta des arachides qu'on appelait alors des *amandes de terre*. Il en donna quelques-unes à un fabricant d'huiles de Marseille, qui remarqua la richesse oléagineuse de ce fruit et se décida à faire une tentative pour s'en procurer. Un petit trois-mâts fut frété et expédié pour aller se procurer à la côte d'Afrique des amandes de terre. Le capitaine eut beaucoup de peine à charger son petit navire et dut attérir sur plus de vingt points différents. Quand il fut de retour à Marseille, son intelligent armateur put faire des expériences en grand et reconnaître tout le côté précieux du nouveau végétal importé. De toutes parts, les navires européens allèrent à la recherche des arachides, les nègres se mirent à les cultiver, et aujourd'hui c'est par millions de tonnes qu'on en fait chaque année venir en Europe.

Arrivé à Saint-Louis, Soleillet se présenta au gouverneur qui lui fit le meilleur accueil et lui proposa de faire le voyage de Ségou. On le chargea d'étudier les routes commerciales susceptibles de relier le Sénégal avec le Niger, et ensuite, si c'était possible, les routes entre le Niger et l'Algérie. Il partit de Saint-Louis en avril, remonta le Sénégal jusqu'à Podor en bateau et ne trouva rien d'extraordinaire dans cette première partie de son voyage, sinon qu'il fut un peu surpris d'avoir à chaque pas l'occasion de tirer sur des caïmans et des hippopotames. A Podor, il quitta le fleuve et organisa son voyage par terre. Un âne et une mule pour lui et un domestique sénégalais, tel fut tout le modeste équipage qu'il adopta. C'est ainsi qu'il traversa d'abord le Toro, pays gouverné par un roi allié de la France; les voyageurs en reçurent un gracieux accueil. Jusqu'à près de Bakel, dans le Foutah, le pays est formé de confédérations de petits états dont la forme gouvernementale mérite une mention. C'est une sorte de république aristocratique où le pouvoir est donné à l'élection. Seulement les élus ne peuvent être choisis que dans une famille, et les électeurs sont formés par une partie spéciale et privilégiée de la nation. Jamais les gens composant la famille des élus ne peuvent être électeurs, et réciproquement les électeurs ne peuvent jamais être élus.

Soleillet traversa le pays habité par les Toucouleurs, peuple pasteur, le seul qu'on signale comme possédant une voix très douce; ils ont une langue particulière qui, entre autres singularités, possède deux genres, le genre homme et le genre bête; tout ce qui a rapport à l'humanité est du premier, tout ce qui tient aux animaux est du second.

En sortant de chez les Toucouleurs, le voyageur entra à Sarakolé, dans le pays de Galam, habité par les Soninké. Ce peuple vit dans des villages spéciaux et ne se mêle pas aux autres populations. Il se livre au commerce qu'il fait sur une grande échelle et se distingue par son intelligence. C'est une race honnête, laborieuse, intéressée, et qui a beaucoup de points communs avec les Israélites d'Europe. Leurs villages sont régulièrement bâtis.

Arrivé à Bakel, Soleillet traversa le fleuve et, abordant sur l'autre rive, entra dans les états d'Ahmadou; il passa par Morsala et arriva à Cougnacari, situé près des montagnes qui forment la ligne de séparation des bassins du Sénégal et de la Gambie. Cougnacari est, à proprement parler, un village, gouverné par un des frères d'Ahmadou; il est construit au pied d'un contrefort des montagnes de Karta; une enceinte de murs de terre l'entoure; il est composé de maisons enveloppées de murs de terre ou d'épines sèches, et construites elles-mêmes en terre ou en paille. Cougnacari est gouverné par le roi Bassirou, que Soleillet a pu visiter et étudier. C'est un jeune homme d'une trentaine d'années, bien que sa physionomie n'en paraisse pas plus de vingt; il est grand, mince, élancé; la couleur de sa peau est plutôt celle d'un Indien que celle d'un nègre. Il vit dans sa *tata*, enceinte fortifiée composée de huttes en paille et de cases en terre; sa demeure personnelle accoutumée est une hutte en paille. Sa principale occupation consiste à palabrer avec son peuple sur le seuil de son palais; il passe le reste de son temps couché sur un divan que forment des claies artistement tressées et recouvertes de moelleuses nattes en coton. Le dossier sur lequel il s'appuie est d'une espèce aussi singulière que rare. Les officiers de son palais, *corsigui*, sont des femmes, et c'est l'une d'entre elles qui vient se placer pour lui servir de coussin de repos. Les unes lui tendent des noix de cola, cette friandise par excellence des peuples noirs; d'autres reçoivent la pulpe des noix que rejette la bouche royale après l'avoir mâchée.

Bassirou consulta Soleillet comme médecin, car pour tous les habitants noirs de l'Afrique les Européens blancs sont forcément de grands docteurs. L'explorateur constata que le jeune prince était en excellent état de santé et n'avait d'autre infirmité qu'un état général de débilitation. Pour l'honneur des facultés européennes, il lui administra néanmoins quelques grains d'émétique et une dose d'huile de ricin dont le royal patient se déclara fort satisfait.

Le prince se montra un hôte généreux et, quand Soleillet tomba malade, il fut l'objet de soins tout particuliers.

« Partout, dans mon voyage, dit-il, j'ai été bien reçu, bien accueilli, et j'ai vécu dans l'abondance; et j'attribue cette heureuse chance à ce que je me présentais seul, sans équipage somptueux, sans titre officiel, sans armes, en simple visiteur et en ami. »

De chez Bassirou le voyageur se rendit à Gala; jusque-là il avait traversé des régions d'alluvion couvertes d'immenses et inextricables forêts; il entra dans le Karta, pays relativement montagneux où aux belles forêts succédaient de petits arbres verts dont les branches, coupées par le vent, rappelaient à s'y méprendre les arbres fruitiers d'Europe et donnaient à la campagne l'aspect d'un immense verger.

A Farabougou, il retrouva les lieux visités par Mungo Park et il fut reçu par des princes parents et amis d'Ahmadou. Là recommencent les terres d'alluvion, qui se prolongent jusqu'au Niger; là les forêts immenses font d'impénétrables retraites à toute l'admirable faune de l'Afrique, les lions, les panthères, les hyènes, les éléphants, les rhinocéros, les girafes; là les oiseaux se rencontrent par milliers, parcourant toute l'échelle des êtres ailés, depuis la grande autruche jusqu'au minuscule colibri.

La route que suivit alors le voyageur était pleine de fatigues: on était dans la saison des pluies; tantôt c'étaient des orages terribles, qui semblaient avoir pris à tâche de tout détruire; tantôt des séries de marigots profonds à traverser. Il arriva enfin à Guigné où se trouve un grand marché, devenu plus important encore depuis que le sultan Ahmadou a interdit la navigation du Niger de Guigné à Yamina.

Il trouva là, en septembre, le Niger dans toute sa splendeur. Le fleuve y est, à 700 lieues de son embouchure, aussi beau que pourrait l'être un cours d'eau créé par le génie humain dans le but de faciliter les relations entre les différents peuples qui habitent ses rives.

A Yamina, Soleillet apprit que le sultan avait donné l'ordre non seulement de le bien accueillir, mais encore de mettre à sa disposition une barque et des rameurs, et il fut bientôt sur le grand fleuve africain, en route pour Ségou. Il pensa alors à l'honneur qu'il y aurait pour lui à faire flotter pour la première fois dans cette capitale d'un grand peuple nègre le drapeau de la France. Seuls avant lui, en effet. MM. Mage et Quintin avaient foulé ce sol. Mais il n'était pas sans inquiétude sur la façon dont son pavillon serait accueilli. Il le déploya néanmoins et il eut le bonheur de voir le sultan faire saluer par son armée nos couleurs nationales. Les officiers dansèrent devant notre drapeau et témoignèrent ainsi leur respect et leur vénération pour cet emblême de la patrie.

Le séjour de Ségou, où il fut admirablement reçu, fut pour le voyageur une nouvelle source d'études intéressantes; désireux de connaître à fond les mœurs de ces peuples, il se mêla à la population, le matin exerçant la médecine, le soir allant faire la conversation chez les forgerons ou autres artisans de la ville. Le luxe des habitants le surprit au delà de toute expression; des femmes sortaient littéralement couvertes de plaques d'or massif et partout il voyait un grand déploiement de richesses.

Le sultan entretient une petite armée fort bien tenue. Les soldats sont armés de fusils et un petit arsenal contient un grand nombre d'armes entretenues avec soin par trois forgerons qui n'ont pas d'autre occupation.

De Ségou, Soleillet espérait pouvoir se diriger sur Tombouctou. Ahmadou se refusa nettement à lui laisser descendre le Niger, alléguant divers prétextes de sécurité. Les ressources du voyageur touchaient d'ailleurs à leur fin; il se résigna au retour, heureux de s'être fait des alliances qui devaient assurer le succès de son prochain voyage.

III

DANS L'ADRAR

Les Maures du Soudan occidental qui vivent entre la rive droite du Sénégal et la rive gauche du Niger se divisent en deux parties très distinctes ; il y a d'abord les *guerriers*, dont le nom maure est *Oassan*; ils forment une sorte d'aristocratie analogue à la noblesse du moyen âge; leur autorité est d'ailleurs très restreinte; les chefs qui composent cet ordre ne peuvent conserver des guerriers qu'à la condition de leur faire constamment des cadeaux; ils ont pour monture des chevaux ou des chameaux coureurs connus en Algérie sous le nom de *mehara*.

Les guerriers ne payent pas d'impôts; chaque tribu guerrière a au contraire une série de gens tributaires; ce sont

Guerrier. Cheik.
Maures du Soudan occidental.

des marabouts payant le dixième de leur revenu; les gens des villes (ksour) payent aussi un tribut aux guerriers qu'ils choisissent pour se protéger. Ces tribus belliqueuses sont constamment en guerre les unes avec les autres.

A côté des guerriers il y a des chefs marabouts (*cheiks ou vieillards vénérables*) qui ne payent rien à personne à cause de leur grade; les uns y arrivent par leur naissance, c'est ce qu'on appelle la *bénédiction du sang*, d'autres par leur mérite, leur piété, ou les services rendus.

Ces marabouts passent tous pour faire des miracles.

Soleillet fut plus spécialement en relation avec l'un d'eux, Cheik-Saad-Bou (*le bonheur de son père*), issu d'une famille originaire du Maroc, et qui autrefois était dans le Massina, entre Tombouctou et Ségou. Ce marabout était extrêmement puissant quand Hadj-Omar s'est emparé de Ségou. Hadj-Omar est un Peul qui forma ce grand empire de Ségou, assiégea Médine et combattit le général Faidherbe. Le grand'père de Cheik-Saad-Bou, Mohamed-Fada (*glorifié comme l'argent*), chassé par la guerre du Maroc, était arrivé et s'était fixé au Massina quand Hadj-Omar s'en empara et réclama un tribut au marabout.

— Ou tu te soumettras, dit-il, ou tu accepteras la guerre.

— Je ne me suis jamais soumis à personne, répondit Mohamed-Fada, quant à la guerre, je ne l'accepterai pas davantage. Nous ne sommes venus dans le désert que pour vivre avec notre chapelet, et nous irons devant nous jusqu'à ce que nous trouvions une région où nous puissions vivre uniquement avec nos prières.

Mohamed-Fada et ses compagnons se dirigèrent alors vers l'ouest; en passant au Walata ils y laissèrent une portion de leur famille, puis ils traversèrent Tagand, où ils en établirent une autre, enfin ils parvinrent dans l'Adrar. Un neveu du cheik Mohamed-Fada, qui s'appelait comme lui, s'y fixa et y acquit une très grande influence. C'est aujourd'hui la plus grande autorité religieuse du Tichid à l'Adrar.

Ces marabouts forment une sorte de franc-maçonnerie religieuse qui a ses rites et ses signes de reconnaissance. Leur rencontre est toujours suivie d'une poignée de main donnée d'une façon particulière ; les deux mains s'allongent et se mettent en contact par les paumes, de façon à ce que les doigts viennent s'appuyer contre la peau de l'avant-bras; là, le médius se soulève et frappe trois coups en forme d'attouchement conventionnel.

Leur manière de prier constitue ce qu'on nomme le *decker*. Chaque musulman a un chapelet spécial qui se reconnaît par sa forme; certaines prières sont attachées à chacun d'eux. Sur celui de Mohamed-Fada, la prière particulière était faite en ces termes :

« Dieu soit loué! Mohamed est l'apôtre de Dieu, soit la

nuit, soit le jour, dans la route, dans la tente, dans la maison; *soyons toujours avec* Mohamed-Fada et ses enfants. Répète cela trois fois après chaque prière. »

Le decker est observé par les individus de toutes les classes.

Chaque marabout a une école où on envoie des enfants. Quand ils en sortent, ils prennent le decker du marabout chez lequel il ont été élevés; ils forment ainsi une imitation des tiers ordres du moyen âge. Il est utile de rappeler à ce sujet que c'est parce qu'il était tertiaire franciscain que Christophe Colomb a découvert l'Amérique. En effet la reine Isabelle appartenait à cet ordre au même titre. Le supérieur des Franciscains ordonna à la souveraine de venir en aide à l'explorateur et ce fut ainsi que l'expédition projetée put avoir lieu.

Il résulte du decker une confraternité entre tous les membres de cette association; ils se protègent les uns les autres et protègent aussi tous les membres de la Ziara.

Les marabouts envoient toutes les années des missionnaires (*Talibé*) voir tous les membres de l'association et recueillir des cadeaux pour le marabout. Ces dons constituent son casuel et sa fortune. A côté du decker il y aussi les *Zoua* qui font partie de la *Zaouia* ou maison de marabout. Ceux-là sont de véritables religieux, n'ayant rien à eux. Le marabout doit leur procurer tout ce qui leur est utile; de leur côté ils doivent donner au marabout tout ce qu'ils possèdent.

Revenons à la famille des marabouts Mohamed-Fada. A côté de son neveu il y a un de ses petits-fils: Mell-Ainin (*la joie des yeux*) qui est très puissant dans l'Adrar.

Soleillet quitta Saint-Louis le 16 février et se dirigea chez un marabout, nommé Saad-Bou. Il avait rencontré à Saint-Louis, Bou-el-Mogdar, le chef religieux du Sénégal (Tamsir) et en même temps cadi; ce personnage est aussi l'interprète et le secrétaire pour l'arabe du Gouverneur. Pour ne point oublier ses titres, ajoutons qu'il est officier de la Légion d'honneur, décoré du médjidié de Turquie et que c'est le premier noir qui ait fait le pèlerinage de la Mecque. Il trouva à Soleillet deux « talibé », Abd-Allah et Ibrahim qui partirent avec lui. Un chamelier Madj-Fout, Berbère de l'Oued-Noun, et un domestique noir de Saint-Louis,

Fou-Bakar-Kaun-Dialo complétèrent la petite caravane.

L'expédition comprenait cinq chameaux chargés et une petite mule venant de Mostaganem, qui servait de monture à l'explorateur. On arriva sans encombre le 15 mars chez le cheik.

Sa tente, grande et aérée, se dressait à droite au milieu d'une vaste plaine, sous un arbre; deux ou trois autres tentes, dont une en poils blancs, s'élevaient autour de la sienne. Le camp lui-même se composait d'une vingtaine de tentes, et tout autour on apercevait, de distance en distance, d'autres petits camps.

A l'arrivée du voyageur les gens du cheik sortirent de sa demeure et les nombreux enfants qui étaient chez lui vinrent le saluer en lui baisant les mains. Tous affectaient une gravité monacale. On le fit arrêter à une extrémité du camp où on lui dressa une grande tente dans l'intérieur. Ces travaux furent dirigés par un talibé à tête d'apôtre, vêtu d'une blouse bleue et par-dessus d'un burnous qui ressemblait à une cagoule.

On couvrit alors le sol d'un « granè », tapis en laine du Sahara; la tente aussi était faite d'une étoffe de laine en poils de mouton et de chameau noir.

A 6 heures, la foule qui entourait la tente partit comme une flèche et alla baiser la main du cheik qu'elle vit sortir. Celui-là présenta à chacun soit la paume, soit le dos de la main, suivant la faveur qu'il voulait faire; c'est la première manière qui constituait la plus grande faveur. Ils se mirent alors à la suite du cheik, en procession sur deux lignes, et ils chantèrent sous forme de litanie, *allah Mallah!* (Dieu est Dieu!) Par intervalles, à un certain moment, d'une voix forte l'un disait: *Allah!*; quatre ou cinq répondaient ensemble: *akbar* (très grand); puis un groupe d'une dizaine s'arrêtait, se mettait à branler la tête et faisait entendre à plusieurs reprises: brr!... brr!... brr!...

Le cortège vint se placer à deux cents mètres de la tente de Soleillet; on étendit là une peau de mouton dirigée du côté de la Mecque; le cheik fit ses ablutions avec du sable en passant les mains sous le voile qui lui cachait la figure. Il commença alors la prière, parlant lentement, psalmodiant avec une belle voix de baryton, faisant rouler les *r* dans *raman ramini* et appuyant sur le mot *anastai* (le clément). Lorsqu'il faisait ses génuflexions, un homme était obligé de le relever, car il est énorme. Sur les sept heures, après avoir terminé la prière, il fit appeler le voyageur et resta un quart d'heure à lui dire des banalités : et ils se quittèrent.

Le marabout avait regardé longtemps l'explorateur dans les yeux, car il se piquait de pouvoir lire les plus secrètes pensées ; l'examen d'ailleurs parut satisfaisant, car il déclara à ses gens qu'il n'y avait rien dans l'étranger que de bon. Il envoya au nouveau venu du lait, des dattes et un mouton ; Soleillet lui fit porter par le talem Abd-Allah une lettre du gouverneur et une autre de Bou-el-Lodgar ; il le fit en même temps prévenir qu'il avait une lettre du grand chérif de la Mecque. Il lui envoya aussi ses cadeaux dans une caisse en fer blanc : c'étaient des tapis, des mouchoirs en soie, du girofle, de l'ambre, du corail, des portefeuilles et autres bibelots auxquels était joint un grand parapluie en soie.

Le lendemain, 16, au lever du soleil, les mêmes cérémonies que la veille furent accomplies ; le cheik, après la prière, alla chez Soleillet : un captif portait sa peau de mouton. Le cheik, très gros, complètement voilé avec un pagne en coton noir du Soudan qui ne laissait voir que les yeux, était coiffé d'un bonnet rouge autour duquel s'enroulait un énorme turban blanc. Les yeux et les mains, les seules choses qu'on aperçût, étaient très bien. Un de ses frères, nommé Baba, se trouvait avec lui. Soleillet lui présenta avec cérémonie la lettre du grand chérif ; avant de la lire, il appuya la main sur le sceau, la passa ensuite sur son visage et la fit toucher aux gens de son entourage. Une vieille femme placée en dehors de la tente chanta ensuite en criant ses louanges.

Soleillet lui expliqua alors le but de son voyage.

— Comme vous le savez, lui dit-il, nous possédons l'Algérie et le Sénégal ; je suis un marabout comme vous ; comme mes compatriotes savent que j'ai pu déjà me faire bien venir des grands personnages musulmans, que j'ai visité In-Çalahs, et Ségou, que je suis à Saint-Louis l'ami de Bou-el-Mogdar ; mon gouvernement, désireux de connaître les gens qui habitent près de ses colonies, ceux qui sont bons et honnêtes pour se confier à eux et s'en faire des amis, et pour se tenir loin de ceux qui sont mauvais, voulant connaître en outre les produits de nos manufactures que vous désirez vous procurer, m'a envoyé pour voir tous les hommes et toutes les terres qui sont entre les deux colonies.

Le cheik répondit que de tout cela il ne pouvait résulter que du bien, que les hommes étaient faits pour se connaître et que lui n'avait jamais désiré qu'une chose, prier Dieu, s'occuper de ses troupeaux et faire du commerce.

Le 18 mars, après avoir reçu des visites et des lettres de recommandation, Soleillet reçut le matin la visite du cheik; celui-ci lui présenta un jeune homme de sa famille, le talem Moktar, qu'il lui donna pour l'accompagner Moktar; se coucha devant le cheik qui le bénit en lui imposant les mains sur la tête.

Un vieux chérif auquel le voyageur avait fait un cadeau vint le trouver, lui demanda sa main, et dans la paume, avec son doigt, il écrivit une prière. Après cela la caravane partit et le talem l'accompagna. Elle s'avança à travers une région assez accidentée.

Le 20 mars, le soir arrivant, Soleillet ordonna de camper. Le paysage était des plus monotones; une grande plaine semée de quelques broussailles et à 600 mètres une montagne en forme de pain de sucre. Rien de plus simple d'ailleurs que le campement. Pas l'ombre d'une tente; les ballots étaient entassés et formaient une sorte de fer à cheval : à l'intérieur, dans l'espace vide, se trouvait à gauche une selle sur laquelle furent posées les armes, fusils et revolvers; à droite le garçon nègre s'assit. D'un côté de cet amoncellement de ballots paissait la petite mule; de l'autre brûlait un feu autour duquel se tenaient accroupis trois marabouts.

Soleillet s'éloigna suivant sa coutume pour aller faire ses observations géographiques, sans se préoccuper de la rencontre qu'ils avaient faite le matin de six Maures montés sur des chameaux et armés de fusils se disant gens d'Ely, qui apportaient des nouvelles d'une des bêtes de somme volées à la caravane.

Dès que ces bandits perdirent de vue le chef de l'expédition, ils se précipitèrent sur le malheureux domestique, ou plutôt sur les armes déposées sur la selle et dont ils voulaient s'emparer. Bou-Bakar-kuan-Dialo se précipita à corps perdu sur le chef des pirates qui mettait la main sur les armes et, le terrassant, le retint vigoureusement sous son genou; les compagnons du bandit s'élancèrent sur lui et, armés l'un d'un couteau, les autres de bâtons, l'assommèrent aux trois quarts. Les marabouts présents protestaient vivement et levaient les mains au ciel; leur croyance leur interdisait le droit de frapper même pour défendre leur vie.

Soleillet, voyant de loin la lutte entamée, accourut aussitôt; en vain il put s'emparer d'un revolver et en donner un à son fidèle Bou-Bakar. Le cheik informé de cette agression honteuse, envoya trois personnages pour engager les pillards à se retirer. Ceux-ci se précipitèrent sur les bagages et s'emparèrent de tout ce qui put leur plaire, ne laissant au voyageur que sa mule et ses instruments.

Certes! Soleillet aurait pu entamer la lutte avec ces bandits; peut-être même serait-il sorti victorieux de la bagarre; mais il se fermait à jamais le Sahara où les rancunes et les vengeances s'éternisent. Il revint à Saint-Louis et ne songea plus dès lors qu'à recommencer sa noble entreprise

Cette exploration d'ailleurs ne fut pas stérile : Soleillet rapportait avec lui une simple fiole remplie d'un liquide blanc semblable à du lait. Ce liquide était du caoutchouc. Le baron Thénard en fit l'analyse et le déclara bien supérieur à la plupart des espèces connues et exploitées. Or, l'arbuste qui le produit croît sans culture et couvre d'immenses espaces. Les indigènes connaissent cette matière, c'est eux qui recueillirent la quantité qui en fut rapportée par le voyageur; de plus, ils l'utilisent puisqu'ils s'en servent pour calfater leurs barques. C'est là pour l'avenir une source précieuse de fortune.

IV

MÉDINE

A peine revenu de l'Adrar, Soleillet se mit en mesure de partir de nouveau.

Ce voyage n'était pas une exploration proprement dite, puisqu'il n'a eu lieu que dans un pays connu et que des circonstances indépendantes de la volonté du voyageur l'ont empêché de continuer sa route, au moment même où il allait s'engager dans le Soudan inexploré et se diriger sur Tombouctou.

Contentons-nous donc de rappeler les circonstances dans lesquelles Soleillet a dû renoncer, au moins provisoirement, à réaliser son vaste projet de voyage entre Saint-Louis du Sénégal et l'Algérie, en passant par le grand marché du Soudan.

Soleillet écrivit de Médine à un de ses amis de Paris mort depuis cette époque, une lettre dans laquelle il faisait une critique assez vive du gouvernement militaire, tout-puissant au Sénégal. Cet ami eut l'imprudence de prêter cette lettre à un journaliste peu discret, qui la publia comme si elle lui avait été adressée à lui-même.

Les officiers mis en jeu et le gouverneur de la colonie entrèrent dans une grande colère contre le voyageur. Par ordre supérieur, et malgré la mission dont il était chargé directement par le ministre, Soleillet se vit dépouillé non seule de tout son bagage d'explorateur, mais même des objets à son usage personnel. Il se trouva ainsi seul, sans ressources, sans souliers de voyage, sans vivres et sans quinine pour combattre la fièvre.

Les noirs habitants de Médine eurent pitié de son abandon et ce sont eux qui le ramenèrent en barque à Saint-Louis, d'où on le rapatria en France.

Cet acte d'autorité du gouverneur ne fut pas approuvé par

le gouvernement français, et les tribunaux eux-mêmes se sont prononcés en faveur de Soleillet.

Toujours est-il que, malheureusement, pendant que ces choses avaient lieu, le fanatisme musulman, réveillé dans tout le nord de l'Afrique, a semé dans tous les esprits de l'intérieur une telle haine contre les Européens que, pour un temps illimité, Soleillet dut renoncer à accomplir son grand voyage.

M. LARGEAU

PREMIER VOYAGE

DE TOUGGOURT A GHADAMÈS

M. Largeau partit de Touggourt le 25 janvier 1875 accompagné par l'agah de Touggourt, Si-Mohamed-ben-el-Hadj-ben-Driss, qui tant de fois a donné des preuves de son dévouement pour les explorateurs. Le brave agah conduisit M. Largeau jusqu'à moitié chemin de la Zaouïa de Tamellatit et là le remit entre les mains de Si-Maâmmar-ben-el-Hadj-Aliil-Tidjani, frère de Si-Mohamed-el-Aïd, chef vénéré de la Zaouïa, qui était venu au-devant du voyageur.

Une grande et belle tente avait été dressée tout exprès pour celui-ci dans l'une des nombreuses cours de la Zaouïa et il s'y installa sur de moelleux tapis ; Si-Maâmmar lui tint compagnie jusqu'à une heure assez avancée, c'est-à-dire jusqu'à l'heure du dîner qui fut apporté par plusieurs serviteurs.

M. Largeau avait résolu de se rendre d'abord à Ghadamès, qui se trouve sur la route des caravanes allant de Tombouctou à Tunis, et de pénétrer plus tard dans le Soudan, après avoir conclu un traité de commerce avec les Ghadamésiens.

Si-Maâmmar le reçut comme un prince, et lui fit présent pour son voyage, de trois poules, de vingt-cinq oranges, d'une centaine d'œufs et d'une mesure de dattes. M. Largeau était dès lors certain de ne pas manquer de vivres en route.

car l'agah lui avait donné déjà deux mesures de farine et une de couscoussou; de plus, il lui avait fait présent du prix de location d'un méhari jusqu'à son point d'arrivée, d'une excellente longue-vue, d'un chapeau qu'il avait fait venir tout exprès de Ouargla, d'un filtre et de deux tonneaux de 50 litres pour le transport de l'eau.

L'explorateur, chargé de lettres de recommandations, emmenait avec lui Rhab-aben-Amera, guide choisi par l'agah parmi les plus intrépides des Chaâmba; ce guide était accompagné d'un de ses fils : ces deux hommes, avec Mohamed ou Ali-ben-Embarek, domestique de M. Largeau, complétaient la petite caravane.

Ils partirent le 26 de bon matin de la Zaouïa de Tamellatit et ils ne s'arrêtèrent qu'à quatre heures pour passer la nuit dans une petite dépression, au milieu d'une belle végétation d'alfa. Faute de tentes, ils couchaient à la belle étoile, enveloppés dans leurs burnous ou dans leurs couvertures. Le 27, à sept heures quarante, ils se remirent en marche dans une plaine à grandes ondulations, couverte de sable dans ses parties élevées; à sept heures quarante-cinq, ils arrivèrent dans la région des dunes appelées Arezel-Del, ce qui veut dire *veines de sang*.

A sept heures cinquante, la caravane passait près d'une nezla, fraction de tribu composée de cinq tentes; là, sans s'en douter, l'explorareur l'échappa belle! Pendant qu'il cheminait, la boussole à la main, pour tracer son itinéraire, l'un des bergers demanda au guide quel était le Sidi qui voyageait avec lui? Celui-ci répondit : c'est un *thebid* (médecin). Aussitôt le berger le pria d'amener son maître afin qu'il allât guérir son frère qui, depuis longtemps, était atteint de fortes douleurs de tête.

Rabath qui était toujours pressé, parce qu'il était payé à prix fait et non à la journée, répondit que M. Largeau n'avait pas de médecine avec lui, mais qu'il allait en chercher à Ghadamès. Le berger se contenta de cette réponse et ce fut heureux, car si le voyageur s'était arrêté, toutes les nezlas campées à cinq lieues à la ronde auraient été aussitôt prévenues et la petite pharmacie n'y eût pas suffi. Il est vrai que ces braves gens se contentent comme médicament d'un peu

Vue de Touggourt

d'eau rougie et prétendent même que cela leur produit un soulagement instantané.

Les explorateurs continuèrent leur route et arrivèrent au puits artésien d'Aïn-Çanan où ils s'installèrent pour la nuit. Ils firent provision de cette eau, malgré son odeur sulfureuse prononcée

Le lendemain, quittant la route d'Ouargla, qu'ils avaient suivie jusqu'alors, ils se dirigèrent droit au sud, à travers une plaine unie et graveleuse, jusqu'à une colline isolée appelée Koudia-Remada. A partir de ce point, la plaine devient sablonneuse et se couvre d'une belle végétation de sfâr, herbe fort goûtée des chameaux qui s'en régalent en marchant.

Ils campèrent au pied des collines appelées Koudiat-el-Archem, très riches en végétation; puis ils reprirent leur route le lendemain 29. La journée fut pénible, surtout vers sa fin, en face du lit desséché d'un grand fleuve, dont les bords étaient taillés à pic de la façon la plus capricieuse, mais généralement d'une hauteur de 100 mètres.

La petite troupe mit quarante-cinq minutes pour gagner l'autre rive et là on aperçut de nouveau le lit du fleuve qui, après avoir décrit une courbe vers le sud-est, revenait vers les voyageurs comme pour leur barrer le passage. Ce fleuve n'était autre que l'Igharghar.

Ils descendirent à travers les dunes; le lit du fleuve, plus uni, était couvert de morceaux de grès, détachés de ses rives, qui avaient partout la même forme et la même élévation que précédemment. Ils mirent cette fois une heure à le traverser.

Le 30, ils s'arrêtèrent près d'un puits appelé Bir-Khannami, creusé à fleur de terre dans le lit même du fleuve; l'eau en était douce, mais avait 21 degrés; il fallait la faire rafraîchir à l'air avant de la boire. Ils en firent provision et continuèrent leur marche à travers l'éternelle plaine de grès qui déchirait leurs pieds et leur faisait subir d'insupportables souffrances.

Les nombreux monticules de terre ou de roche (gara) qui formaient les rives du fleuve, soit isolément, soit par groupes, au milieu de son lit, prenaient parfois des formes étranges.

Le lendemain, ils sortirent du fleuve et arrivèrent à la nezla du guide composée de trois tentes. Grande fut la joie des habitants en voyant arriver le père de famille. Les premiers moments d'allégresse passés, on s'occupa de l'hôte qui venait visiter le village et on lui servit du lait de chamelle avec des dattes. Les femmes s'empressèrent ensuite de lui dresser une tente à une petite distance du douar. Deux fois dans la journée, ces braves gens, désireux de plaire à leur hôte, lui servirent un énorme plat de couscoussou avec de la citrouille et de la viande de mouton; quant au lait de chamelle, on lui en donna à discrétion.

Après avoir séjourné un jour à Areg-Maguetta, il traversa encore, le jour même de son départ, deux sinuosités de l'Igharghar, puis le second jour il arriva à Hassi-Botin, où il dut s'arrêter quarante-huit heures pour soigner son guide malade. Le samedi, 6 février, il put enfin quitter ce séjour détestable, après y avoir fait une provision abondante d'eau salée.

Jusqu'au 8, ils avaient marché entre des chaînes régulières de hauts ghours (collines de sable) espacés entre eux de 600 à 800 mètres, rarement de 1000. Le guide âgé alors de 55 ans, les avait vus dans sa jeunesse à l'état de *sifs* ou petits amoncellements. Son père et son grand-père avaient traversé cette contrée avant la formation des dunes : c'était alors une belle plaine couverte de végétation.

En se rapprochant de Ghadamès, l'horizon s'éclaircit. Les ghours sont moins rapprochés et laissent entre eux quelques vallées; bientôt celles-ci s'élargissent, mais elles n'ont pas de direction déterminée; enfin, le dernier jour, on put compter les collines.

L'immense plaine de grès rose et blanc qui précède Ghadamès est usée et déprimée; d'énormes blocs, soulevés par le vent d'est et à moitié décomposés, jonchent le sol.

M. Largeau avait marché dix longs jours sans trouver d'eau quand il arriva à Ghadamès le 12 février. Il avait eu, en outre, à supporter des chaleurs très fortes, des froids rigoureux pendant deux nuits durant lesquelles il s'était formé une couche de glace de 8 millimètres au fond d'un sceau. De plus, il avait été assailli par une tempête épouvantable qui avait duré quarante-huit heures.

Qu'importent de telles fatigues? l'intrépide explorateur avait atteint le but de ses efforts et tous ses maux avaient disparu.

Le bey, Si-Mohamed-bou-Aïcha, que l'on était allé prévenir à Ghadamès de l'arrivée de M. Largeau, vint le recevoir à la porte de la ville, lui souhaita la bienvenue en lui disant qu'un envoyé de l'agah de Touggourt serait traité dans sa ville comme l'agah lui-même.

La djemâa, sorte de Chambre de commerce, se joignit à l'agah pour fêter notre compatriote ; une délibération de ce groupe important l'assura :

1° Que tous les négociants qui voudraient l'accompagner dans l'avenir seraient reçus et traités comme des frères ;

2° Qu'ils seraient logés dans les maisons de la ville ;

3° Que les marchandises qu'ils apporteraient ne payeraient aucun droit d'entrée ;

4° Que si, comme il y avait lieu de l'espérer, l'on était satisfait des deux côtés de cet essai de commerce, les Ghadamésiens s'engageaient à venir à leur tour sur les marchés de l'Oued-Rhirh et du Souf et même à aller jusqu'en France faire leurs achats ;

5° Le bey, la djemâa et tous les Ghadamésiens exprimaient le vœu qu'il viendrait chez eux avec M. Largeau, non seulement des négociants, mais encore des savants qui étudieraient le pays à différents points de vue.

On voit que les vœux de l'explorateur étaient comblés et que le but de son voyage paraissait atteint. Dorénavant, on pouvait croire le Sahara ouvert au commerce français et la route du Soudan par Ghadamès semblait ne plus offrir de difficultés.

M. Largeau revint en France, où tout le monde le félicita et où, avec l'appui du public, il ne tarda pas à pouvoir organiser une nouvelle expédition.

Les espérances qu'on avait fondées sur cette entreprise ne se sont malheureusement pas réalisées. Des intérêts commerciaux d'autres nations et des intrigues étrangères sont venus rendre vaines les heureuses tentatives par lesquelles notre compatriote avait débuté et la route du Sahara est encore à ouvrir.

DEUXIÈME VOYAGE

DE TOUGGOURT A GHADAMÈS

Le retour de M. Largeau s'effectua par Bir-Djedid, entre les routes suivies par M. le commandant Bonnemain et par M. Henri Duveyrier.

Les dunes, sur cette route, sont bien moins élevées que dans le Zemoul-Akbar; les plus hautes atteignent à peine de 100 à 120 mètres.

Ce voyage s'effectua sans trop de difficultés, à peine quelques incidents le signalent-ils. Deux outres s'étant crevées en route, les voyageurs manquèrent d'eau et durent faire une marche de nuit pour arriver à Bir-Djedid dont l'eau, quoique chaude, est excellente.

Une nouvelle expédition ne tarda pas à s'organiser dans le but d'aller rappeler aux Ghadamésiens leurs promesses; malheureusement, tous les efforts tentés par M. Largeau personnellement, par la Société de géographie commerciale de Paris et par d'autres groupes influents, pour déterminer quelques négociants à accompagner les explorateurs, avaient été vains. M. Largeau ne trouva pour partir de France avec lui que M. Louis Say, officier de notre marine, Gaston Lemay, homme de lettres, envoyé par le journal le *Rappel* et le *New-York Hérald*, enfin Faucheux, jeune homme de Châteaudun, qui a continué depuis ses explorations sous la direction de M. Brau de Saint-Pol-Lias à Sumatra.

Les voyageurs partirent le 23 novembre 1875 de Biskra, pour se rendre à Touggourt. Huit chameaux et huit mulets transportaient les bagages et les personnes; onze Arabes tant domestiques que chameliers, marchaient avec eux; l'ancien domestique de M. Largeau, Ali, était chargé, comme interprète, de leur transmettre les ordres du chef.

Le voyage s'effectua sans trop de difficultés; disons d'ailleurs que le courage et la bonne humeur des explorateurs en adoucit les peines et les fatigues. De nouvelles et importantes études furent faites par M. Largeau sur le régime du Sahara, sa faune, sa flore, la formation des dunes, etc. Ils arrivèrent à Ghadamès le 5 janvier 1876, tous en très bon état de santé.

A peine furent-ils installés, qu'ils reçurent la visite des principaux négociants, dont plusieurs manifestèrent l'intention de venir avec eux en Algérie, avec quelques charges de différents produits qu'ils tirent du Soudan par Ghât ou Rhât, grand marché du Sahara oriental comme Tombouctou est le grand marché du Sahara occidental.

Tout le monde semblait satisfait et les compagnons de M. Largeau se félicitaient d'avoir pris part à une expédition dont le succès paraissait désormais assuré.

Tout allait pour le mieux et l'on avait fixé au 7 février la date du départ, lorsque, le 25 janvier, plusieurs négociants vinrent dire à M. Largeau que leurs sympathies étaient toutes pour les Français, mais qu'à leur grand regret, ils étaient obligés de retirer la parole qu'ils avaient donnée et de renoncer à faire partie de la caravane de retour. Ils finirent par avouer qu'ils reculaient devant l'opposition du gouvernement de Tripoli qui, ne pouvant s'opposer formellement à leur départ, et ne pouvant non plus les punir pour ce fait, trouverait cependant cent autres motifs pour les accabler et les ruiner d'amendes. Ces avertissements leur venaient d'une caravane arrivée la veille de Tripoli.

M. Largeau comprit dès lors que le but de son voyage était manqué, parce que les Ghadamésiens, gens timides s'il en fut, n'oseraient jamais entrer en lutte avec l'autorité turque.

Il ne perdit cependant pas tout espoir et se rendit chez le Caïmacam à qui il exposa la situation. Celui-ci affirma n'avoir reçu aucune lettre officielle de Tripoli. Aucun courrier ne lui était parvenu depuis plus d'un mois et il lui était impossible de supposer qu'un pareil avis eût pu être envoyé sans passer par ses mains. Il promit à M. Largeau de convoquer le Medjelès pour s'assurer de ce qu'il pouvait y avoir de fondé dans ces bruits et pour engager ce conseil à désigner d'office trois négociants qui suivraient les Français en Algérie.

Le même jour, on raconta au chef de l'expédition que le pacha qui administrait la Tripolitaine lors de son premier voyage, et qui était un homme s'occupant sérieusement du développement commercial du pays à la tête duquel il avait été placé, s'était rendu à Ghadamès après le départ de la caravane, s'était informé des faits et gestes de M. Largeau dans l'oasis, avait pris connaissance des écrits laissés par lui, s'était fait montrer les présents offerts aux notables et n'avait rien trouvé à redire à tout cela.

Il était, au contraire, persuadé que des relations avec l'Algérie ne pourraient que donner un plus grand développement à cette ville, dont la décadence était manifeste, depuis que les marchandises prenaient de préférence les routes de l'Egypte par Mourzouc. Mais ce pacha intelligent avait été envoyé dans l'Yémen et remplacé par un autre, qui était loin de partager ses vues.

Ghadamès était comme abandonnée à elle-même ; la garnison ne se composait plus que de dix hommes, pour lesquels il n'y avait que quatre mauvais chevaux, et, malgré la bonne volonté du Caïmacam qui, depuis six mois attendait en vain un renfort de cinquante hommes, les pillards, devenus nombreux depuis l'occupation de Rhât, pouvaient se présenter impunément jusqu'aux portes de la ville et y opérer des razzias sans crainte d'y être inquiétés.

L'occupation de Rhât qui avait aussi eu lieu, peu de temps après le départ des explorateurs, par cinquante cavaliers, n'était nullement une garantie de sécurité ; car, outre que cette occupation avait été un grand sujet de mécontentement chez les Touaregs, aux affaires desquels elle portait un grave préjudice, la garnison mal composée et mal payée n'avait jamais donné signe de vie et passait son temps à faire la sieste à l'ombre des palmiers.

Il y a trente ans, disait-on à M. Largeau, Ghadamès était libre et prospère ; les caravanes se rendaient à Tunis où elles réalisaient de beaux bénéfices ; mais les Turcs vinrent et obligèrent les habitants à se rendre à Tripoli où est établie une douane qui les pressure.

On n'en finirait pas si l'on voulait raconter ici toutes les doléances des malheureux Ghadamésiens qui, en même temps, demandaient à leurs visiteurs la façon dont en France on traite les membres des diverses croyances. M. Largeau leur répondit qu'il vient souvent chez nous des Musulmans du Sahara algérien ; il leur représenta que ceux qui l'accompagnaient étaient aussi des Musulmans et qu'ils pouvaient s'assurer auprès d'eux de la façon dont ils étaient traités par les chrétiens.

La réunion du medjelès eut lieu le 27 janvier. Si-Mohamed-ben-Aïcha exposa à l'assemblée tous les avantages que retirerait leur ville d'un commerce suivi avec l'Algérie, ce qui leur permettrait de doubler le chiffre de leurs opérations et d'obtenir en même temps par la concurrence ainsi établie, des conditions bien plus avantageuses des maisons de Tripoli.

Un membre du conseil répondit qu'ils étaient les premiers à désirer que ce commerce s'établît, mais que les Français devraient donner des preuves de bon vouloir en venant les premiers vendre et acheter sur leur place, comme cela avait eté convenu.

Or, ajoutait-il, ceux qui sont ici n'ont pas même acheté une dépouille d'autruche, pas une dent d'ivoire. Nous les suivrons cependant, si vous le désirez, mais à la condition qu'on obtiendra pour nous un écrit du pacha nous autorisant à partir

Le Caïmacam lui fit observer que les voyageurs présents n'étaient pas des négociants, mais des envoyés des medjelès commerciales françaises et que des envoyés ne pouvaient se livrer au commerce. Il termina en chargeant le président El-Hadj-Moklav, de désigner d'office trois négociants qui suivraient la caravane en Algérie. Mais M. Largeau refusa d'emmener de force ces trois malheureux.

On lui raconta encore, le soir, que le Caïmacam, qui était très lié avec l'ancien pacha, n'avait avec le pacha actuel que des relations très tendues, et que l'on s'attendait à son prochain remplacement. C'est pourquoi les Ghadamésiens, qui se seraient autrefois empressés de déférer à ses désirs, se voyaient obligés de lui résister, parce qu'il n'était plus en mesure de les protéger contre l'autorité supérieure.

Jugeant qu'une plus longue insistance était inutile, M. Largeau fit part à ses compagnons du résultat de ses démarches et il maintint la date du départ au 7 février.

TROISIÈME VOYAGE

LES PILLARDS DU GRAND DÉSERT

Les relations des événements qui suivent, bien qu'ayant eu des conséquences regrettables font naître de vives espérances. On y peut trouver la conviction qu'il faudrait bien peu d'hommes énergiques, comme M. Largeau et ses compagnons, pour mettre fin à cet état d'anarchie, dont les rares manifestations remplissent l'immensité du Sahara de terreurs exagérées. Nous donnerons sur ces événements dramatiques le récit qu'en a fait M. Largeau. Cette version écrite sous l'impression de sentiments amers et douloureux, laisse pourtant entrevoir la possibilité de pacifier rapidement le grand désert et de l'ouvrir au commerce sans qu'il soit nécessaire de faire intervenir des bataillons européens.

Voici le texte même de la lettre de M. Largeau :

« Le dimanche, 6 février, veille du jour fixé pour notre départ de Ghadamès et notre retour en Algérie, des Touaregs vinrent prévenir le Caïmacam (gouverneur) que le Châambi Bou-Saïd, des Ouled-Bou-Zid, le chef des assassins de Dournaux-Dupéré et de Joubert, après avoir formé au Touât une troupe de pillards (*rhezzi*) d'une quarantaine d'hommes, s'était dirigé vers le Hoggard pour y faire de nouvelles recrues, et de là, était descendu vers Temassanin, où sa troupe s'était divisée en deux bandes.

« L'une, commandée par lui-même, avait pris la direction de Ouargla, l'autre, sous la direction d'El-Madani, son frère, s'était dirigée sur Ghadamès et devait se trouver à une ou deux journées de marche de cette ville sur la route de Rhât, où elle attendait une caravane pour la razzier.

« La veille, un nègre de nos chameliers qui gardait les chameaux dans les dunes, avait entendu une vive fusillade dans la direction de la route d'Ouargla. Le jour précédent, une caravane de Châamba avait quitté la ville; c'était sans doute cette caravane qui avait été attaquée par les pillards, qui avaient dû, pour joindre la route de Rhât, s'éloigner de tout chemin fréquenté et faire un crochet dans l'Erg, afin de ne pas être aperçus.

« Le Caïmacam de Ghadamès, Si-Mohamed-Ben-Aïcha, prit aussitôt la résolution de courir sus au rhezzi; mais son embarras fut grand, car la garnison ne se composait que de dix hommes pour lesquels il ne se trouva que quatre mauvais chevaux. Il fit en vain appel aux Ghadamésiens : la poltronnerie de ces marchands est telle que deux Touaregs armés de lances suffisent ordinairement pour razzier une caravane conduite par vingt-cinq hommes armés de fusils; aussi, pas un ne répondit à l'appel du Caïmacam; ceux qui avaient des mehara en ville, les firent sortir clandestinement, afin d'avoir un prétexte pour ne pas partir.

« Le soir, très tard, deux Touaregs-Azguers arrivèrent au grand galop de leurs mehara, raconter que, conduisant, avec un négociant, une caravane de treize chameaux chargés de plumes, d'ivoire, de cire et d'encens, ils avaient été attaqués la veille, au lieu appelé Naga-Ibenta, à une journée et demie de marche, par un rhezzi composé de huit Châamba, deux Touâtiens des Ouled-Delim, et huit Touaregs du Hoggard. Après avoir abandonné sur le terrain les marchandises les plus lourdes, telles que l'encens et la cire, le rhezzi avait pris au galop la route de Rhât sur laquelle il rencontrerait certainement une autre caravane de soixante chameaux qui devait se mettre en marche quelques jours après eux.

« Le lundi 7, après la prière du fedjer, le Caïmacam envoya son intendant me prier de mettre à sa disposition les Souafa de ma caravane et d'engager les autres, ainsi que les Châamba présents dans la ville, à le suivre avec leurs mehara.

« Non seulement je répondis affirmativement à la demande du gouverneur, mais encore, mes compagnons ayant manifesté spontanément et avec enthousiasme le désir de marcher, je fis répondre que nous partirions tous à la poursuite des malfaiteurs. Nous prîmes à la hâte quelques provisions et, ayant saisi nos armes qui étaient toutes prêtes, nous nous rendîmes auprès du gouverneur et nous sortîmes avec lui des portes de la ville. Là, il fut convenu que les journées des Souafa leur seraient payées.

« Ayant fait réunir nos hommes, je leur dis qu'en présence de la lâcheté des Ghadamésiens, le Caïmacam comptait sur eux pour rétablir la paix dans le pays et que l'occasion était belle de prouver encore une fois que la réputation de bravoure dont ils jouissent aussi bien que les Français chez les Arabes est justement méritée.

« Tous voulurent partir, mais il ne s'en trouva que dix possesseurs de mehara. Le Châambi Mouley-el-Arbi, ennemi personnel de Bou-Saïd et d'El-Madani, possesseur d'un cheval, porta à cinq le nombre des cavaliers qui devaient accompagner le gouverneur.

« En présence du dévouement de tous ces hommes, Si-Mohamed-bou-Aïcha envoya sommer les Ghadamésiens de sortir en armes pour les saluer; ceux-ci sortirent enfin de leur ville au nombre de quatre cents environ, armés de fusils et poussant de grands cris. A voir leur attitude, on eût dit une troupe de braves demandant à marcher au combat, tandis que dix Touaregs armés de lances auraient suffi pour les faire rentrer précipitamment dans leur ville.

« Cependant, nos Souafa étaient arrivés avec leurs mehara qu'ils étaient allés chercher à la Zaouia de Sidi-Mâabet-bou-Djérida, à deux kilomètres environ.

« Le gouverneur put composer sa troupe comme il suit : lui, à cheval, avec Mouley-el-Arbi et quatre cavaliers du Djebel très mesquinement montés; dix Souafa montés sur leurs mehara, parmi lesquels Aoun-ben-Menacer, mon guide, qui déjà en compagnie de Si-Saïd-ben-Messaoud, avait tue un des frères de Bou-Saïd, connu par sa bravoure. Le tout formait un ensemble de quinze hommes montés, les seuls sur lesquels on pût sérieusement compter.

« Les six cavaliers du Djebel démontés, devaient suivre à pied autant que leurs forces le leur permettraient. Venaient ensuite une quinzaine d'Atrias, aussi à pied, plus ou moins mal armés, dont le rôle devait se borner à conduire et à garder une douzaine de chameaux chargés d'eau et de provisions de bouche réquisitionnées à la hâte.

« Quant à nous, le Caïmacam fit de vains efforts pour nous procurer des montures, sinon des chevaux, au moins des mulets : *il fut impossible d'en découvrir dans la ville; ceux* qui en avaient les tenaient soigneusement cachés.

« Le brave gouverneur m'exposa alors l'impossibilité où nous allions nous trouver de suivre à pied des hommes *montés sur des mehara,* qui devaient marcher jour et nuit pour atteindre l'ennemi, et même laisser en arrière leurs provisions de bouche pour mieux assurer le succès de l'entreprise. Je compris toute la vérité de ce raisonnement, mais ces messieurs étaient animés d'une telle ardeur, qu'ils auraient trouvé très mauvais que je leur parlasse de retraite avant le départ, et je répondis au Caïmacam que nous marcherions jusqu'à épuisement de nos forces.

« On se mit en route, suivis par les cris des Ghadamésiens qui, n'ayant plus à craindre d'être réquisitionnés, s'en donnaient à cœur joie et faisaient même *parler la poudre.* On se dirigea vers le sud-est pour descendre plus loin dans la partie déprimée du hamada.

« A trois kilomètres de l'oasis, le gouverneur rallia tout son monde et l'on récita le Fettiha (1er chapitre du Coran); puis se tournant vers moi, il m'exprima combien il était peiné de n'avoir pu nous procurer des montures, et me dit que, plutôt que de nous voir suivre à pied, il rentrerait en ville avec sa troupe.

« Les Souafa joignirent leurs insistances aux siennes et jurèrent que, s'ils trouvaient la piste du rhezzi, ils ne rentreraient pas avant de l'avoir désorganisé. Notre but n'étant nullement de faire manquer cette expédition, j'ordonnai la retraite; le président et quelques membres du Medjelès, qui avaient suivi jusque-là, m'aidèrent à calmer l'ardeur de mes compagnons. Mais en quittant nos braves Souafa, nous voulûmes leur donner une marque de confiance en leur prêtant nos armes de précision; je donnai donc ma carabine à Ben-Kaccem-ben-Bachir, M. Faucheux confia sa carabine à Messaoud, et M. Lemay, son Remington à Aoun, déjà possesseur d'un revolver que lui avait donné M. Say.

« Nous rentrâmes avec les *Kbar,* qui ne craignirent pas de nous dire que des hommes de condition devaient rester en ville et non courir après un rhezzi. Il leur fut répondu que dans tous les pays, aussi bien chrétiens que musulmans, où les hommes avaient conscience de leur dignité, c'étaient ordinairement les gens de condition qui donnaient aux autres l'exemple de la bravoure.

« Voici ce qui s'est passé depuis le moment de notre retraite forcée :

« Partie de l'oasis vers deux heures après midi, la troupe marcha jusqu'au lieu appele Marksem, où elle arriva vers minuit et se reposa jusqu'au lever du soleil ; en se remettant en marche, elle découvrit les traces du rhezzi qui avait poussé jusque-là ; ces traces étaient vieilles de deux ou trois jours.

« Le lendemain, vers dix heures, le goum arriva à Naga-lbenta, où les brigands avaient, en s'en retournant, razzié la caravane de treize chameaux ; il continua de marcher sur leurs traces jusqu'à Macin, puits entouré de quelques palmiers, où il arriva au coucher du soleil et où il se reposa la nuit ; là, il laissa deux cavaliers, sept piétons et quelques chameaux épuisés.

« Parti au lever de l'aurore, il alla bivouaquer le soir à Garraât-il-Cedre. Il atteignit le jeudi à midi le puits de Nazar, qui est situé à sept journées de marche de caravane au S.-S.-E. de Ghadamès ; il laissa là encore dix hommes et cinq chameaux épuisés.

« Après avoir fait de l'eau, il se remit en marche pour arriver vers quatre heures au lieu appelé Tâaken, où les chevaux refusèrent d'avancer. Le Caïmacam voulut ordonner la retraite, mais les Souafa répondirent que puisqu'ils étaient sur la piste, ils iraient jusqu'au bout.

« Mouley-el-Arby déclara qu'il les suivrait et, abandonnant son cheval, il monta sur le chameau le moins fatigué.

« Ceux qui continuèrent la poursuite étaient au nombre de douze : Mouley-el-Arby, neuf Souafa, un homme à pied du Djebel et un nègre, qui servait de guide.

« Ils marchèrent sans s'arrêter jusqu'au lendemain vendredi, au lever du soleil ; les mehara s'étaient abattus successivement, et les poursuivants n'étaient plus que six, lorsqu'ils découvrirent au loin le rhezzi, qui, les ayant aperçus de son côté, s'était empressé d'opérer ses chargements et de monter à mehari pour se sauver. Les cinq Souafa et le Chaâmbi mirent pied à terre ; ceux qui possédaient des armes à longue portee ouvrirent le feu à trois ou quatre cents mètres; Bel-Kacem-ben-Bachir tua un homme et en blessa un autre; Messaoud abattit deux chameaux, mais le rhezzi courait toujours et gagnait rapidement du terrain. Il était déjà hors de portée, lorsqu'il disparut tout à coup.

« Nos hommes remontèrent sur leurs chameaux épuisés; alors commença une course insensée, dans laquelle ils s'échelonnèrent encore sur la route. Trois, mieux montés, allaient ensemble en avant; mon guide Aoun, Messaoud et le Châambi Mouley-el-Arbi. Au bout d'une demi-heure, leurs mehara s'arrêtèrent court sur le bord d'une de ces dépressions aquifères comme il s'en trouve beaucoup dans le hamada; là, était caché l'ennemi.

« Ils sont reçus par une décharge qui, heureusement, ne leur fait aucun mal. Ils se précipitent du haut de leurs montures, Messaoud riposte, tue un homme et se couche en criant à ses compagnons de l'imiter; mais les deux imprudents préfèrent lutter corps à corps. Mouley-el-Arbi a aperçu El-Madani, le frère de Bou-Saïd, son ennemi mortel; l'autre l'a aussi reconnu et le provoque : les deux hommes marchent l'un sur l'autre; Mouley, plus prompt, tue El-Madani d'un coup de pistolet; mais lui-même est tenu en joue par un autre brigand; Messaoud veut le sauver, lorsqu'il entend les cris désespérés d'Aoun qui l'appelle à son secours, il se retourne et aperçoit son ami qui, après avoir déchargé à bout portant son fusil et son revolver, est entouré par quatre ennemis qui le hachent à coups de sabre. Messaoud en tue un; mais, assailli lui-même par plusieurs autres, il est obligé de s'occuper de sa propre défense, Mouley-el-Arbi et Aoun sont tombés frappés de mille coups. Messaoud, resté seul contre douze, ne doit la vie qu'à la rapidité de son tir et au dévouement de son ami Mohamed-Salah, qui arrive à temps sur le champ de bataille, pour l'entraîner hors des atteintes des ennemis. Ceux-ci-s'empressent de s'enfuir à leur tour, emmenant les méhara de Messaoud et de l'infortuné Aoun, qui sont allés se mêler aux leurs.

« Ainsi, du côté de nos amis, deux tués : le soufi Aoun et le Chåambi Mouley-el-Arbi qui, au moins, est mort avec la satisfaction d'avoir abattu son mortel ennemi. Du côté du rhezzi, cinq tués et sept ou huit blessés.

« Si la voix de Messaoud eût été écoutée, si l'on eût agi avec moins de précipitation et que l'on eût donné à Bel-Kacem-ben-Bachir, ainsi qu'à deux ou trois autres le temps d'arriver, le résultat eût été certainement tout autre et bien peu de brigands eussent échappé.

« Ce combat a eu lieu à soixante-dix lieues environ au sud de Ghadamès.

« Nos souafa retournèrent ensuite au puits de Nazar, où ils retrouvèrent le Caïmacam et ses hommes, qui avaient en vain attendu des vivres de Ghadamès. Malgré les ordres formels laissés au président du Medjelès, celui-ci n'avait pas cru devoir se déranger.

« Le goum rentra le mercredi 16, après avoir franchi, en trois jours, les sept journées de marche comprises entre le puits de Nazar et Ghadamès; pendant ces trois jours, chacun dut se contenter de trente mauvaises dattes noires pour toute nourriture.

« Le Caïmacam était fort en colère contre les Ghadamésiens, qu'il aurait volontiers fait bâtonner. Il convoqua immédiatement le Medjelès, dont les membres vinrent à tour de rôle lui baiser les mains. J'étais présent avec mes compagnons au sein du conseil et nous fûmes témoins de la platitude de ces hommes. Quelques Souafa étaient à la porte; nul ne trouva un mot de remerciement à leur adresser. Le gouverneur reprocha amèrement aux Ghadamésiens leur lâcheté et leur ngratitude.

« J'exposai aux membres du conseil qu'Aoun, le soufi, qui s'était fait tuer pour eux, était père de trois enfants, et qu'il serait juste de donner une indemnité à sa famille; je demandai, en outre, pour les autres Souafa, outre le payement de leurs journées, la valeur des deux mehara et des effets qu'ils avaient perdus. La réponse fut que ceux qui avaient affaire dans la ville devaient veiller à sa sûreté, et qu'on ne donnerait rien.

« Poussé à bout par tant d'ingratitude, je dis en m'adressant au président :

« Puisque vous n'avez pas assez de courage pour oser défendre votre bien, c'est bien le moins que vous indemnisiez ceux qui ne craignent pas de se faire tuer pour vous!

« Pour toute réponse, cet homme baissa la tête en ricanant. Le Caïmacam était blême de colère.

« Je sortis alors de la salle du conseil et allai rapporter aux Souafa la réponse du Medjelès. Ceux-ci voulurent se faire justice sur-le-champ en opérant une razzia dans la ville; mais je réussis à les arrêter sur la promesse que je leur fis de rendre compte de ces faits au gouverneur général de l'Algérie, en le priant de leur faire rendre justice et d'écrire en même temps au consul de France à Tripoli. Les journées des chameliers Ghadamésiens ont été payées intégralement, mais nos hommes n'ont rien touché malgré la promesse formelle qui m'avait été faite avant le départ à la poursuite des bandits. »

M. Largeau et ses compagnons partirent de Ghadamès le lundi 21 février et arrivèrent à Touggourt sans accident et en bonne santé.

M. Say a publié aussi un rapport relatant ces événements; il le termine en ces termes :

« Nous quittons Ghadamès tout à fait écœurés. Les *mercantis* n'ont même pas donné à nos Souafa un burnous ou une paire de souliers, et nous avons partagé avec eux ce qui nous reste d'effets, de chechias et de chaussures. Mais l'ingratitude des Ghadamésiens portera de tristes fruits : quand on a chez soi des gens comme nos Souafa et nos Châamba, comme Aoun, Messaoud, Mouley-el-Arbi et les sept autres, on n'a plus besoin de l'intermédiaire de marchands poltrons.

« Nous n'avons qu'à charger nos Souafa d'aller à Rhât, ils iront y chercher ce que nous voulions demander à Ghadamès. Puisqu'il n'y a qu'eux pour faire respecter la vieille oasis, puisque le Caïmacam les prie de l'accompagner toutes les fois qu'il y a des rôdeurs aux environs, ce qui dispense Tripoli d'avoir un goum; puisqu'ils nourrissent encore la ville en lui apportant des gazelles et des antilopes, devant une ingratitude aussi révoltante, tandis que le corps d'Aoun est encore chaud, n'ont-ils pas le droit de lever la tête et de dire aux *mercantis :*

« — Nous vengerons Aoun; nous ne nous fatiguerons plus

dans les dunes à chasser la gazelle, nous ruinerons votre commerce en vous supplantant sur la route de Rhât, en passant là où vous ne pouvez pas passer. — On vous razzie sur les routes, on ne nous razziera pas, nous. — Mouley-el-Arbi et Aoun sont tombés, mais vous savez qui nous sommes. — Messaoud et Mohamed-Salah sont restés seuls contre douze et pas un rôdeur n'a osé les poursuivre !

« Nous les ramenons dans le Souf le cœur plein de rage. Mais ils comptent sur nous, et hier soir, Bel-Kassem, le frère d'Aoun, s'est écrié furieux. en face même de l'Iman de la mosquée : « Les Français valent mieux que les musulmans ! » Or Bel-Kassem est musulman ».

M. Largeau, de retour en France, a vainement tenté d'organiser une nouvelle expédition ayant pour but l'exploration des plateaux de l'Aagar sur lesquels aucun Européen n'a encore pénétré. Malheureusement le dévouement du public n'a point été à la hauteur de celui du voyageur. Des appels de fonds pressants organisés par la Société de géographie commerciale de Paris, qui avait pris plus spécialement M. Largeau sous sa protection, ont été peu ou mal entendus. Les sommes souscrites ont été insuffisantes et nous avons le chagrin de dire que le malheureux explorateur découragé est rentré dans la vie privée.

M. MASQUERAY

VOYAGE CHEZ LES BERBÈRES DU SAHARA

M. Masqueray, un savant professeur d'Alger, a raconté lui-même ce voyage à la Société de géographie commerciale de Paris; nous conserverons donc de notre mieux la physionomie de son récit et nous laisserons la parole au voyageur lui-même.

« De mon long séjour en Afrique, a-t-il dit, de mes longues courses, je rapporte une passion nouvelle, je l'avoue, celle de l'Algérie, que j'aime aujourd'hui autant que Rouen, mon pays de naissance. Cette affection sincère, je l'ai vouée à l'Algérie, non à cause de son climat merveilleux, mais parce qu'elle est une terre d'action. Là, toutes les bonnes volontés, toutes les industries peuvent trouver place et se développer à l'aise. On cultive le sol, on fouille les mines, on travaille partout.

« Le but de ma communication, a continué l'orateur, est de vous parler de l'Oued M'zab et des Beni-M'zab ou Mozabites. Auparavant je vous dirai quelques mots sur notre Afrique septentrionale.

« J'attaquerai d'abord une erreur historique encore très répandue aujourd'hui et qui attribue aux populations de l'Algérie les invasions de l'Espagne et de la France. Or, d'après le récit des historiens arabes que j'ai consultés, l'armée mahométane qui fut battue à Poitiers par Charles Martel ne comptait que vingt-sept Africains. Les envahisseurs avaient fait de vains efforts pour s'adjoindre cet élément berbère déjà réfractaire à toute assimilation. Les Berbères, chrétiens d'abord, puis donatistes, s'étaient, il est vrai, convertis à l'islamisme; mais dans leur nouvelle religion ils avaient apporté l'esprit puritain du donatisme et ils avaient formé une nouvelle secte mahométane au milieu des sectes déjà si nombreuses de l'islamisme.

« Les Berbères résistèrent à la domination des califes, pontifes et rois, comme ils avaient résisté à la domination temporelle des Césars et à la domination spirituelle des papes.

« Ce n'est qu'en 1050 que les Arabes, émigrant en hordes formidables de l'Égypte, envahirent l'Afrique, saccageant, brûlant, pillant, tuant et refoulant les Berbères sur les plateaux élevés et vers les plaines du Soudan.

« Le temps amena entre ces deux races ennemies un certain rapprochement; un parti mixte prit naissance. Mais, dans ce mélange de deux nations hostiles, un groupe resta obstinément à l'écart et refusa tout accommodement. Cette race irréconciliable ne voulut se mêler ni aux Arabes, ni au parti mixte; elle s'isola et est encore isolée : ce sont les Mozabites qu'on appelle aussi M'zabites ou Beni-M'zab.

« Tel est le peuple que je désire vous faire connaître; il ne compte pas aujourd'hui plus de trois cent mille individus disséminés dans cinq villes dont les principales sont Gardaya, Meika, Bainoura, et ils forment trois colonies.

« J'ai visité ces villes qui seraient mieux nommées de gros villages. Elles affectent une forme comme conique et sont construites en gradins de manière à rappeler la forme d'un pain de sucre. Au sommet, sur le point central s'élève une mosquée qui domine tous les autres édifices et qui en même temps joue le rôle de forteresse. C'est là que réside la partie aristocratique de la nation, le clergé.

« Le peuple en effet se divise en deux parties bien distinctes, les clercs et les laïques, dominateurs et dominés. La mosquée, séjour des premiers, est séparée par un mur d'enceinte de la partie de la ville qu'habitent les profanes. Une seconde enceinte extérieure garantit les maisons laïques contre tout coup de main et c'est en dehors de cette enceinte que es trouve le quartier marchand composé de bazars et de bouiques diverses.

« Toutes les villes m'zabites sont construites de la même façon et pour ainsi dire sur le même plan. Elles ressemblent au mont Saint-Michel.

« La chose qui m'intéressait plus encore que l'examen des formes extérieures, c'était l'étude de l'organisation politique et sociale de cette nation. Je fus bien vite au courant et je constatai que toutes ces cités ont une organisation identique. Chacune d'elles est gouvernée par un conseil suprême composé de douze *saints* que préside un personnage plus éminent encore qu'on appelle *le sauveur*. Cette aristocratie toute puissante est partout respectée ; elle exerce les fonctions de juge, ou plutôt elle est en quelque sorte la loi vivante et obéie.

« Avant la mission que M. le ministre de l'instruction publique a bien voulu me confier, on considérait les M'zabites comme tout à fait inabordables ; tous les efforts tentés pour obtenir d'eux soit des chroniques, soit des livres, soit des manuscrits de nature à faire connaître en Europe leur histoire, leur constitution et leur organisation religieuse, étaient restés sans effets. Tous ces documents précieux étaient gardés soigneusement par eux dans leurs mosquées, à l'abri de tous les regards profanes. Quand le gouvernement français me chargea d'aller leur demander communication de ces livres d'histoire ou de théologie, je compris toute la difficulté de ma tâche. Je me rendis néanmoins à Laghouat, où je rencontrai le général Chanzy, alors gouverneur de l'Algérie.

« Ce militaire éclairé sourit d'un air incrédule quand je lui fis connaître la nature de ma mission ; il me rappela l'insuccès qui avait couronné les efforts de mes prédécesseurs et ne me cacha pas la crainte où il était de me voir revenir aussi malheureux. Néanmoins il se mit complètement à ma disposition et me présenta à divers Mozabites présents dans le gouvernement de l'Algérie ; ces Mozabites étaient, hélas ! de simples laïques, et, par suite, ils ne jouissaient dans leur pays d'aucune sorte d'influence.

« Je partis avec eux et j'arrivai à Gardaya, une des villes que j'étais chargé d'explorer. Le chef du gouvernement civil me reçut fort bien, mais il me fit aisément comprendre combien

Femme arabe du M'zab.

il serait impuissant à me faciliter l'accomplissement de ma mission.

« Seuls, me dit-il, les *tolbas*, qui sont en quelque sorte les clercs ou les étudiants en théologie parmi lesquels se recrutent les prêtres, seraient à même de me faciliter la réalisation de mes projets. Je m'étais muni de lettres de recommandation pressantes, émanant soit du gouverneur de l'Algérie, soit des chefs principaux de la population arabe ; je les adressai aux tolbas qui s'empressèrent de m'envoyer des cadeaux en vivres du pays, c'est-à-dire des dattes et des poules ; mais ils me firent savoir en même temps qu'il leur était impossible de rien faire en faveur de ma mission. Je me décidai en conséquence à agir seul et à tenter l'aventure avec mes seules forces.

« Décidé à me rendre à la mosquée habitée par les saints et bâtie sur le sommet du coteau dont les pentes étaient occupées par la ville proprement dite, je me mis en route accompagné d'un domestique arabe et je gravis les rues en pente rapide qui devaient me conduire à la mosquée-citadelle. Après avoir longé le mur d'enceinte sur un certain parcours, je rencontrai une porte étroite et basse à laquelle je me décidai à frapper Un personnage se présenta et, sur ma requête, me laissa pénétrer dans l'intérieur de l'enceinte sacrée, mais en interdit l'entrée à mon compagnon de route comme impur.

« Je quittai mes sandales sur l'indication qui m'en fut donnée par mon guide, et je suivis ce dernier, en gravissant une série de petits escaliers disposés en zigzag et étroitement fermés de chaque côté par des murailles sans issue. Je ne m'avançai pas sans faire malgré moi une série de réflexions toutes moins rassurantes les unes que les autres.

« — S'il prenait fantaisie à ces fanatiques, me dis-je, de se débarrasser de moi, quel coupe-gorge mieux réussi auraient-ils jamais pu choisir ?

« Enfin, après une longue et fatigante ascension, j'arrivai dans une salle entourée d'une rangée d'arcades comme sont habituellement les salles intérieures des maisons mauresques, et je me trouvai en face de douze personnages muets accroupis en demi-cercle sur la natte qui recouvrait le sol et formait le seul ameublement de ce sombre lieu. Aucun de ces saints ne daigna se déranger à mon approche ; leurs yeux même se

Vue de Gardaya dans le M'zab.

dirigèrent à peine sur moi, et tous restèrent immobiles avec l'apparence d'une indifférence absolue.

« Je ne voulus pas paraître plus ému que mes nouveaux hôtes ; néanmoins, pour me conformer aux usages de la politesse des Arabes, dont je portais le costume, je m'inclinai profondément et je commençai un discours assez alambiqué, en leur présentant mes lettres de recommandation.

« Toujours muets et silencieux, ils se passèrent mes lettres de main en main, puis ils continuèrent à garder le silence pendant près d'une demi-heure.

« Quant à moi, depuis longtemps j'avais terminé mon discours, et je me taisais. J'allais, de guerre lasse, me décider à battre en retraite, quand l'un de ces personnages prit la parole.

« Je compris, aux premiers mots qu'il m'adressa, que j'avais en lui sinon un ennemi, au moins un adversaire décidé à ne rien faire pour faciliter ma mission.

« — Vous avez mis, dit-il, une telle insistance pour venir chez nous, que nous vous avons reçu : vous êtes le premier Européen à qui cette faveur ait été accordée ; n'allez pas en conclure que nous sommes disposés à favoriser l'entreprise que vous avez tentée. Vous voulez connaître nos légendes, nos lois et notre religion ; nous n'avons ici qu'un livre de législation *ibadite*, qui ne vous serait d'aucune utilité et que nous ne vous prêterons pas. Toute notre foi est contenue dans le Coran, dont nous nous efforçons chaque jour d'interpréter les versets et de pratiquer les maximes. Vous pouvez acheter ce livre et, comme nous, le lire et le méditer : c'est ainsi qu'en peu de temps vous en saurez autant que nous. Nous possédons quelques chroniques historiques, mais nous sommes convaincus qu'elles n'ont pour vous aucun intérêt, et nous continuerons à les conserver secrètes, car si nous consentions à vous les communiquer, nous vous obligerions à prolonger votre séjour ici, et nous voyons à cela plus d'un inconvénient. J'ajouterai que nous possédons encore d'autres manuscrits, mais ils sont ma propriété personnelle ; je les ai achetés et je ne pense pas qu'aucune nation puisse s'attribuer le droit de violer une propriété particulière. »

« Je compris que je me heurtais contre un parti pris parfaitement arrêté, et je me retirai sans insister davantage.

« Je ne me décourageai pas néanmoins et je passai deux mois à me faire, parmi ces clercs inhospitaliers, des alliances personnelles; dans ce corps, comme partout, il y avait, au fond des choses, des ambitions, des divisions et des jalousies cachées; en utilisant ces passions, je parvins à obtenir ce que je désirais, et je revins à Alger muni de ces renseignements précieux que personne n'avait pu se procurer avant moi.

« Les Mozabites sont des commerçants de premier ordre. Ils sont tous riches, et il n'est pas rare de rencontrer chez eux des millionnaires. Ce sont d'ailleurs d'infatigables travailleurs; grâce à eux, la face du territoire qu'ils occupent a été complètement changée. Bien que leur pays soit un des plus mauvais du Soudan, ils en ont fait une contrée riante et fertile, en y creusant vingt quatre mille puits destinés aux irrigations. Ils cultivent les palmiers qui produisent les dattes et font des récoltes bien supérieures à ce qui est nécessaire à leur propre consommation.

« Leur habileté commerciale va parfois jusqu'au génie, et ils y joignent une probité qui est devenue proverbiale en Algérie. Depuis 1848 ils sont installés dans toutes les villes françaises, où ils exercent l'état de boutiquiers; on les voit tantôt se faire bouchers, tantôt maraîchers, tantôt épiciers; tous les habitants, colons et indigènes, connaissent leur probité et se servent chez eux de préférence.

« Ce sont les Mozabites presque exclusivement qui vendent du calicot aux indigènes sur les limites de nos possessions, à Batna, à Gériville, etc.; malheureusement ce ne sont pas les produits français qui trouvent là un debouché. Les indigènes sont généralement pauvres et les Mozabites leur font crédit. Ces derniers achètent l'étoffe qu'ils revendent aux deux millions cinq cent mille Arabes de notre colonie, aux juifs du littoral qui acceptent de leur acheteur un billet renouvelable; les Mozabites peuvent ainsi vendre à leur tour à crédit aux Arabes, qui ne les payent qu'à l'époque de la récolte ou de la tonte des moutons.

« Cette nécessité commerciale de vente à terme a jusqu'ici assuré le monopole du commerce avec les indigènes aux juifs qui, grâce au taux d'intérêt qu'ils exigent, font de rapides et colossales fortunes.

« Nous aurions le plus grand intérêt à remédier à cet ordre de choses et à créer en Algérie une banque commerciale. Là, en effet, est la source la plus fréquente des révoltes que nous avons trop souvent à réprimer. Quand, par suite d'une mauvaise récolte, l'Arabe ne peut payer à l'échéance le prix des objets achetés, le Mozabite poursuivi par son créancier poursuit à son tour son débiteur; quand ce dernier a été exécuté et a vu vendre tout ce qu'il a, il se jette dans le parti des mécontents et n'écoute plus que les conseils du désespoir. »

Telle a été l'intéressante communication faite à la Société de géographie commerciale de Paris par le savant M. Masqueray. Nous avons pensé que nos lecteurs nous sauraient bon gré de leur en faire connaître, sinon les termes éloquents, au moins les idées générales et les points principaux.

DOURNAUX-DUPÉRÉ ET JOUBERT

UN ASSASSINAT DANS LE SAHARA

De tous les pays récemment conquis à la science géographique, grâce aux efforts et au courage des explorateurs, aucun n'a coûté plus de peine et plus de sang que cette partie inculte du nord de l'Afrique qu'on appelle le Sahara ou le Grand Désert. Si l'on consulte la liste des malheureux voyageurs dont les os, blanchis sous les ardeurs d'un soleil torride, sont restés seuls pour marquer la trace de leur passage, on constate que parmi les derniers en date et les plus intéressants de ces martyrs on doit citer, en raison du but élevé qu'ils se proposaient, et de leur grande jeunesse, Dournaux-Dupéré et son camarade, le négociant français Joubert.

Norbert Dournaux-Dupéré est né à la Guadeloupe le 2 juin 1845. Il appartenait à cette forte race des créoles que leur esprit aventureux pousse volontiers vers les grandes entreprises. Le départ récent d'un autre explorateur, Paul Soleillet, qui s'était mis en route à la fin de décembre 1873, dans l'intention bien arrêtée de pousser ses investigations jusqu'à la mystérieuse ville de Tombouctou, fit germer dans l'esprit de Dournaux-Dupéré l'idée de créer une route commerciale traversant le Sahara et mettant en communication l'Algérie avec notre colonie du Sénégal, dans laquelle il avait été employé comme commis de la marine.

Devenu instituteur à Frenda, en Algérie, il étudia mûrement cette importante question et s'arrêta à un tracé qui contournerait les oasis du Touat, passerait par Tombouctou, puis gagnerait le Sénégal, soit par Ségou, soit par Oualâta.

La mise en pratique d'une idée ayant pour but une exploration dans un pays désert a toujours eu jusqu'à nos jours peu de chances d'être appuyée pécuniairement. Les négociants français n'entrevoient pas aisément les bénéfices lointains qui peuvent résulter pour eux d'une entreprise scientifique et dont les résultats commerciaux et pécuniaires ne sont pas immédiats. Ce ne fut donc pas sans peine qu'il parvint à faire partager ses convictions à la chambre de commerce d'Alger qui consentit enfin à mettre à sa disposition la somme nécessaire pour l'exploration de la nouvelle route.

Arrivé à Biskra le 22 novembre 1873, il en partit le 1er décembre en suivant la route ordinaire qui mène à Touggourt. Il partit le 13 de cette ville, accompagné de Joubert, négociant français qui y était établi, et du cadi de Ouargla, Amar, qui fit route avec lui jusqu'à cette ville. Il en revint et rentra à Touggourt pour y organiser son départ définitif du Sahara algérien. Joubert se rendit au Souf pour y choisir un guide et des chameliers. Il en revint le 8 janvier 1874, avec Ahmed-Ben-Zerma, propriétaire et commerçant d'El-Oued, qui avait accompagné M. Henri Duveyrier dans son voyage chez les Touaregs.

Dès le lendemain, il fut convenu entre Joubert, Dournaux-Dupéré et Ahmed-Ben-Zerma qu'ils partiraient tous les trois ensemble pour aller à Ghât. Ce dernier s'engagea à louer aux explorateurs cinq chameaux à raison de 150 francs l'un jusqu'à Ghât. Il s'engagea également à trouver les chameliers et un guide connaissant la route qui, partant de Touggourt, longe le lit de l'Igharghar. Dournaux-Duperré devait payer le guide; Joubert et Ahmed-Ben-Zerma s'associaient pour faire le commerce avec Ghât. Joubert ajoutait un chameau pour porter ses marchandises et emmenait un serviteur musulman que le négociant indigène devait lui procurer. Ces préliminaires une fois arrêtés et les moyens de transport organisés, les voyageurs se mirent en route.

Un voyage de cette nature est un événement, non seulement pour ceux qui le font, mais encore pour les habitants des pays qu'ils doivent traverser. Une sorte de télégraphie incompréhensible pour les Européens règne dans le désert et fait qu'aucune entreprise ne peut y être tentée sans que les chefs des tribus intéressées n'en soient prévenus d'avance. L'ancien guide de M. Duveyrier avait, comme tous les hommes qui ont conquis par leur travail et leur industrie une situation supérieure, d'assez nombreux ennemis dans les populations du désert : déjà une tentative de meurtre avait été tentée sur sa personne. Dès le moment du départ, de nombreux avertissements furent donnés à Dournaux-Dupéré pour l'engager à renoncer à son entreprise en compagnie de cet homme, mais le voyageur ne crut pas devoir en tenir compte.

Au cours de leurs pérégrinations, Dournaux-Dupéré et Joubert avaient pris un second guide nommé Nacer-Ben-Tahar. Ils remarquèrent bientôt que ce nouveau compagnon de route apportait dans son service une sorte de mauvais vouloir, et Joubert lui en demanda la raison. Nacer répondit « qu'ils feraient bien de se séparer d'Ahmed-Ben-Zerma, et que c'était là la condition *sine qua non* de la réussite de leur entreprise ». Les deux Français avaient eu trop d'occasions d'apprécier le dévouement et les services de leur compagnon de route pour consentir à s'en séparer. De son côté, Ahmed, se sentant en pays ennemi, n'aurait pu se résigner, en ce moment, à quitter les Français, dont le prestige était sa seule sauvegarde.

C'est dans ces conditions qu'ils arrivèrent à Ghadamès à la fin de mars. Là, un fait qui n'a point été jusqu'ici complètement éclairci, se passa : les voyageurs, à qui la tenue hautaine de Nacer-Ben-Tahar avait déplu, eurent peut-être le tort de considérer comme une trahison ce qui pouvait n'être qu'un sage avis. Ils dénoncèrent leur guide au Caïmacam de Ghadamès, qui le fit arrêter.

C'était là une grave imprudence. Le magistrat tunisien, tout en déférant à leur désir et en détenant Nacer, ne leur dissimula pas que l'arrestation de cet indigène produirait dans le désert un très mauvais effet. Il chercha à leur démontrer qu'il y aurait un danger réel pour eux à continuer leur route en compagnie d'Ahmed-Ben-Zerma, et il fit de vains efforts pour les décider à rester à Ghadamès jusqu'à nouvel ordre. Ne pouvant arriver à les convaincre, il leur demanda de lui signer une déclaration écrite au moyen de laquelle il pourrait, en cas de malheur, échapper à toute responsabilité et s'exempter de tout reproche.

On se souvient qu'en 1860 un traité d'alliance avait été conclu entre la France, représentée par le colonel Mircher, et l'émir Ikhenoukhen, chef de la tribu des Azguer, la plus puissante des Touaregs, et grand maître de la secte religieuse de Tedjajna, à laquelle la majorité de cette peuplade du désert est affiliée. Dournaux-Dupéré et Joubert, quoique refusant de rester à Ghadamès, sentirent la nécessité de modifier leur itinéraire. Ahmed-Ben-Zerma leur rappela qu'il avait été un des hommes qui avaient le plus contribué à jeter les bases du traité avec les Touaregs. Ils résolurent d'un commun accord de se rendre auprès de l'émir Ikhenoukhen, qui campait dans le désert, et de lui demander les moyens de pousser plus avant.

Malheureusement, si l'on savait à peu près la direction dans laquelle se trouvait l'émir azguer, on ne connaissait pas le point précis où il était campé, et la petite caravane partit ainsi un peu à l'aventure.

Le sort sembla d'abord leur être favorable. Après s'être engagés un peu à tâtons dans des directions différentes, ils arrivèrent sur le territoire des Chaâmba, qui est une tribu algérienne de la province du Souf. Ils étaient là, sinon dans nos possessions, du moins dans un pays placé sous notre dépendance, et c'est peut-être cette circonstance, bien faite pour les rassurer, qui fut la cause de l'épouvantable catastrophe dont ils furent les victimes. Il y a tout lieu en effet de supposer que la sécurité relative sur laquelle ils croyaient pouvoir compter causa chez eux un relâchement dans les soins apportés à leur conservation. Il est impossible d'expliquer autrement comment trois hommes vigoureux, jeunes, bien armés et escortés de chameliers, qui au besoin auraient pu leur prêter main-forte, aient pu devenir les victimes des six bandits sous les coups desquels ils succombèrent.

En aucun point du désert, hors de la portée des armes et de la protection française, une caravane, quelle qu'elle soit, ne se laisse aborder par des hommes armés. En ce point du territoire, nos compatriotes, confiants et bons, tombèrent dans le piège que leur tendirent des bandits éhontés.

C'était vers la chute du jour; la caravane venait de faire halte sur le sable dans un endroit découvert, d'où il était facile de voir venir de loin des agresseurs et de les recevoir comme ils le méritaient.

Un chamelier signala à l'horizon des points noirs et chacun, interrompant le frugal repas commencé, se mit sur la défensive. Bientôt on vit approcher, se traînant péniblement, une caravane composée de six hommes, dans le plus grand état de détresse. Quand ils furent à distance respectable, l'un d'eux se détacha du groupe de ses compagnons et, sans armes, s'approcha, demandant à parler au chef de l'expédition. Dournaux-Dupéré se leva et s'avança vers le misérable.

— Qui es-tu? demanda-t-il.

— Nous sommes, répondit l'inconnu, des Touaregs amis de la France. Nous formions une caravane qui désirait aller jusqu'à Aïn-Çalah, mais nous nous sommes égarés dans le désert; tous nos chameaux sont morts de soif; quatre des nôtres ont succombé pendant la route et nous sommes là, six malheureux, qui, depuis quatre jours et quatre nuits, errons sans cesse à l'aventure, sans avoir bu une goutte d'eau, ni mangé quoi que ce soit. Si tu n'as pitié de notre détresse, nous allons expirer sous tes yeux. Par Allah! aide-nous et nous te devrons la vie.

Dournaux-Dupéré, entraîné par un enthousiasme aussi généreux qu'irréfléchi, répondit :

— Pauvres gens, venez parmi nous; nous partagerons nos provisions, nous marcherons ensemble et je vous remettrai sur votre route.

Les perfides assassins s'approchèrent d'un air humble et résigné; on les fit asseoir et on leur distribua des vivres et de l'eau. Ils mangèrent et burent avidement. Ahmed-Ben-Zerma, par nature et par tempérament, moins confiant que nos compatriotes, et habitué à la prudence par sa longue pratique du désert, fut néanmoins la dupe de ces hypocrites. On ne songea même pas à leur enlever les poignards qui pendaient à leur ceinture et bientôt, la nuit étant devenue obscure, les voyageurs et leurs chameliers s'endormirent pêle-mêle au milieu de leurs perfides assassins que la fatigue semblait avoir terrassés.

Ces six hommes, dont M. Largeau a réussi depuis à recueillir les noms, étaient cinq Touaregs-Foggas; Ahmed-Ben-Témiadi, Mohamed-El-Délémi, Hama-Ben-Boutout, Mohamed-Guida et Sélima; il y avait avec eux un Châambi nommé Saïd. Quand ils virent leurs bienfaiteurs profondément endormis, ils se divisèrent la besogne et se précipitèrent sur eux, se réunissant deux contre un. C'est ainsi qu'au milieu du silence de la nuit du désert, Dournaux-Dupéré, Joubert et Hamed-Ben-Zerma furent lâchement égorgés sans avoir même le temps de résister à leurs bourreaux.

M. Largeau a pu s'assurer depuis que ce crime abominable n'est pas resté impuni. Dans son voyage à Ghadamès, il apprit que les cinq Foggas étaient allés au Fezzan pour y acheter de la farine et des dattes. Là l'émir Ikhenhoukhen leur reprocha d'avoir assassiné des Français qui venaient de leur pays pour le visiter et il leur annonça qu'il avait résolu de les punir. Néanmoins, comme ils étaient dans son camp et qu'en ce lieu il les considérait comme ses hôtes, il les laissa partir Mais lorsqu'ils furent engagés dans le désert, il envoya une troupe de ses hommes qui les attaqua et les massacra. Quant au Châambi, Saïd, il avait eu la prudence de se réfugier dans le Hoggard et rien jusqu'ici n'indique qu'il ait subi la peine qu'il a méritée.

Telle fut la mort misérable de ce jeune et héroïque explorateur que la Société de géographie de France avait pris sous sa protection et sur lequel la science avait tant le droit de compter. Nous avons vu et tenu dans nos mains, à l'Exposition qui accompagnait la deuxième session du Congrès géographique tenue à Paris en 1875, un des poignards qui avaient servi à consommer cet odieux attentat. Sur cette lame large et solidement emmanchée dans une poignée grossière, on voyait encore de grosses taches rougeâtres, produites par le sang généreux si traîtreusement versé.

LE COMMANDANT ROUDAIRE

LA MER INTÉRIEURE

Une des questions africaines actuelles les plus importantes, est sans contredit le projet de création d'une mer intérieure, au sud-est de nos possessions algériennes par l'ouverture d'un canal à Gabès. L'importance de l'exécution de cette entreprise n'échappera à personne. En dehors du mouvement commercial qu'elle apporterait à la province de Constantine, et de celui qu'elle favoriserait avec le Soudan en abrégeant le parcours des caravanes africaines, on a le droit de compter sur un changement climatérique qui fertiliserait une grande partie du Sahara.

M. Ferdinand de Lesseps, un des hommes les plus compétents en ces matières, n'a pas craint d'affirmer à la Société de géographie et à l'Académie des sciences que la création d'une mer intérieure amènerait une abondance de pluies dans le désert. Il a rappelé, à l'appui de son dire, ce qui s'est passé lors du percement de l'isthme de Suez. Les contrées traversées par le nouveau canal étaient autrefois désertes et incultes; dès que les deux mers ont été réunies, des nuages se sont amoncelés et ces régions condamnées jadis à la stérilité, n'ont pas tardé à être fertilisées par des pluies fréquentes. Les habitants dont les maisons autrefois ne nécessitaient pas de toiture, sont contraints aujourd'hui de faire recouvrir leurs demeures avec des tuiles.

Roudaire, d'abord capitaine d'état-major, attaché aux opérations de nivellement de la plaine qui s'étend au sud de Biskra, vers le Grand Désert, avait apporté une vive attention aux bas-fonds que les Arabes appellent des chotts. Cette série de lacs, le plus souvent desséchés, se prolonge jusque près de la Méditerranée, et n'est séparée du golfe de Gabès que par un seuil peu élevé au-dessus du niveau de la mer. Le niveau de ces lacs placé bien au-dessous de celui des eaux de la Méditerranée, la nature du sol sur lequel ils se trouvent, amenèrent le capitaine Roudaire à conclure que les chotts avaient communiqué jadis avec la mer; il fit valoir la possibilité de créer à nouveau cette ancienne mer intérieure et de rendre ainsi la fertilité et la richesse à une contrée devenue l'une des plus misérables et des plus désolées du monde.

Le ministre de la guerre et le gouverneur général de l'Algérie comprirent l'importance de l'entreprise et lui accordèrent leur appui. Une mission fut organisée en novembre 1874 et le capitaine Roudaire en obtint la direction. Définitivement constituée à Biskra, le 1er décembre, elle se composait, pour le département de la guerre, de trois officiers d'état-major et d'un médecin. D'un autre côté, la Société de géographie, ne voulant pas rester étrangère à une œuvre de cette importance, avait joint aux membres de l'expédition, l'un de ses secrétaires, M. Duveyrier, dont la connaissance toute spéciale qu'il a du Sahara et de la langue arabe, devait être précieuse pour l'entreprise. Le ministre des travaux publics y délégua un élève ingénieur des mines. Trente hommes du bataillon d'Afrique, vingt soldats du train et quelques spahis complétèrent le personnel auxiliaire.

L'entreprise n'était pas mince; il s'agissait de déterminer le contour de la région à inonder, région dont la superficie n'est pas moindre de 6000 kilomètres carrés.

Presque partout on trouva le sol des chotts profondément creusé au-dessous du niveau de la mer; parfois on rencontra la cote de 27 mètres, et rarement on dépassa, dans les endroits les plus élevés, la cote de zéro.

Dès son retour de cette première et brillante expédition, le capitaine Roudaire fit à la Société de géographie de Paris un rapport concluant, quant à la partie des chotts située en Algérie, à la possibilité d'y créer une mer intérieure. Restait à faire une constatation non moins importante sur les chotts placés en Tunisie et le seuil qui les sépare du golfe de Gabès.

Une expéditon italienne ne jugea pas à propos d'attendre que Roudaire eût terminé son œuvre et se rendit en Tu-

Le commandant Roudaire.

nisie. Elle arriva à Tunis le 24 mai 1875, et à Gabès le 4 juin; après la plus insuffisante et la plus hâtive des explorations, elle quitta Gabès le 28 et retourna à Tunis, donnant, avec une précipitation regrettable, des cotes erronées, et des conclusions défavorables au projet.

Le capitaine Roudaire ne se découragea pas; l'Assemblée nationale, sur la demande du regretté Paul Bert, alors député et professeur à la Sorbonne, avait voté pour subvenir aux frais de l'entreprise, une somme de 10900 francs; la Société de géographie, de son côté, avait prélevé sur son fonds de voyages une somme de 3000 francs. Le jeune officier se remit courageusement à l'œuvre, et cette fois, accompagné seulement d'un peintre français, M. Cormon, qui venait d'avoir le prix du Salon, et d'un ingénieur civil, M. Baronet, il alla continuer son nivellement sur le territoire tunisien.

Deux cours d'eau appelés l'un et l'autre Oued-Melah par les Arabes, prennent leur source au point le plus élevé qui sépare les chotts tunisiens du golfe de Gabès, et coulent en sens inverse, allant l'un vers la mer, l'autre vers le chott Fejej, formant la ligne la moins élevée d'un seuil composé exclusivement de sables amoncelés.

Cette unité de nom entre deux rivières qui suivent une pente contraire, s'explique par la croyance des Arabes qui affirment qu'autrefois ces deux rivières n'en faisaient qu'une et servaient de communication entre la mer Méditerranée et les chotts, formant une mer intérieure. La distance qui sépare la mer du chott Fejej est d'environ 20 kilomètres; elle est exclusivement composée de couches de sable.

Le point du chott Rharsa où s'était terminé le premier nivellement, se trouvait à 15 mètres au-dessous du niveau de la mer; le capitaine Roudaire constata que les bords de ce chott en Tunisie sont presque constamment à 20 mètres au-dessous de la mer et que cette profondeur atteint 40 mètres au milieu du chott qui forme ainsi un bassin inondable de plus de 6000 kilomètres carrés.

Le chott Rharsa est séparé du chott El-Djerid qui s'étend jusque près du golfe de Gabès, par un bourrelet d'environ 3 ou 4 kilomètres de large et dont la plus grande hauteur est de 40 mètres au-dessus du niveau de la mer. Quand on créera la mer intérieure, il faudra percer ce bourrelet qui est d'ailleurs composé de sables agglomérés.

La plus curieuse étude faite par le capitaine Roudaire dans son expédition aux chotts tunisiens a trait à un état particulier du chott El-Djerid. Le fond de ce chott, qui semble n'être qu'un lac desséché, n'est en réalité qu'une croûte formée d'un mélange de sable et de sel et dont l'épaisseur varie de 60 à 80 centimètres. Cette sorte de couvercle s'étend sur un immense lac souterrain formé d'un mélange très liquide de sable et d'eau saumâtre.

Le capitaine Roudaire a, dans un grand nombre de points différents, fait creuser des trous dans ce sol, et il a partout trouvé cette masse liquide; une lourde pierre, attachée à une corde, pénétrait dans ce mélange, et, nulle part, les explorateurs n'ont pu en trouver le fond.

Ce recouvrement du lac salé souterrain est, on le comprend, un terrain peu sûr, peu solide. Les Arabes refusent de s'y aventurer; et il n'y a pas d'année où quelque terrible accident ne vienne justifier leurs craintes. Quelque temps avant l'arrivée des explorateurs, un Arabe conduisait un chameau, sur lequel était montée une femme, et il eut l'imprudence de s'écarter de quelques pas de la route étroite et plus solide que suivent les habitants. Il aperçut tout à coup avec effroi que les jambes de son chameau entraient lentement dans le sol et que l'animal faisait de vains efforts pour se dégager. Fou de terreur, il courut à la route, et alla demander secours au lieu habité le plus voisin. Quand on arriva, il était trop tard; on chercha vainement : le chameau et la femme qu'il portait avaient disparu, et rien sur le sol n'indiquait même la place où ils avaient été engloutis.

Les grands vents font onduler la surface solide du chott; les chameaux effrayés se couchent tremblants et refusent d'aller plus loin.

Le capitaine Roudaire, à son retour en France, fit l'exposé à la Société de géographie, des résultats qu'il avait obtenus. MM. Ferdinand de Lesseps et d'Abbadie, de l'Institut, qui assistaient à la séance firent valoir le mérite et l'importance des travaux de l'expédition.

« Pour comprendre, dit M. d'Abbadie, l'immensité et le mérite du travail accompli par M. Roudaire, transportons-nous, en imagination, auprès de lui : toujours debout et attentif, il commence à niveler, de grand matin, par ce froid du désert, bien plus désagréable que le thermomètre veut bien le dire; il poursuit son travail à travers lachaleur du jour, parfois brûlante; il ne cesse, dans la fraîcheur du soir, que lorsqu'il ne peut plus lire son niveau; il a cheminé bien des fois près de ces sables mouvants, si traîtres et si dangereux; il a eu souvent le soleil sur la tête et les pieds dans l'eau, cette eau saumâtre, qu'il sait être malsaine, et dont les fièvres sont parfois mortelles. Il est souvent gêné par les fautes de ses aides, par les interruptions oiseuses des Arabes qui veulent se faire expliquer ses opérations étranges pour eux. S'il oublie alors de noter ses cotes, si du soir au matin il perd le lieu précis de sa dernière station, il est forcé de revenir sur ses pas, et de refaire tout le travail de la veille. Dans sa journée la plus heureuse, il a pu faire jusqu'à 41 stations. Leur nombre moyen par jour, calculé sur 64 journées, s'élève seulement à 18 stations. »

Voici maintenant les paroles de M. de Lesseps :

« Après avoir entendu avec le plus grand intérêt le mémoire du capitaine Roudaire, je suis en mesure de confirmer ses observations sur les chotts africains qui se trouvent actuellement dans les mêmes conditions où se trouvait en 1869, avant l'introduction de la mer, le bassin des lacs Amers dans l'isthme de Suez. Ce bassin avait été autrefois un golfe de la mer Rouge, comme les chotts ont été la continuation du golfe de Gabès, il y a environ douze siècles.

« Ce qu'il y a de curieux, c'est que les historiens arabes font remonter le dessèchement des lacs Amers, à la même époque, c'est-à-dire au commencement de l'ère musulmane.

« M. Roudaire, avec une somme modeste, a pu accomplir ses travaux avec un courage et un désintéressement bien louables, et, en le félicitant, nous avons à adresser des remerciements au général Khereddine, ministre dirigeant du bey de Tunis, qui a fourni à l'expédition Roudaire les moyens de transport et de campement en matériel et personnel.

« Le projet de M. Roudaire paraît donc aujourd'hui très praticable, je n'estime pas à première vue les dépenses à plus de 20 millions; les avantages de l'exécution seront bien supérieurs à la dépense qui probablement pourra offrir elle-même sa rémunération. »

La guerre de Tunisie, qui s'est terminée par un protectorat effectif de ce pays par la France, loin de nuire au projet

Roudaire, lui a apporté un appui nouveau, en unissant plus étroitement nos intérêts avec ceux de ces contrées.

La création de la mer intérieure formera à l'Est la véritable frontière de nos états et de la province dont nous avons accepté la protection.

Le commandant Roudairo, devenu lieutenant-colonel, est mort, mais l'œuvre qu'il a entreprise subsiste et continue de compter l'illustre M. de Lesseps parmi ses défenseurs. C'est-à-dire que tout fait présager sa prompte réalisation.

II. — AFRIQUE OCCIDENTALE

MARCHE ET DE COMPIÈGNE

EXPLORATION DE L'OGOOUÉ

En 1873 deux voyageurs français, M. Marche, naturaliste, et le marquis de Compiègne résolurent d'aller visiter le cours d'un fleuve dont l'existence avait été signalée en 1859 par du Chaillu. Ce fleuve, connu sous le nom de l'Ogôoué, a ses embouchures situées dans nos colonies du Gabon. Les deux voyageurs n'avaient d'autre appui pécuniaire que celui qui leur était fourni par M. Bouvier, le naturaliste bien connu, de Paris. Les produits de leurs chasses, dans ce pays si fertile en animaux de toutes sortes, devaient indemniser le négociant parisien des avances d'argent qu'il fallait leur faire. Toute la fin de l'année 1873 fut employée à visiter les embouchures de la rivière, les lagunes et les lacs avec lesquels elle communique. Des parties de chasse furent organisées et donnèrent d'heureux résultats. Grâce au concours des officiers de notre marine et de quelques négociants anglais établis sur cette côte, les voyageurs purent pénétrer assez avant dans l'intérieur des terres, et faire une connaissance assez complète avec les populations diverses qui les habitent. La protection de M' Combé, roi d'une de ces tribus nègres, et qui ne se faisait nommer rien moins que le *Roi-Soleil*, favorisa aussi les projets d'exploration qu'ils avaient formés. Malheureusement M' Combé vint à mourir et le 9 janvier 1874 seulement MM. Marche et de Compiègne étaient parvenus à réorganiser leur marche en avant. Rénoqué, le roi aveugle des Inengas, les accompagnait.

Ils avaient quatre pirogues manœuvrées par trente Inengas et cinquante Gallois.

Arrivés à Samquita, grand village bakalais, ils trouvèrent là la dernière factorerie établie sur le fleuve et tenue par un Gabonais; puis ils continuèrent à remonter la rivière.

Tantôt ils passaient entre des collines élevées et couvertes de forêts, tantôt ils avaient à surmonter un courant plein de violence; plus loin ils rencontraient des rapides presque infranchissables. Là, leurs hommes allaient dans la forêt couper des lianes énormes qui servaient à traîner les pirogues.

Le 16 janvier, ils atteignirent un grand village bakalais nouvellement établi sur la rive gauche; c'était le premier point habité qu'ils trouvaient depuis quatre jours. A partir de ce moment, les villages se succédèrent en grand nombre sur la même rive; les chasseurs passèrent la nuit dans l'un d'eux. Après des difficultés assez grandes avec leurs hôtes, qui prétendaient exiger un droit de passage, ils se remirent en route en remontant le fleuve pour aller visiter Edibé, roi de tous les Okotas, qui a donné son nom à la capitale du pays, amas de huttes, située sur une grande île. Le roi les reçut assez bien, leur fit des cadeaux, en reçut lui-même, mais néanmoins refusa d'abord de les laisser aller plus loin.

MM. Marche et de Compiègne n'étaient pas hommes à se laisser intimider. Après des pourparlers très orageux, ils passèrent outre. A partir de la capitale des Okotas, les rapides devinrent si violents qu'il fallait toute l'adresse des indigènes, rompus à cet exercice, pour en triompher. Les explorateurs franchissaient constamment de vraies chutes d'eau ou des tourbillons effrayants. Leurs deux meilleurs pagayeurs, placés à l'avant, tantôt évitaient les écueils avec une longue perche, tantôt sautaient sur le rocher lui-même, pour tirer à eux la pirogue. D'autres se jetaient à l'eau avec la corde entre les dents et allaient l'amarrer à quelque point d'où l'on halait sur le bateau. Du reste leurs pirogues plates, faites d'un bois extrêmement épais, pouvaient supporter les chocs les plus durs sans en être endommagées.

C'est ainsi qu'ils traversèrent le pays des Yalimbongos et que, le 21 janvier, ils arrivèrent à un village des Apingis. C'est un peuple peu nombreux, doux, industrieux, concluant vite les affaires et n'importunant pas les étrangers par une mendicité perpétuelle comme les autres indigènes. Le 27, ils atteignirent Lopé, point extrême où s'étaient engagés à les conduire les Gallois et les Inengas et qui n'avait jamais été

Le grand féticheur en prières.

franchi, non seulement par les blancs, mais encore par les noirs autres que les Okandas.

Après bien des difficultés, nos deux compatriotes décidèrent cent vingt hommes de cette tribu, armés jusqu'aux dents et montés dans six pirogues, à les guider au pays des Osyébas. Ils partirent le 28 février le cœur rempli d'espérance.

7

Le 4 mars, ils furent rejoints par deux nouvelles pirogues dont l'une portait le grand féticheur (l'Ogangaga), qui devait les préserver de tout accident. Cette arrivée fut cause de nouvelles cérémonies et, par suite, de nouveaux retards.

Le 5 et le 6 mars ils avançaient péniblement au milieu des rapides. Sur les bords du fleuve ils rencontrèrent une foule de villages osyébas. Les habitants ne leur montraient pas d'hostilité ouverte, ils leur offraient même de leur vendre des bananes, des poules et d'autres provisions; mais dans ces marchés la plus extrême défiance régnait des deux côtés; les fusils étaient toujours armés et à la moindre alerte les deux partis se sauvaient avec une égale terreur, les uns dans les bois, les autres dans les pirogues.

Quelques Osyébas vinrent avertir en secret les explorateurs qu'ils seraient attaqués s'ils allaient plus loin. Le féticheur fit une grande cérémonie qui devait certainement conjurer le danger et l'on se remit en marche avec une extrême prudence. Chaque fois que les rapides les obligeaient à longer le bord, on mettait à terre vingt-cinq ou trente guerriers qui rampaient dans la broussaille et éclairaient les deux rives du fleuve. Le soir du 7 mars, ils arrivèrent enfin au pied des magnifiques chutes de Bôoué, qui tombent avec un fracas énorme d'une hauteur de vingt-six pieds. Le lendemain ils firent, accompagnés de leurs guerriers, des reconnaissances aux environs, craignant quelque embuscade. Toutes les collines déboisées qui entouraient la chute étaient couvertes de guerriers osyébas en armes. Ceux-ci avaient des sentinelles avancées jusqu'aux rives du fleuve, mais ils n'avaient pas leurs ornements de guerre et leurs allures étaient pacifiques, quoique méfiantes. A neuf heures, l'expédition commença le transport par terre des pirogues et des bagages, et à deux heures elle se remit en route laissant derrière elle les chutes de Bôoué. Au bout d'un mille et demi, les rapides recommencèrent et forcèrent les voyageurs à longer la rive sur laquelle les Osyébas étaient concentrés en grand nombre. On voulut parlementer avec eux, mais ils firent signe de ne pas accoster. C'est ainsi qu'un trajet de dix milles fut encore fait, toujours sur le qui-vive, mais sans que les craintes d'attaque fussent justifiées.

Le 9 mars, l'expédition partit au jour et fut presque constamment obligée de tirer les bateaux à la corde. Les rives étaient couvertes de forêts dans lesquelles les Osyébas avaient défriché de très nombreuses plantations. Dans un des villages, où on les appelait, les voyageurs firent halte et ils apprirent qu'une embuscade les attendait dans une passe très difficile située quelques milles plus loin. On poursuivit néanmoins; les guerriers osyébas étaient bien à l'endroit indiqué, mais, au lieu d'attaquer, ils offrirent de vendre des poules. Nos deux compatriotes descendirent au milieu d'eux, leur achetèrent fort cher et leur firent des cadeaux. Le soir on atteignit une grande île de sable où l'on coucha. Les Okandas étaient fous de joie.

« Maintenant, disaient-ils, les rapides ont cessé pour toujours, les Osyébas ne nous attaqueront plus; dans trois jours nous serons arrivés. »

Dès le lendemain matin, à six heures, les hommes partirent en chantant. Les six pirogues se suivaient, longeant la rive droite, quand tout à coup deux décharges partent de la forêt presque à bout portant. Il est plus difficile de se figurer que de décrire la confusion qui s'ensuivit, la moitié des hommes se jetant à l'eau, les bateaux s'enchevêtrant les uns dans les autres, et les guerriers tirant à tort et à travers. Pour comble de malheur, la pirogue où étaient nos deux compatriotes échoua. Heureusement les Osyébas s'étaient sauvés aussitôt après avoir déchargé leurs armes; cela donna un peu de répit aux voyageurs et leur permit de regagner pêle-mêle l'île sur laquelle ils avaient couché. Le premier moment de stupeur passé, on se compta : six hommes étaient horriblement blessés par les morceaux de fer avec lesquels les Osyébas chargent leurs fusils. Tandis que l'on extrayait les projectiles en fouillant à pleine main dans les blessures, les chefs tinrent un conseil de guerre. Le grand féticheur, qui avait toute influence, ne manquait pas d'une certaine bravoure; d'ailleurs il y allait de sa réputation, puisqu'il avait prédit l'heureux succès de l'entreprise; il encouragea donc les guerriers. De leur côté nos compatriotes firent défoncer deux barils de poudre, firent une distribution d'eau-de-vie et de morceaux de plomb. Malgré quelques protestations des timides, on décida qu'on forcerait le passage.

Chacun célébrait d'avance ses futures prouesses, et quand le féticheur eut frotté tous les fronts d'une certaine poudre et fait une distribution générale de gri-gri, on repartit. Les blessés étaient couchés ou plutôt jetés au fond des pirogues sous un soleil ardent. On s'avança à une distance de quatre milles en tenant le milieu du fleuve, et on arriva à la grande rivière Ivindo (ou rivière Noire), presque aussi importante que l'Ogôoué, qui semble en cet endroit se partager en deux branches d'égale largeur.

A l'embouchure de ce cours d'eau se trouve une île couverte de rochers sur laquelle les voyageurs s'arrêtèrent pour faire cuire le déjeuner. Tout à coup, sur les deux rives de l'Ivindo et sur la rive gauche de l'Ogôoué, retentit le cri de guerre des Osyébas qui se montrèrent en masse, hurlant et tirant de tous côtés. Le brave Marche fut touché au bras par une petite barre de cuivre, qui heureusement ne produisit qu'une légère contusion. Pendant une heure les deux Français montrèrent à ces sauvages l'effet de balles explosibles dans des carabines à longue portée.

Les Okandas tiraient aussi; mais leurs chefs, à l'abri derrière les rochers, tenaient conseil, et à l'unanimité décidèrent enfin de fuir au plus vite. Prières, insultes, promesses, menaces, rien ne put y faire; les deux Français pleuraient de rage de voir ainsi perdus en un instant deux ans de fatigues et de sacrifices. Mais les Okandas se mirent à jeter à l'eau leurs bananes, leurs moustiquaires et tout ce qui pouvait les embarrasser dans la fuite. Nos compatriotes durent intervenir, la carabine à la main, pour les empêcher de jeter aussi leurs caisses par-dessus le bord.

Ils descendirent le fleuve avec une rapidité insensée. Les hommes étaient affolés et le marquis de Compiègne faillit être noyé dans les chutes de Bôoué. Une pirogue fut perdue là et deux autres dans les rapides. Parmi ces dernières était celle qui portait le grand féticheur; les deux explorateurs le recueillirent dans la leur.

Pendant quarante milles les fugitifs furent escortés à coups de fusil par les Osyébas; ceux-ci avaient même tendu une embuscade à un point encore plus éloigné; heureusement Marche, qui était en avant sur une pirogue, découvrit le danger : lui et ses hommes débarquèrent, surprirent l'embuscade en la tournant et tuèrent quelques Osyébas. Pas un seul n'aurait échappé, si notre généreux compatriote, qui ne voulait pas répandre inutilement même le sang de ces barbares, n'avait pas fait sauver un grand nombre de ces sauvages.

C'est ainsi que les deux malheureux explorateurs regagnèrent piteusement le pays des Okandas, découragés, malades, exténués et injuriés par les mères et les femmes des victimes qui les accusaient d'avoir mené les leurs à la boucherie.

L'épisode le plus dramatique de cette course affolée a été raconté par le marquis de Compiègne dans son livre intitulé *Okanda, Bangouens, Osyébas*, publié chez l'éditeur Plon ; c'est le récit du danger qu'il avait couru au-dessus des chutes de Bôoué. Nous lui laissons la parole :

« ... Tout à coup nos hommes poussèrent un grand cri de détresse. Machinalement je regardai en avant et un coup d'œil me révéla l'imminence du danger. Cette fois je crus que ma dernière heure avait sonné. Nous étions en haut des chutes de Bôoué vers lesquelles notre pirogue était entraînée avec une extrême rapidité ; quelques secondes de plus et nous allions être précipités dans l'abîme. Par un effort désespéré les Okandas qui étaient à l'arrière approchèrent notre bateau de la rive et le jetèrent entre deux gros rochers entre lesquels il resta pris. Nous étions à vingt mètres du bord, où, par un hasard providentiel, il n'y avait pas d'Osyébas embusqués.

« — Maintenant, me dit un Okanda, il faut que vous sortiez de la pirogue et que de pierre en pierre vous gagniez le rivage.

« — C'est impossible ! m'écriai-je.

« — Il le faut cependant, » répondirent tous les Okandas.

« Il le fallait en effet, ce mot était sans réplique et je tentai l'épreuve. Quelques-uns de mes hommes me montrèrent en ce moment un véritable dévouement. S'accrochant les uns aux autres et se tenant dans l'eau jusqu'à mi-corps, ils formèrent une espèce de chaîne pour m'aider à franchir ce mauvais pas. Pendant quelques instants tout alla bien, mais au milieu du trajet, une grosse pierre, sur laquelle je posais le pied, se déroba sous moi ; je fis un faux pas et je tombai dans l'eau. L'Okanda qui me tendait la main me rattrapa par une jambe; mais je restai pendant un instant la tête en bas, suspendu au-dessus du gouffre. Mon guide, qui n'avait lui-même qu'un faible point d'appui, cria à l'aide; deux Okandas arrivèrent à temps et on me retira; comment? je ne le sais pas bien moi-même; car, aux trois quarts suffoqué par l'eau que j'avais bue, je ne me suis pas rendu compte de ce qui s'était passé entre le moment où je suis tombé et celui auquel on m'a traîné à terre. »

Nous n'ajouterons rien à ce récit, sinon que le malheureux marquis de Compiègne, revenu en France, après une longue maladie contractée dans ces climats insalubres, eut l'honneur d'être choisi comme secrétaire général de la Société de géographie du Caire. Un Allemand lui chercha une querelle dont ses compatriotes ont le monopole et le tua en duel d'un coup de pistolet

SAVORGNAN DE BRAZZA

EXPLORATION DE L'OGOOUÉ

En août 1875, M. Savorgnan de Brazza, enseigne de vaisseau de la marine française, accompagné par M. Marche, qui fut un des premiers explorateurs du fleuve, et du docteur de la marine Ballay, fut chargé par le ministère de la marine et le ministère de l'instruction publique de reprendre l'exploration interrompue et d'aller arracher à l'Ogôoué le secret de son cours supérieur.

Le 24 janvier 1879, la Société de géographie de France organisait une séance extraordinaire dans la grande salle de la Sorbonne pour recevoir solennellement les vaillants explorateurs, de retour de leur mission après trois ans d'incroyables fatigues. M. Savorgnan de Brazza raconta dans cette séance, au milieu d'un immense concours d'un public d'élite, les péripéties poignantes de ce beau voyage ; c'est le résumé de cet exposé que nous offrons à nos lècteurs, tout en regrettant que le cadre dans lequel nous sommes obligés de nous enfermer nous interdise de reproduire *in extenso* cet éloquent récit.

Nous n'insisterons pas sur la première partie du voyage, qui est déjà connue et qui eut lieu sur la partie du fleuve déjà explorée par MM. Marche et de Compiègne, et nous suivrons les explorateurs à partir de Lopé, grand village nègre placé sur les bords du fleuve et un peu en aval du confluent de l'Ogôoué avec la rivière Ivindo, point extrême qui avait été atteint par la première expédition en mars 1874.

M. Savorgnan de Brazza avait emmené avec lui 12 laptots,

soldats musulmans qu'il avait pris au Sénégal, et qui lui avaient juré fidélité sur le Coran. Ils étaient commandés par le quartier-maître de marine Hamon.

De Lopé, où les explorateurs avaient fait une première halte, M. de Brazza, accompagné d'un chef noir dont il avait su s'attirer l'amitié, s'engagea par terre dans le pays des Osyébas, qui avaient arrêté la première exploration, et avec lesquels il réussit, non sans peine, à nouer des relations amicales. Ce voyage fut extrêmement pénible et rempli de privations. Le jeune officier n'avait pris pour escorte que trois hommes, et deux d'entre eux, malades et accablés de fatigue, durent rester en arrière.

Certain de l'alliance des Osyébas, M. Savorgnan de Brazza continua sa route avec ses compagnons vers le cours supérieur du fleuve, et il arriva à Doumé où il tomba dangereusement malade.

Quand il fut guéri, il redescendit à Lopé, où il réunit tout ce qu'il possédait de marchandises, seule valeur d'échange à l'aide de laquelle on puisse obtenir dans l'intérieur de l'Afrique les aliments et les objets les plus indispensables à la vie. Il ne put rejoindre ses compagnons restés à Doumé qu'en avril 1877 C'est alors que M. Marche fut contraint par l'état de sa santé de quitter l'expédition et de revenir en France. Ce fut lui qui apporta des nouvelles des voyageurs et qui put faire le récit de la première partie de l'exploration.

Le quartier général de M. Savorgnan de Brazza était à Doumé, chez les Adoumas. Ceux-ci lui avaient bien promis leur concours pour la continuation du voyage, mais chaque jour ils trouvaient un nouveau prétexte pour ne pas tenir leurs engagements. De retards en retards, ils arrivèrent à la saison où ils ont coutume d'aller trafiquer sur le cours inférieur du fleuve, et ils déclarèrent qu'ils ne partiraient pas.

M. Savorgnan de Brazza gagna à prix d'or, ou plutôt au moyen d'un stock considérable d'objets européens, l'appui du grand féticheur, sorte de prêtre et de sorcier tout puissant sur ces masses ignorantes. Celui-ci jeta l'interdit sur la partie inférieure du fleuve et déclara que les plus grands malheurs menaçaient ceux qui s'y aventureraient. Les Adoumas renoncèrent à descendre; mais un second malheur vint fondre sur les voyageurs au moment où ils allaient enfin pouvoir se mettre en route. La petite vérole surgit chez les indigènes ; ils accusèrent les étrangers de l'avoir apportée dans leurs caisses et ils affirmèrent que bien d'autres fléaux y étaient encore enfermés. Grâce aux soins éclairés du docteur Ballay, un grand nombre de malades guérirent et les préventions se dissipèrent un peu.

Le fond du caractère de tous les peuples qui vivent dans l'intérieur de l'Afrique est la cupidité et un immense abaissement moral; un homme de l'expédition demandant un verre d'eau à une femme indigène :

— Que me donneras-tu, lui dit-elle, si je t'apporte de l'eau?

Les Adoumas insistaient toujours pour conserver une partie des marchandises ; il fallut avoir recours à la ruse. Pendant la nuit, le docteur Ballay et le quartier-maître Hamon enlevèrent d'un certain nombre de caisses les objets qu'elles contenaient, et les laissèrent vides ou les remplirent d'objets sans valeur ; les caisses pleines furent emportées à bord des pirogues, où tout le monde se réfugia. M. de Brazza, resté seul, montra alors aux Adoumas que les caisses restées chez eux étaient vides ; ils se sentirent joués, mais n'osèrent pas se révolter. Leur vengeance fut d'autre nature : aucun d'eux ne voulut accompagner l'expédition, qui se trouva sans pagayeurs et fut obligée d'utiliser les laptots pour conduire les pirogues.

Le cours de l'Ogôoué, à mesure qu'on le remontait, se montrait de plus en plus rempli de rapides, et l'inexpérience des rameurs pensa devenir plus d'une fois funeste à l'expédition ; les pirogues furent souvent renversées sens dessus dessous et les voyageurs coururent les plus grands dangers. On arriva enfin à la chute de Poubara. Là le fleuve se divise en deux branches dont l'une est la rivière Passa. Ces deux cours d'eau, à partir de ce point, perdent toute importance ; ils cessent même d'être navigables et à peine y voit-on quelques misérables pirogues en mauvais état et mal faites et qui ne servent aux indigènes que pour passer d'une rive à l'autre. Les sources de l'Ogôoué ne pouvaient être éloignées de là et il n'y avait plus aucun intérêt à le remonter davantage.

L'expédition pouvait se terminer là : elle avait achevé sa

tâche; grâce à deux ans de fatigues, elle avait arraché à l'Ogôoué le secret de son cours; on était sûr désormais qu'il ne sortait pas, comme on l'avait cru, de grands lacs intérieurs et qu'il ne pourrait jamais devenir une voie pour pénétrer au cœur du continent africain. Ce voyage avait été utilisé encore à un autre point de vue : des alliances avaient été conclues avec les peuplades qui habitent les deux rives du fleuve; le drapeau français était connu et respecté par ces sauvages. Longtemps encore après le départ des explorateurs, il protegea les tribus qui l'avaient arboré.

M. Savorgnan de Brazza et ses intrépides compagnons ne crurent pas devoir s'arrêter en si beau chemin; en mars 1878, ils abandonnèrent le fleuve et résolurent de s'avancer vers l'est aussi loin que leurs provisions le leur permettraient. Ils trouvèrent là d'immenses contrées plates et stériles, qui semblaient s'étendre à l'est jusqu'à la région du Tanganyika et du haut Nil. Cependant la mission devenait de plus en plus difficile. En quittant l'Ogôoué, il fallait s'avancer à travers les terres en emportant les bagages à dos d'hommes et traverser un pays dont chaque village est en guerre avec son voisin. D'ailleurs, comment trouver des porteurs dans un pays où les habitants, indolents et paresseux, n'avaient jamais pensé à faire du commerce et par suite ne comptaient pas un seul homme disposé à porter des fardeaux?

M. de Brazza trouva à grand'peine dix ou quinze hommes qui consentirent à transporter les caisses pendant quelques kilomètres. Ils arrivèrent ainsi, après quinze jours de fatigue, à accomplir un trajet qui eût nécessité une demi-journée de marche. Plusieurs caisses furent pillées et on dut renoncer à employer des indigènes libres pour le transport des marchandises.

Le chef de l'expédition dut alors recourir à un parti extrême qui lui répugnait fort, mais que la nécessité lui imposait : il acheta des esclaves. Seulement un essai de cette nature, tenté au commencement du voyage, lui avait donné de l'expérience. Déjà il avait acheté des esclaves et, en les prenant à son service, les avait déclarés libres. Le premier usage qu'ils faisaient de leur liberté était de retourner au pays où ils avaient été vendus et de se faire remettre la bûche aux pieds et le carcan au cou. Dans cette abominable Afrique, l'esclavage est chez la plupart des peuplades le seul trafic pratiqué. Le mari vend ses femmes ; le père vend ses enfants. M. de Brazza raconte

Ils furent réduits à marcher pieds nus pendant plus de huit mois.

un fait dont il fut témoin, et qui témoigne mieux qu'aucun raisonnement combien est invétéré dans le sol africain ce détestable commerce de chair humaine.

Il avait acheté deux esclaves, presque deux enfants, deux frères dont l'un avait seize ans et l'autre dix-huit. Il leur déclara qu'ils étaient libres et ils partirent pour retourner dans leur pays. Ils n'avaient pas fait deux lieues que l'aîné saisit son frère, lui entrava les jambes, lui mit la barre d'esclavage au cou et courut le vendre au prochain village.

On acheta donc des esclaves, mais M. de Brazza déclara qu'ils ne seraient mis en liberté que lorsqu'ils auraient accompli leurs fonctions de porteurs. Le voyage se présentait sous de sombres auspices; dans le pays qu'on allait traverser régnaient la guerre et la famine, et l'on commençait à se demander comment on pourvoierait au ravitaillement. Une déception terrible attendait les infortunés explorateurs. Parmi leurs bagages se trouvait une caisse en fer-blanc soudée, qui contenait des chaussures de rechange et qu'on croyait parfaitement étanche. Quand ils voulurent l'ouvrir, ils s'aperçurent qu'elle était pleine d'eau depuis leur premier naufrage, et que son contenu était tout à fait hors de service. Ils furent ainsi réduits à marcher pieds nus pendant plus de huit mois.

Sans attendre la fin de la saison des pluies et insouciants des vives et fréquentes ondées, ils partirent et leur marche devint plus rapide. Ils traversèrent ainsi le pays des Umbété, celui des Batéké; les esclaves tentèrent de se révolter, jetèrent leurs fardeaux et menacèrent même de leurs zagaies les membres de l'expédition; à force de douceur, on les rappela à leur devoir et l'on fit faire halte dans un village placé sur les bords d'un petit ruisseau qui devient plus loin la rivière Alima.

Une aventure singulière arriva là au chef de l'expédition. Il était resté seul avec trois hommes, pendant que ses compagnons étaient allés à la découverte; les Batéké, jugeant sans doute l'occasion favorable pour s'emparer des marchandises restées sous la garde d'un si petit nombre d'hommes. formaient des attroupements et devenaient menaçants; M. de Brazza résolut de se défendre jusqu'à la mort; il se retrancha derrière ses caisses, et tout auprès, en prévision d'un échec, il creusa le sol et y enfouit pendant la nuit un baril de poudre auquel il pourrait à volonté mettre le feu. Cette opération eut un résultat tout autre que celui qu'on s'était proposé. Les Batéké, qui avaient assisté de loin à l'enfouissement de l'engin meurtrier, crurent à un sortilège; ils pensèrent que les Français avaient placé là quelque redoutable fétiche; les maraudeurs se reculèrent et firent bien.

Le nombre des porteurs était insuffisant; on ne transportait que le tiers des marchandises à la fois et l'on ne faisait guère plus d'une étape en cinq jours. L'expédition atteignit la petite rivière N'gambo qui n'avait pas plus de vingt mètres de large et se dirigeait à l'est; elle conduisit les voyageurs à une rivière plus importante, coulant également vers l'est; c'était l'Alima, cours d'eau de 140 mètres de large et de 5 mètres de profondeur moyenne. Cette rivière, ainsi que le leur apprirent les indigènes, n'a pas de rapides et va se jeter dans un grand fleuve d'où viennent les fusils et la poudre. C'était une voie ouverte à l'expédition pour continuer sa route vers l'est; M. de Brazza ne voulut pourtant pas engager ses compagnons de route sans les consulter : les provisions diminuaient, les munitions elles-mêmes devenaient rares et on commençait à les économiser. Tous les membres de l'expédition, tous les laptots déclarèrent qu'il fallait marcher de l'avant; cette constance, cette abnégation ne se sont pas démenties un seul instant.

Ils reprirent donc leur route vers le sombre continent. Les Batéké s'étaient humanisés; ils devinrent des amis et renseignèrent les voyageurs sur les peuples qui habitaient les rives de l'Alima. C'étaient, d'après leur dire, les Apfourou, peuplade belliqueuse et sauvage, ne vivant que de rapines, enlevant des esclaves à leurs voisins et les emmenant si loin que jamais l'on n'avait entendu dire que l'un d'eux fût revenu.

Contrairement aux conseils des Batéké, qui engageaient les Français à combattre ces sauvages, M. de Brazza résolut de tout faire pour s'en faire des amis. Les premières négociations semblèrent favorables; mais après qu'ils eurent obtenu, des premiers établissements apfourous qu'ils rencontrèrent sur le fleuve, les barques nécessaires pour le remonter, ils se heurtèrent contre une hostilité féroce et les indigènes s'opposèrent complètement à leur marche en avant. Des coups de feu furent échangés et l'escarmouche devint une véritable bataille où nos armes perfectionnées nous assurèrent l'avantage.

M. de Brazza ne put s'empêcher d'admirer le courage de ces

nègres belliqueux. Pendant l'attaque de sa flottille, un indigène se tenait debout sur l'avant de la barque qui tenait la tête des pirogues ennemies. Il ne broncha pas sous la grêle des balles qui le prenaient pour point de mire, et il agitait sur sa tête un fétiche qui, dans sa foi, devait le préserver de toute blessure. Le hasard qui le préserva doit certainement être enregistré par lui comme un miracle.

Les voyageurs ne possédaient qu'une quinzaine de fusils et les munitions commençaient à s'épuiser; ils renoncèrent à une lutte inutile qui menaçait de compromettre les résultats déjà acquis. Ils quittèrent l'Alima et se dirigèrent par la route de terre vers le nord. Ils traversèrent un grand fleuve, le Lebaingueo, puis un autre, la Licona, qui tous deux coulaient encore de l'ouest à l'est. M. de Brazza comprenait de moins en moins le régime des eaux dans ce continent mystérieux. Ce ne fut que lorsque, de retour en Europe, il put connaître la traversée de Stanley, qu'il comprit que tous ces cours d'eau étaient des affluents du Congo et que leurs eaux, bien qu'en se dirigeant vers l'est, étaient ramenées par le grand fleuve à l'océan Atlantique.

Le point le plus reculé du voyage fut atteint le 11 août 1878, trois ans après le départ. Puis il fallut songer au retour, car à peine restait-il suffisamment de marchandises pour revenir.

C'est en redescendant l'Ogôoué qu'eut lieu une des aventures les plus pittoresques du voyage. De même que Stanley, quand il apprit qu'il allait enfin atteindre l'Océan, eut la douleur de perdre un de ses compagnons de voyage européens, de même M. de Brazza fut sur le point d'avoir à déplorer la mort du docteur Ballay.

Les pirogues, emportées par le courant, descendaient un rapide avec une vitesse vertigineuse; les caisses solidement amarrées aux barques pouvaient braver les secousses et le naufrage, mais les hommes n'avaient pas trop de toute leur vigueur et de toute leur présence d'esprit pour ne pas être précipités dans l'eau, quand tout à coup la pirogue que montait le docteur Ballay fut soulevée par une force mystérieuse et fit la culbute, tourbillonnant de bout en bout et retombant lourdement dans le fleuve. Un énorme hippopotame l'avait prise en travers et l'avait soulevée aussi aisément qu'un fétu de paille. Heureusement le docteur, qui ne savait pas nager, se cramponna vigoureusement à un des cordages qui tenaient les caisses amarrées; il tint bon et ne lâcha prise que lorsque M. de Brazza, accouru à son secours, parvint à le remettre en sûreté dans son bateau.

Telle est en quelques mots la série d'aventures survenues à ces hardis explorateurs.

La nombreuse assemblée réunie à la Sorbonne pour entendre ce récit a montré par ses applaudissements enthousiastes, adressés à M. de Brazza, au docteur Ballay, à M. Marche et au brave quartier-maître Hamon, qui n'a pas été oublié, que si nous savons montrer notre admiration aux explorateurs étrangers qui viennent nous raconter leurs voyages, nous ne sommes pas moins fiers de nos compatriotes et des conquêtes géographiques qu'ils apportent à la science, grâce à leur courage et à leur indomptable persistance.

La Société de géographie de France, de son côté, a déclaré par l'organe de son président, l'amiral La Roncière Le Noury, qu'elle accordait à M. de Brazza, pour son beau voyage, la grande médaille d'or à laquelle concourent tous les explorateurs du monde.

Depuis cette époque M. Savorgnan de Brazza a continué son œuvre civilisatrice sur la côte occidentale d'Afrique et il a recueilli les fruits de sa persistance et de son indomptable énergie.

Une colonie nouvelle a été acquise à la France et M. de Brazza en a justement été nommé le gouverneur.

CHARLES GIRARD

LE NOUVEAU CALEBAR

Charles Girard fut un précurseur; il eut le tort de tenter une expédition hardie et glorieuse à une époque où le public n'était pas préparé à ces entreprises. S'il avait fait de nos jours ce qu'il fit en 1866, son nom serait aujourd'hui dans toutes les bouches. C'est lui qui a préparé la route aux Français qui depuis sont allés au pays des Achantis, et chose plus importante, à ceux qui, peut être dans un avenir prochain, y retourneront d'une façon pratique et pour le grand bien de la France.

C'est à ce titre que sa place est marquée et qu'il a droit à une grande page, car c'est aux précurseurs qu'appartient le premier rang dans l'histoire des explorations.

Charles Girard avait déjà fait partie d'une expédition organisée par le capitaine au long cours Magnan et qui avait pour but l'exploration du Niger et de ses embouchures. M. Alexandre Dumas père avait prêté son yacht, l'*Emma*, pour faciliter cette entreprise; malheureusement les voyageurs furent arrêtés dès leur point de départ : l'*Emma* fit naufrage dans la baie de Fos, sur la côte de France, et périt corps et biens; l'expédition se trouva ainsi renvoyée aux calendes grecques.

Quelques années plus tard, le capitaine Magnan étant mort, Charles Girard, ancien lieutenant de chasseurs à pied, passa ses examens de capitaine au long cours et résolut de reprendre pour son propre compte le voyage si malheureusement interrompu.

Il quitta Rochefort le 7 mai 1866, à bord d'un navire qu'il avait acheté, le *Joseph-Léon*, sloop de 28 tonneaux, avec l'intention de remonter le fleuve Niger.

La traversée ne s'effectua pas sans danger. Une avarie, causée par la rupture des haubans, à 350 milles dans le Nord des Canaries, mit un instant en péril le navire déjà vieux et en fort mauvais état; Girard fut obligé de relâcher à Las-Palmas. Après une traversée totale de soixante-douze jours, et un séjour de deux mois au Sénégal, le *Joseph-Léon* mouillait à Santa-Isabel de Fernando-Po, pour compléter ses approvisionnements avant de pénétrer dans l'intérieur de l'Afrique.

Girard entreprit de remonter le Calebar, dont on lui avait dépeint les riverains sous les couleurs les plus sombres. Non seulement le fleuve coulait en terre inconnue, mais encore les indigènes étaient représentés, par tous les gens de la côte, comme des cannibales d'une cruauté et d'une lâcheté sans égales.

Le 18 octobre, jeudi, à minuit, le *Joseph-Léon* appareilla, faisant route dans le Nord-Ouest sur Bonny qui est, comme on sait, un village de noirs traitant l'huile de palme avec des marchands anglais. Après sept jours de vents contraires et de calme, et ayant constamment à refouler un courant de trois nœuds en moyenne, le capitaine Girard arriva devant ce village.

Le lendemain de son arrivée, le 25, il reçut la visite du roi George Peeple, des princes Adda-Elessen, Yaya, Hoogs, tous membres de la famille royale.

Les principales questions qui lui furent adressées par ces chefs furent celles-ci : « Es-tu venu ici pour faire la troque? Donne-nous des marchandises françaises et nous te donnerons de l'huile. » — Girard vit ce jour-là le roi George Peeple. Ce jeune monarque, âgé de 19 ans, lui apprit qu'il avait été envoyé en Angleterre pour faire ses études; qu'il était ancien élève du collège de Cantorbéry et qu'il avait passé à Paris deux jours qui seront éternellement gravés dans sa mémoire; — que si les Français voulaient venir s'établir dans son pays, ils trouveraient en lui un appui sûr et qu'ils seraient, vis-à-vis de ses chefs, considérés à l'égal des Anglais avec lesquels il se trouvait dans les meilleurs termes, etc. Après un séjour juste nécessaire pour prendre langue à Bonny, le *Joseph-Léon* fit voile pour pénétrer dans le Nouveau-Calebar.

Les cartes de cette rivière s'arrêtaient alors à la pointe de Caracarama, située à environ trois milles au sud du village de Nouveau-Calebar. Tout au bas de cette rivière, comme devant le village de Bonny, se trouvait un établissement anglais composé de sept vieux navires transformés en pontons pour la traite de l'huile. Le *Joseph-Léon* alla mouiller près de ces pontons le dimanche 11 novembre à midi.

Aussitôt le navire mouillé, Girard fit armer un canot et, accompagné de quatre matelots, il alla au village même de Calebar pour voir le roi et obtenir de lui l'autorisation de remonter la rivière.

Ce roi, qui se nommait Will Amakri, reçut fort bien son visiteur; il était entouré de tous les chefs des villages sur lesquels pesait son autorité. Girard lui dit qu'il viendrait séjourner quelques jours auprès de lui et il lui expliqua, non sans peine, son intention de lever la carte du fleuve et non de faire du commerce.

Il ne répondit rien à ce sujet; il se contenta de dire que les voyageurs seraient bien reçus et qu'il viendrait les voir à bord. Le lendemain le *Joseph-Léon* était mouillé à 150 mètres devant la crique qui conduit au village même de Nouveau-Calebar.

Calebar, comme Bonny, est un amas de huttes construites en bois debout, recouvertes de toits de palmes et bâties dans un marais infect. Les moustiques y pullulent à tel point que toute la nuit les hommes de quart furent obligés de brûler du bois vert afin de se débarrasser de nuées d'insectes qui rendaient tout sommeil impossible.

Girard attendait Will qui devait lui apporter d'abord l'autorisation de descendre à terre avec ses instruments, puis celle de remonter le cours du fleuve. Le roi vint le trouver le jeudi 15 novembre. Il l'engagea à venir avec lui pour faire ses reconnaissances. Le voyageur profita sur-le-champ de cette autorisation et, muni d'un compteur chronométrique, d'un sextant et d'un horizon artificiel à glace, il descendit à terre. Les naturels qui, à chaque instant, s'approchaient de la table sur laquelle son horizon était placé, et ouvraient la boîte de son instrument, gênaient fort ses opérations. Will, pour les éloigner, dut, à plusieurs reprises, employer et faire employer le bâton. Enfin, après plusieurs observations, Girard réussit à déterminer la position du village.

Depuis plusieurs jours il était stationnaire en ce point où rien ne le retenait plus; il crut donc devoir aller une fois encore, demander au roi un guide et son autorisation. Will lui répondit que, devant partir le lendemain pour donner la chasse aux gens d'Akrika, il préviendrait sur sa route les chefs, ses tributaires, d'avoir à permettre aux voyageurs le libre passage. Il lui promit en outre un guide qui serait son frère Dick.

Le lendemain matin, quarante pirogues de guerre sortant de la crique, entouraient le navire. Les cris, les coups de canon et de fusil produisaient un vacarme insupportable. Will, en tête de ses hommes, faisait des sacrifices à la divinité. C'étaient des poules qu'il jetait à la mer et qui, à sa vue, devinrent en peu de temps la proie des milans; c'étaient des verres de tafia et de genièvre dont il répandait quelques gouttes aux quatre points cardinaux, tout en buvant le reste; enfin toute cette escadrille s'ébranla et fit route vers le Nord. Le 26 les pirogues étaient de retour.

Will annonça à son hôte qu'il ne pouvait passer, que la guerre régnait sur les deux rives et que toute tentative de route pouvait devenir fatale; que si les Européens venaient à être tués, il lui en arriverait mal à lui qui était responsable d'eux vis-à-vis du gouvernement français. Cette façon d'agir révéla à Girard chez les chefs une sourde entente contre son expédition. Il se fâcha et prévint le roi que bon gré, mal gré, il passerait. Il lui donna même une déclaration écrite constatant qu'il se rendait seul responsable de ce qui pourrait arriver.

Le 28 novembre il appareilla à quatre heures du matin avec le flot et par une faible brise de S.-O. faisant route vers le nord en rangeant la terre le plus près possible à l'ouest. A sept heures la sonde indiqua une profondeur d'eau de 1 mètre 50. On était arrivé sur un grand banc qui forme devant la pointe de Calebar un plateau de vase de plus de un mille et demi nord et sud.

Vers deux heures environ, la brise commençant à fraîchir, après avoir dépassé ce banc, les voyageurs furent hélés par une pirogue qui, rangeant la terre sous les mangliers à l'ouest, leur faisait signe de s'arrêter. Girard fit amener toutes les voiles et en peu d'instants le *Joseph-Léon* fut accosté par cette embarcation qui amenait, pour servir d'interprètes, trois frères du roi Will et un naturel parlant la langue du pays d'Ibo. Ces frères du roi se nommaient Dick, Cochroo et Yung-Prince, le naturel se nommait Nunibré. Will avait changé de résolution à l'égard de l'expédition, au dire de Dick, et la meilleure preuve d'affection qu'il pouvait donner à l'explorateur était de lui confier trois de ses frères.

Girard interpréta différemment le procédé : Il pensa que Will ayant vu que, malgré ses prévisions, le navire ne s'était pas échoué sur le banc placé à l'est du village, lui envoyait des espions chargés de contrôler ses actes et de l'empêcher le plus possible d'entrer en relations avec les naturels du haut de la rivière. Il reçut ses hôtes de son mieux, se réservant a l'occasion de s'en servir comme otages. Le *Joseph-Léon* mouilla le soir vers six heures après que le capitaine eut déterminé les latitudes des criques.

Dans la nuit du 28 au 29 novembre, il faisait une brume épaisse ; les voyageurs appareillèrent au jour et aperçurent, cachée sous les mangliers, une pirogue montée par trois naturels qui, en voyant arriver les blancs, déchargèrent sur eux leurs fusils et s'enfuirent. Peu impressionné par cette réception qui n'avait rien de cordial, Girard continua sa route, malgré les cris de Dick qui cherchait à convaincre les voyageurs qu'ils couraient à une mort certaine.

Dans une éclaircie de bois, ils aperçurent des naturels en assez grand nombre qui leur envoyèrent une décharge et s'enfuirent sous le bois. Personne ne fut touché à bord. Dick et ses frères, couchés sur le pont, poussaient les hauts cris et reitéraient au capitaine pour la centième fois le conseil de revenir sur ses pas et de ne pas s'aventurer plus loin.

Le capitaine Girard aperçut à tribord une petite crique garnie de chevaux de frise ; pensant qu'elle devait être, comme toutes les autres dans ce pays, la route qui conduit à un village, il fit mouiller aussitôt et armer son embarcotian pour

Dick et Yung-Prince, frère du roi Will. (D'après une photographie).

entrer dans le village voisin qu'il supposait peu éloigné. Dick et quatre hommes armés l'accompagnaient. Ils passèrent entre deux chevaux de frise et, après une course d'environ cinq minutes, le canot portant en poupe le pavillon français aborda sur une petite plage bordée de grands arbres.

Deux huttes, qui servaient de postes avancés au village, étaient remplies de naturels qui reçurent les nouveaux venus plutôt avec crainte qu'avec hostilité. Ils étaient nus ou à peu près ; leurs vêtements consistaient en une sorte de ceinture faite en étoffe de coton qui, de la taille, leur descendait un peu au-dessus des genoux. Les deux chefs seuls, le roi qui se nommait Gouëché et son second Colobrédo, portaient, comme Will et les autres chefs de Calebar, de longues chemises en madras ; leur cou était orné de verroteries et de corail. Gouëché, en qualité de chef, était porteur d'une longue canne ornée d'une pomme de cuivre argenté qui était de provenance anglaise ; sur la partie droite de son front était un demi-œuf percé, signe distinctif des hommes courageux à la guerre.

Le paysage était superbe ; les explorateurs se trouvaient, après avoir quitté un pays de vase, sur une terre végétale réelle. A droite et à gauche, des plantations d'ignames entre les cocotiers et les palmiers, un sentier sablé au milieu de cette verdure et, enfoui à 500 mètres environ du bord du fleuve, un village propre et élégant, bien palissadé pour prévenir les attaques des gens d'Akrika et celles des tigres ; quatre vieux canons couchés à terre et maintenus au moyen de pieux fichés en avant et en arrière des tourillons, servaient à défendre le village de Bakana, où les voyageurs reçurent l'hospitalité la plus cordiale du roi Gouëché. Toutes sortes de fêtes furent organisées en leur honneur. Danses d'hommes et de femmes au son du *balafon* et des grelots de bois, rafraîchissements de vin de palme, appelé dans le pays *tumboo*, rien ne manqua. Les explorateurs profitèrent d'un aussi bon accueil pour chasser et pour faire des observations afin de déterminer la position du village.

Le balafon est un instrument de musique. Celui du Sénégal est composé de cordes et de calebasses de diverses grandeurs qui produisent certaines notes. En frappant sur ces cordes tendues sur une espèce de châssis que touchent les calebasses, elles produisent des sons non définis, impossibles à rendre avec nos instruments et qui font les délices de la population noire.

Le balafon de Bakana se composait de deux souches vertes de bananier dépouillées de leur première enveloppe; des pointes de feuilles de palmier placées à égale distance (environ cinq centimètres) formaient huit cases dans chacune desquelles on plaçait un morceau de bois sec; deux naturels placés vis-à-vis l'un de l'autre, frappaient ces morceaux de bois à contre-temps et produisaient une musique sinon harmonieuse, du moins supportable.

Pendant ces danses, Girard avisa, au milieu des femmes, une jeune fille d'une dizaine d'années environ, dont la modestie et le maintien le frappèrent; c'était un contraste curieux; on eût dit une Européenne. Il chargea son second Féba d'aller la chercher. Lorsqu'elle fut auprès de lui, il lui attacha au cou un collier composé de grains de corail et de petites boules de cuivre argenté. Elle était radieuse, mais sa joie ne fut point turbulente; baissant toujours les yeux, elle alla rejoindre ses compagnes qui s'extasiaient sur la richesse du présent. Quelques instants après elle revint auprès de l'explorateur et lui donna trois œufs. Cette jeune fille, appelée Eymeri, était fiancée au prince George, un des parents du roi Will, et Girard apprit qu'elle devait sous peu de jours faire partie de son sérail.

Le lendemain matin, 30 novembre, le capitaine prévint Gouëché et Colobredo qu'il allait appareiller. Gouëché le supplia de rester encore quelques jours avec lui. Girard ne put le lui accorder. Le roi lui présenta alors deux malades pour qu'il les guérît. Après avoir pansé les deux pauvres diables qu'on lui avait amenés, vers huit heures, le voyageur fit lever l'ancre et l'équipage armant les avirons de galère, on se remit en route en devisant sur la cordiale hospitalité de Gouëché et de son peuple. Après une demi-heure de route environ, une petite pirogue se détachant d'un massif de mangliers vint les accoster à tribord. C'était le père d'Eymeri qui leur apportait du tumboo. Ce pauvre homme paraissait fort heureux de leur être agréable.

En naviguant toujours au N.-O., ils rencontrèrent à quelques milles le village de Hulow qui est caché dans les bois comme Bakana, puis celui d'Ewaffé. Tous les naturels vinrent sur le bord de la rivière. Un coup de fusil ayant été tiré par un groupe de noirs qui se trouvaient sur la hauteur, le capitaine fit mouiller et son second alla à terre avec Dick et deux hommes armés. Féba rentra à bord quelque temps après. Le chef d'Ewaffé lui avait demandé où ils allaient, quel était leur but, etc. Girard fit lever l'ancre aussitôt et favorisés par une jolie petite brise, ils continuèrent leur route. Vers midi ils passèrent devant le village d'Ania, là encore on leur tira deux coups de fusil ; enfin le soir le *Joseph-Léon* jeta l'ancre devant le village d'Ogonania.

Ewaffé, Ania et Ogonania sont des marchés permanents et très fréquentés. Les seules denrées qu'on y échange sont les huiles de palme, les ignames, des chèvres et des porcs. Les échanges se font contre des étoffes, des armes, de la verroterie, du sel, des barres de fer, etc., et les appoints se font avec une monnaie en bronze qui a la forme d'un fer à cheval. Pendant la nuit plus de trente pirogues avaient passé le long du bord. Elles venaient toutes de Calebar et montaient au marché d'Ibo.

Le samedi 1er décembre, Girard fit appareiller au petit jour et ils continuèrent leur route dans le N.-O. Une grande quantité de pirogues de Calebar sillonnaient la rivière. L'explorateur remarqua que beaucoup de chefs avaient un coup de pinceau blanc à l'œil droit; il demanda ce que cela signifiait à un de ses hommes nommé Den Kroo, naturel de Bonny. Celui-ci lui répondit que les hommes ainsi marqués étaient allés voir le grand Jew-Jew. Le capitaine crut comprendre que cette visite au grand Jew-Jew devait correspondre au pèlerinage de la Mecque pour les musulmans.

Le *Joseph-Léon* navigua en ralliant l'ouest autant que possible et ils reconnurent le marché peu important de Okpo, puis ceux de Sobor et d'Aloa qui sont très considérables. Ils étaient à onze heures du matin devant ce dernier village, lorsqu'une pirogue de guerre, se détachant tout à coup du rivage, vint déposer à bord deux chefs calebariens qui intimèrent à Girard, de la part de Will, l'ordre de rebrousser chemin. L'explorateur conseilla à ces messagers d'avoir à s'éloigner au plus tôt, et, les traitant d'imposteurs, il les menaça de les jeter à la rivière s'ils ne s'exécutaient promptement. D'arrogants qu'ils étaient, ils devinrent souples et obséquieux et demandèrent une bouteille d'eau-de-vie. Girard comprit qu'on voulait l'exploiter et fit promptement vider les lieux à ces importuns.

A peine étaient-ils hors du bord que le matelot Den Kroo, qui était à la barre, dit au capitaine que l'un d'eux l'avait menacé de mort s'il ne jetait pas le navire sur un des nombreux bancs de la rivière. Girard gronda fort cet homme et lui reprocha de ne pas l'avoir prévenu quand ces traîtres étaient encore à sa portée. Ils continuèrent leur route et reconnurent Amaffa, Abovem et enfin Tchioppo où ils mouillèrent à six heures du soir, à la nuit.

Tchioppo est un grand marché dont Will et ses frères se réservent le monopole. Un chef appelé Boy y réside constamment et les pirogues royales de Calebar vont et viennent sans cesse pour assurer la traite des huiles. Boy se rendit à bord du *Joseph-Léon.* C'était un chef, sinon intelligent, tout au moins fort débonnaire. Girard lui offrit de venir prendre ses repas avec lui, ce qu'il accepta avec empressement. Le lendemain de l'arrivée on amena à bord des malades pour que le capitaine les soignât. C'étaient des jeunes gens avec des plaies aux jambes : on fit sur leurs plaies des applications de phénol Bobœuf.

Tchioppo était un point favorable pour y faire des observations, Charles Girard ne le quitta qu'après en avoir déterminé la situation. La rivière devenait là fort étroite et la navigation ne s'effectua plus qu'avec peine au milieu des arbres qui en obstruaient le cours. Ils passèrent ainsi devant Alibarada, Tchioppo Kollokolo. Là le mât s'engagea dans les arbres de la rive gauche et le navire, poussé par le courant qui était très fort, tomba en travers. Le capitaine crut un instant son grand mât rompu; fort heureusement il n'en fut rien. Après un travail opiniâtre de plusieurs heures, ils parvinrent à le dégager en élaguant les arbres à coups de hache.

Le navire rendu à la liberté, Girard fit aussitôt rentrer les boute-hors et dépasser le mât de flèche. La grande voile fut amenée sur le pont ainsi que la voile de fortune. Ils continuèrent leur route à l'aviron, et. à la fin du flot, il allèrent mouiller devant le village d'Odoouan. Les troncs d'arbres jetés sans ordre au milieu de la rivière leur faisant apercevoir le commencement de difficultés sérieuses, le chef de l'expédition jugea à propos de pousser une reconnaissance en canot.

A deux milles et demi environ, ils trouvèrent un arbre qui, tombé d'un bord à l'autre de la rivière, la barrait complètement; il était à peine recouvert de 50 centimetres d'eau à marée haute. Le capitaine Girard résolut d'attendre que l'eau eût baissé pour commencer à le couper avec les haches. Cette opération faite, ils revinrent à bord et au commencement du flot, le capitaine fit appareiller pour mouiller tout près de l'obstacle afin de pouvoir l'enlever le lendemain matin.

Pendant la nuit on constata avec plaisir que les moustiques étaient remplacés par une quantité de petites mouches phosphorescentes, dites mouches à feu. Le navire était mouillé dans une eau douce, fraîche et courante. Le calme de la nuit n'était interrompu que par les cris des singes et le bruit continu que faisaient les oiseaux; de temps en temps, un bruit de branches brisées leur faisait croire au voisinage des éléphants.

Au point du jour ils disposèrent des caliornes pour arracher l'arbre qui obstruait le passage, et ce ne fut qu'après trois heures d'efforts qu'ils parvinrent à l'enlever et à le laisser tomber sur la rive droite du fleuve. Un sondage exécuté au-dessus du point qu'obstruait l'arbre donna 4 mètres à marée basse. Girard fit disposer l'ancre du bossoir de bâbord avec une haussière en abacca afin de pouvoir se hâler à la bouline. Il fit en outre frapper de forts crins sur les diamants des autres ancres afin de pouvoir les déraper au cas où elles s'engageraient dans les arbres qui devaient fourmiller dans le fond de la rivière. On fit petite route et on reconnut les marchés d'Orenketa et d'Iba.

A chaque instant le navire était arrêté par des branches d'arbres que la hache faisait disparaître, mais qui, en revanche, infestaient les voyageurs de fourmis. Dans un détour du fleuve, on leur tira deux coups de fusil en les sommant de s'arrêter. Girard envoya énergiquement promener ces fâcheux et continua sa route.

On mouilla le soir du 3 décembre devant la crique Okolo; le lendemain matin, le capitaine descendit à terre avec quatre hommes, afin de savoir pourquoi on avait tiré. Ils abordèrent la terre, et, précédés par Dick, ils allèrent au village d'Atego. Le roi, affreux nègre tout couvert de lèpre, leur demanda à venir à bord. Cet homme, complètement nu, suivi de quatre de ses officiers, embarqua dans le canot; Girard lui donna une bouteille d'eau-de-vie et un peu de tabac. Boire cette bouteille ne fut que l'affaire d'un instant et, à moitié ivres, ces cinq hommes voulurent exiger une quantité de choses que l'explorateur ne crut pas devoir leur donner. Craignant que les sujets du roi, qu'on apercevait dans les mangliers, ne vinssent à leur faire un mauvais parti si on employait la force pour les faire déguerpir, Girard usa d'un stratagème qui lui reussit fort bien.

Il avait dans sa chambre une batterie électrique de plusieurs éléments et assez forte pour donner de vigoureuses secousses. Un des hommes du bord, sur les indications du chef de l'expédition, mit cette batterie en contact avec une plaque de tôle servant de dessous à la cuisine portative placée sur le pont du navire. Prenant le roi d'Atego sous le bras, Girard le conduisit insensiblement sur cette plaque. Les secousses que reçut l'infortuné monarque et les grimaces qu'il fit terrifièrent les quatre chefs et les hommes qui les observaient des broussailles, de telle façon que les uns s'enfuirent aussitôt, et que les autres se jetèrent dans la rivière en criant que les étrangers étaient des Jew-Jew.

A onze heures et demie, on appareilla de nouveau et toute l'après-midi fut employée à débarrasser la route des arbres qui l'obstruaient. Mais la rivière se resserrait de plus en plus, et le *Joseph-Léon* se trouvait tellement emprisonné par la terre des deux bords qu'il lui aurait été impossible de virer. Le capitaine ordonna de mouiller par l'avant et par l'arrière et, approvisionné pour quatre jours de vivres, il partit en reconnaissance.

Tout à fait en face du lieu où était mouillé le navire, on put constater de nombreuses traces de pieds d'éléphants, et probablement cet endroit devait être un abreuvoir très fréquenté par ces pachydermes. Pour consacrer le souvenir du lieu, on le baptisa *Pas-des-Éléphants*.

Les voyageurs continuèrent leur reconnaissance jusqu'au village Obovem dont le capitaine détermina la situation. De retour à bord, le lendemain soir, il résolut de rester au Pas-des-Éléphants jusqu'à ce qu'il eût terminé la carte du fleuve. Le manque de vivres le força à revenir deux jours après, et contrarié de n'avoir pu, par cette voie, arriver jusqu'au Niger, il revint sur ses pas sans être toutefois découragé.

Le voyage au retour se fit plus promptement; on n'avait plus les obstacles qui avaient barré le passage à l'aller; aussi arriva-t-on le soir même du départ à Tchioppo. Ce marché est très bien approvisionné; on y acheta, en échange de menus objets de verroteries et d'étoffes, des chèvres et des ignames. Le roi Boy alla à bord, et Girard, l'interrogea sur les moyens d'aller à cet Ibo dont on parlait tant à Calebar et où le marché était si considérable, qu'au dire des naturels, la seule chose qu'on n'y pût acheter, c'était des *yeux*. Boy répondit qu'un blanc ne saurait y aller sans causer la mort du roi, etc., etc., et, après bien des supplications, il consentit à y conduire le soir le second du navire Féba qui, en sa qualité de noir du Sénégal et grâce à sa connaissance de l'anglais et de la langue du Calebar, pouvait se faire passer pour un naturel du pays. Féba se revêtit du madras et de la chemise bleue des chefs, puis, armé d'un sabre et ayant dans sa ceinture un revolver, il partit avec Boy vers quatre heures de l'après-midi.

Tout le monde à bord passa une mauvaise nuit; il se pouvait fort bien que ce brave Féba fût assassiné; aussi chacun fut-il heureux quand à cinq heures, le lendemain matin, on le vit arriver à bord; l'Ibo, qu'il avait vu, était situé dans le S.E. de Tchioppo; il n'était point construit sur le bord d'une rivière et il y existait beaucoup de puits. Le roi Boy vint à bord quelques instants après, accompagné de deux hommes qui s'étaient blessés en se battant à coups de couteau et de cinq ou six autres affectés ou d'éléphantiasis ou d'ulcères. Girard ne se servit, pour les panser, que de phénol Bobœuf dont il était amplement approvisionné et en peu d'instants il arrêta les hémorragies des blessés. Il laissa à Boy deux flacons de ce remède en lui enseignant la manière de procéder.

Girard a souvent vanté les services que lui a rendus ce médicament. Grâce à lui, il a pu plusieurs fois désinfecter sa cale, sans avoir besoin de procéder à un désarrimage ; d'un autre côté, en en mettant quelques gouttes sur du coton dans les caissons à vêtements des hommes de l'équipage, il a constaté l'absence totale de ces affreux cancrelas qui sont un véritable fléau sous ces climats torrides.

Après trois jours consacrés à Boy et à son village de Tchioppo, Girard appareilla pour descendre avec le jusant le cours de la rivière. La mâture étant remise en place, on put profiter de quelques embellies de brise ; aussi le premier jour ils passèrent rapidement devant Obovem, Aguaocolo, Amatta, Aloa, Soba Alakika et Okpo. Partout il y avait marché et de tous côtés on leur criait *Alabo-yagvagri-Baba*, ce qui signifie : adieu, chef courageux, vaillant, emporté. Le soir, le *Joseph-Léon* mouilla devant Ewaffé.

Girard put constater, par la découverte d'un cadavre accroché aux branches d'un manglier, que les indigènes n'enterrent pas leurs esclaves, mais les jettent tout simplement à l'eau. Une brume s'éleva dans la nuit du 10 au 11 décembre. Il leur fut impossible d'appareiller avant neuf heures du matin. Le thermomètre marquait 24 degrés et le baromètre 762 millimètres. A deux heures et demie ils arrivèrent devant Bakana dont le roi et les habitants les saluèrent à force de Abako-Baba.

Le chef de l'expédition descendit à terre après avoir mouillé. Le roi Gouëché et son premier ministre Colobrébo le comblèrent d'amitiés et de présents. C'est ainsi que Girard fut fait Jew-Jew, c'est-à-dire sacré. Gouëché l'ayant mené au tombeau de son père qui est placé à droite de sa case, jeta sur le tumulus un peu de tumboo pour délayer la terre, puis il en frotta le front, le creux de l'estomac et le dessus de chaque main de son hôte. Ces marques étaient fort apparentes ; aussi le peuple ne fuyait plus en voyant l'homme blanc, car cette espèce d'onction le faisait parent du roi.

L'explorateur, ayant fait provision de bois et d'eau douce, se disposait à partir, lorsque Gouëché réclama de lui un souvenir constatant son passage à Bakana. Girard lui donna une déclaration en quelques lignes, et, après y avoir apposé sa signature et les noms de tous les hommes de son équipage, lui fit don d'un habit de lancier de la garde, d'un chapska, d'un sabre et d'un ceinturon.

A Colobrébo et aux autres chefs il donna des shakos et des coutelas appelés *machettes*. Il voulait offrir à Gouëché le costume complet, mais celui-ci ne voulut jamais accepter le pantalon. De sa vie, l'explorateur n'avait vu des hommes aussi heureux que les chefs de ce village. Ils ne pouvaient plus rester à bord; on les renvoya donc à terre et, dans le sentier qui mène de la rivière au village, ce ne furent que cris de joie et danses. Gouëché avait perdu le demi-œuf, insigne de sa bravoure, Colobrébo, à force d'essuyer son visage mouillé de transpiration, avait effacé le coup de pinceau blanc de son œil droit, signe indiquant qu'il avait, à l'instar des musulmans, fait son long voyage, non à la Mecque, mais au pays des grands Jew-Jew. Leur entrée dans le village fut triomphale, et les voyageurs eurent encore une fois l'honneur de boire le tumboo avec Sa Majesté et les Altesses royales.

Une heure après, l'expédition était repartie; ils quittaient le charmant village de Bakana, emportant tous un bon souvenir de la réception qui leur avait été faite. On put naviguer une partie de la nuit, et le lendemain matin, à huit heures, le *Joseph-Léon* laissait tomber l'ancre devant le village de Nouveau-Calebar. Après avoir fait des présents aux frères du roi Will Amakri, c'est-à-dire à Dick, Cochroos, et à Yung-Prince, Girard les mit dans la pirogue qui était venue les chercher et que, dans la joie de se retrouver chez eux, ils faillirent faire chavirer. L'explorateur descendit à terre pour remercier Will des procédés qu'il avait eus pour lui; ensuite, il appareilla pour aller reprendre l'ancien mouillage, au bas de la rivière, en face des pontons anglais.

Eclairé par ce voyage sur les richesses de ces contrées et sur les ressources qu'elles offrent au commerce européen, Charles Girard revint en France où il trouva des commanditaires et un capital à faire valoir; malheureusement il avait compté sans le terrible climat de ces pays meurtriers. De retour auprès de ses compagnons, il fut saisi par la fièvre et mourut avant d'avoir pu commencer son commerce de troque.

BONNAT

VOYAGES ET AVENTURES D'UN CAPTIF

CHEZ LES ACHANTIS

Parmi les compagnons que Charles Girard avait emmenés au nouveau Calebar, se trouvait un jeune homme qui s'était présenté pour exercer les modestes fonctions de cuisinier du bord. Bonnat, né dans le département de l'Ain, d'une famille modeste, était venu à Paris pour y apprendre l'art culinaire. Il entendit parler de l'expédition du capitaine Magnan et du départ projeté de l'*Emma*, et ne tarda pas à faire partie de l'équipage qui avait pour second, comme nous l'avons dit, Charles Girard et qui comptait parmi ses passagers le peintre Léon Cuisinier, mort récemment.

Le naufrage de l'*Emma*, loin de décourager le jeune Bonnat, ne fit qu'enflammer son amour des voyages, et quand Girard organisa l'expédition du *Joseph-Léon*, il consentit volontiers à prendre à son bord son jeune et vaillant cuisinier.

Cette expédition se termina malheureusement, ainsi que nous venons de le raconter.

Girard, tué par le terrible climat du tropique, laissa son equipage sans chef aux bouches du Niger. Tous les matelots se firent rapatrier, à l'exception de Bonnat qui prit l'héroïque résolution de continuer seul son exploration. Il avait à lui une petite pacotille et résolut d'entamer avec les nègres des relations commerciales; il s'enfonça hardiment dans l'intérieur, à ce point de la côte qu'on désigne plus spécialement sous le nom de Côte-d'Or. Ses affaires prospérèrent d'abord et il se croyait déjà sur la voie de la fortune quand les Achantis envahirent le pays où il avait fondé son établissement, brûlèrent sa maison, le dépouillèrent de ce qu'il possédait et l'emmenèrent lui-même prisonnier.

L'auteur de ce livre a entre les mains tous les manuscrits, toute la correspondance de ce glorieux voyageur dont il eut l'honneur d'être l'ami. Il emprunte à ces documents précieux le passage relatif à l'arrestation de Bonnat et au drame qui commença sa longue captivité.

Bonnat et deux compagnons mulâtres, Becroff et Médan, se livraient au commerce des échanges dans le village nègre de Hô où était établie une mission protestante. C'était le 27 juin 1869; les bruits les plus divers étaient répandus sur la marche des Achantis envahisseurs de la contrée; quand Bonnat apprit à n'en plus douter que les missionnaires avaient abandonné la mission, il s'y réfugia avec ses deux hommes, pensant qu'il serait plus en sûreté dans cet établissement placé hors du village et protégé par la nature pacifique de ses habitants ordinaires.

Vers quatre heures de l'après-midi ils entendirent le son du tam-tam de guerre, assez semblable à celui du tambour, et quelques coups de fusil. Bonnat ne pouvait croire encore à la réalité d'une attaque, cependant, résolu à savoir la vérité sur la situation, il prend son revolver à sa ceinture, sa carabine sur l'épaule et, suivi de Becroff, il s'avance dans la direction d'où venait le bruit.

Arrivé près de la chapelle, il aperçut, à travers une plantation de café et au milieu des goyaviers, deux grands parasols de guerre.

Le doute n'était plus possible : c'était bien l'armée des Achantis. Il revint sur ses pas, mais il vit, au sud, la crête de la montagne d'Adagli toute couverte de nègres avançant à pas comptés et le fusil à la main.

Tout frissonnant, il rentre à la hâte à la mission et il tombe sur une chaise. A ce moment la fusillade se fait entendre dans la direction du village. Seulement alors le jeune homme, jusqu'alors insoucieux du danger, sent tomber le voile qui a couvert ses yeux. Mais, hélas ! il était trop tard.

Fuir était impossible, Bonnat attendit les événements.

Bonnat.

Les Achantis s'avançaient, les rangs serrés, le fusil en joue, et les trois malheureux voyaient approcher ces figures téroces semblables à des faces de tigres. Instinctivement Bonnat ferma les volets et la porte.

Quelques secondes se passèrent de celles qu'on n'oublie jamais ; un silence glacial régnait, interrompu seulement par les voix des Achantis au dehors. Un coup de feu retentit tout à coup et une balle, traversant les persiennes, passa au milieu des trois compagnons, sans atteindre personne, et alla se perdre dans le mur en face de la fenêtre.

Cette attaque rendit à Bonnat sa présence d'esprit. Sans hésiter, il ouvrit les fenêtres et la porte, puis, malgré les fusils des Achantis dirigés contre sa poitrine, il leur fit signe d'approcher. Ils parurent d'abord hésiter, mais ne cessèrent pas de le tenir en joue.

Quand il vit qu'ils n'osaient approcher, Bonnat prit son revolver, le retira de sa ceinture et le tendit vers eux en le présentant du côté de la crosse. Quelques-uns d'entre eux sortirent enfin des rangs, continuant à le tenir en joue, le doigt sur la gachette de leur fusil. Le jeune homme resta immobile à la fenêtre. Les farouches guerriers s'avançèrent lentement, en rangs serrés, et arrivèrent à quelques pas du blanc. L'un d'eux lui arracha violemment son revolver ; aussitôt une dizaine d'autres sautèrent par la fenêtre et la maison fut envahie. Une corde fut passée au cou de Bonnat terrassé, et on le traîna dans la direction de la chapelle, devant le chef qui s'avança lentement, abrité sous son parasol de guerre.

Dès qu'il fut là, on lui arracha ses vêtements et, après l'avoir mis complètement nu, on lui lia les bras derrière le dos, puis on le laissa entre les mains de trois ou quatre de ces forcenés, qui le ramenèrent à coups de cordes dans la direction de la chapelle.

Un de ses bourreaux aperçut alors une bague briller à son doigt. C'était un souvenir précieux, l'anneau de mariage de sa mère ; on veut le prendre, mais il reste ; son doigt enflé semble protester contre le sacrilège ; rien n'arrête ces bandits ; la bague est arrachée et avec elle des lambeaux de chair. L'implacable nègre, toujours frappant son prisonnier, l'oblige à courir devant lui dans la direction du Haoulou.

A quelques centaines de pas, Bonnat aperçut un rassemblement de femmes, de jeunes gens et d'esclaves qui, à son approche, se mirent à hurler et à vociférer tous ensemble.

Il y avait là environ 80 personnes portant dans des paniers des provisions et des bagages destinés à l'armée. Les plus féroces du groupe s'avancèrent pour frapper le prisonnier. L'un lui donna un soufflet, l'autre un coup de poing. Un troisième le prit à la gorge et allait l'étrangler quand le gardien le repoussa en prononçant quelques mots.

Bonnat avait ainsi pénétré jusque vers le milieu du groupe; un jeune homme s'approcha de lui, leva son fusil et lui asséna un coup de crosse sur le menton. L'infortuné crut avoir la mâchoire fracassée. Ce n'était heureusement qu'une large blessure d'où le sang coula en abondance. En ce moment même une nouvelle fusillade éclatait du côté du village. Un homme blessé à la lèvre inférieure accourut à son tour, le regard enflammé par la fureur. Le gardien de Bonnat repoussa ce nouvel agresseur. On fit alors asseoir le prisonnier à terre et on lui noua fortement les pieds.

Il était depuis quelques minutes dans cette situation, lorsqu'il vit venir Médan et Becroff complètement mis à nu. Ils avaient la corde au cou et les mains liées derrière le dos. Toute leur personne offrait un lamentable aspect. Leur tête était ensanglantée et labourée par les balles, Bercoff avait l'œil et la partie gauche du visage couverts de sang coagulé, ainsi que plusieurs parties du corps. Médan était littéralement inondé de sang de la tête aux pieds.

On amena ces malheureux près de leur chef et on les attacha tous les trois à la même corde. Les Achantis commencèrent alors à leur demander s'il y avait encore des blancs à la mission, et à leur adresser diverses autres questions. Ils paraissaient fort s'inquiéter de savoir si Dompré était à Hô. Les captifs les assurèrent que non et tâchèrent, comme ils purent, de leur faire comprendre qu'ils n'étaient pas des Anglais et qu'ils n'avaient jamais été des ennemis des Achantis, faisant valoir leur qualité de Français. Mais comment se faire comprendre? Aucun d'eux ne savait un mot de la langue parlée par leurs ennemis.

Cependant ces barbares continuaient à exercer leur brutalité sur les captifs et ceux-ci ne purent bientôt plus douter que leur heure dernière fût proche.

Un instant après survint un homme qui délia les pieds de

Becroff et l'emmena derrière une touffe d'herbes, sur la droite du campement, à dix mètres environ de Bonnat. Un autre conduisit Médan auprès de son compagnon d'infortune. Leur chef enchaîné les suivait du regard.

Un soldat, tenant à la main un grand coutelas, divisa en deux haies les gens rassemblés; tous les yeux étaient fixés sur les deux martyrs. Ces apprêts étaient significatifs.

Bonnat détourna la tête pour ne pas voir, mais quelques secondes après, il entendit un râle, un seul, semblable à celui d'un mouton égorgé dont le dernier souffle s'échappe, Tout était fini ; ses deux compagnons étaient morts, leurs têtes coupées avaient roulé sur le sol !

Bonnat attendit vainement son tour. La destinée en avait décidé autrement. La couleur de sa peau lui valait sans doute le privilège de figurer dans une exécution solennelle. C'est du moins ce qu'il crut comprendre dans les quelques mots que lui adressa l'homme chargé de le surveiller. Un sourire de mépris fut sa seule réponse.

Pendant que le captif le défiait, son bourreau prit une autre corde qu'il ajouta à la première et força ainsi les deux coudes du patient à se toucher.

Une demi-heure après l'exécution de ses compagnons, on lui détacha les pieds et on le força à suivre le détachement qui se mettait en route. On s'arrêta à quelques centaines de mètres; le gardien attacha son captif à un arbre, puis s'éloigna, confiant sa garde à deux jeunes gens.

L'infortuné prisonnier se trouvait en proie à des souffrances atroces. Ses liens avaient arrêté la circulation du sang, ses mains enflaient comme des outres. Il sentit alors des douleurs intolérables jusqu'aux épaules. « Son impassibilité l'abandonna, dit-il, et il versa des larmes en abondance... »

Bientôt les douleurs devinrent si aiguës qu'il se roula sur le sol. Il envia alors le sort de ses compagnons. Pendant quelques secondes une idée affreuse envahit son esprit. Il songea à se briser la tête sur une pierre. Il n'y en avait pas autour de lui ; ce fut ce qui le sauva.

Un de ses gardiens eut enfin pitié de lui et lui délia les bras jusqu'aux poignets. La position devint dès lors supportable.

On se mit en route à la nuit avec un autre corps de troupe.

Un noir chassait le prisonnier devant lui et un second le précédait tenant à la main une torche allumée. Cette marche, rendue plus funèbre encore par ces lueurs d'un rouge fantastique, était des plus pénibles, car, pendant que l'un des gardiens, tirant derrière lui une corde qui serrait le cou du malheureux, l'entraînait en avant, l'autre s'arrêtait parfois et faisait du captif une sorte de projectile tantôt poussé dans un sens, tantôt tiré dans l'autre.

Tel fut le martyre que dut subir Bonnat, et ces mauvais traitements durèrent des mois entiers, pendant une route à travers des pays déserts où souvent manquaient l'eau et les vivres. On sait qu'après une longue attente dans un village voisin de Coumassie, capitale du pays achanti, il put enfin entrer dans cette ville où la protection du roi l'arracha enfin aux mauvais traitements de ses bourreaux.

Ce fut un événement aussi heureux qu'imprévu qui vint changer la face des choses. Un jeune prince de la famille royale des Achantis, le prince Ansah, élevé pendant sa jeunesse en Angleterre, le vit dans le camp où il était retenu prisonnier et fut vivement touché par sa bonne mine. Grâce aux quelques mots d'anglais que possédait Bonnat et à la connaissance complète qu'avait le prince Ansah de cette langue, une certaine intimité ne tarda pas à régner entre ces deux jeunes hommes. S'il l'eût pu, le prince Ansah n'aurait pas hésité à rendre la liberté au captif, mais Bonnat était étroitement gardé et le pouvoir du jeune seigneur n'était point suffisant pour accomplir cette tâche.

Le voyageur français comprit néanmoins toute l'importance que pouvait avoir pour lui l'amitié subite qu'il avait inspirée au prince nègre. Pour ne pas désobliger ce dernier, dont l'influence à la cour était considérable, on améliora le sort de notre compatriote, qui put dès lors faire avec son nouvel ami de longues promenades. Il était l'objet, il est vrai, d'une surveillance particulière, mais les relations des promeneurs n'en étaient pas moins intimes et cordiales. Ces moments furent mis à profit : Bonnat, réunissant toutes les forces de son intelligence et de sa mémoire, ne tarda pas, grâce aux patientes leçons de son noble professeur, à apprendre à la fois l'anglais et le langage des Achantis.

— Si je pouvais obtenir, lui répétait fréquemment le prince Ansah, l'autorisation du roi de vous faire entrer dans Coumassie, je ne doute pas que le monarque, mon oncle, ne fût séduit par l'esprit de justice et par l'intelligence qui se montrent dans tous vos discours; alors votre situation misérable serait changée du tout au tout.

Un jour Bonnat vit accourir son ami et, rien qu'à voir sa face rayonnante de plaisir, il devina qu'il lui apportait une heureuse nouvelle.

— Victoire ! dit le prince Ansah ; j'ai l'ordre de vous conduire dans la capitale, et dès demain vous serez reçu par le roi.

Le lendemain jeudi, en effet, vers trois heures de l'après-midi, trois porte-épée se présentèrent au camp et vinrent au nom du roi réclamer le prisonnier. Celui-ci les suivit tout joyeux et, en compagnie du prince son ami, il pénétra dans la ville où il s'arrêta sur une grande place appelée Dadé So Aba et située à l'extrémité sud de la capitale. Il s'y installa avec sa suite en attendant que le roi fût prêt à le recevoir. On lui apporta des vivres, du vin de palme, puis il entendit un esclave qui tirait d'une corne en ivoire un son retentissant. C'est ainsi qu'on annonce que le roi est sur le point de quitter sa résidence et de se montrer en public afin de recevoir son visiteur. Les porte-épée qui faisaient cortège au prisonnier lui firent signe de les suivre et le conduisirent sur une très grande place, située au milieu de la ville. Il y aperçut, assis au haut d'une terrasse ronde en terre rouge, le monarque accompagné de sa mère et de ses suivantes et entouré d'un cortège vraiment bizarre de nains, d'eunuques et de bossus. Tous les gens de la maison du roi s'étaient rangés sur les trois marches par lesquelles le souverain était monté sur son trône.

Le spectacle qui s'offrit aux yeux de Bonnat était merveilleux : le roi et sa suite à peine assis, les grands personnages du royaume, chacun avec sa suite, ses guerriers, ses porte-épée, ses porteurs de tabourets, de parasols, de queues de cheval et d'éléphant et ses tambours, arrivèrent successivement et se rangèrent, selon leur dignité et leurs fonctions, sur deux lignes qui s'étendaient à droite et à gauche de la terrasse servant de trône, de manière à former un croissant très recourbé. Dans l'espace vide laissé entre les branches de ce demi-cercle se tenaient les chefs d'un rang inférieur, entouré de leur suite.

Le roi était assis sur un fauteuil artistement sculpté et orné d'or; ses pieds reposaient sur un gros coussin de velours d'un rouge éclatant; son costume se composait d'une espèce d'écharpe en riche damas tissé dans le pays et dont il s'enveloppait non sans élégance ni majesté. Le monarque était chaussé de sandales de cuir tanné incrustées d'or massif; sa coiffure consistait en un long bonnet noir de peau d'antilope garni d'ornements d'or et d'argent et surmonté d'un long plumet d'or; ses pieds, ses jambes, ses bras étaient garnis d'anneaux et de bracelets faits du métal précieux et finement ciselés.

Nous ne nous étendrons pas davantage sur les splendeurs d'une cérémonie où toutes les richesses africaines semblaient avoir été déployées pour éblouir les yeux du prisonnier; qu'il nous suffise de dire que le roi fit approcher de lui Bonnat et le fit asseoir sur un siège appelé *dienkenmoso* où on lui fit apporter une coupe d'or remplie de vin de palme qu'on l'invita à boire. Dès lors tous les gens de la suite du roi vinrent successivement défiler devant le captif honoré de l'amitié royale, le complimentèrent et lui souhaitèrent la bienvenue, et une grande fête commença. Quand la nuit fut venue, Bonnat fut conduit dans une maison qui avait été mise à sa disposition et dans laquelle six esclaves, don du roi, se prosternèrent à ses pieds et se mirent à ses ordres.

Comme on le voit, la situation du captif s'était transformée. A partir de ce moment, il n'aurait plus eu rien à désirer si la liberté de quitter Coumassie et de regagner la côte lui avait été accordée. Comme autrefois Joseph chez les Pharaons d'Egypte, il devint l'ami et le conseiller du roi qui le combla de bienfaits, mais l'environna d'une surveillance d'autant plus jalouse qu'il appréciait davantage les qualités de son prisonnier.

Cependant une grande guerre avait éclaté entre l'Angleterre et le peuple achanti; les troupes anglaises victorieuses arrivèrent à Coumassie qui fut prise et détruite de fond en comble. Bonnat, après une captivité de cinq années, tomba au pouvoir des vainqueurs et reconquit ainsi sa liberté.

Revenu en France, le courageux voyageur ne poursuivit

plus qu'un but : retourner à la Côte-d'Or et y exploiter les immenses richesses de toute nature qu'on y rencontre à chaque pas. Après avoir vainement cherché un capitaliste français assez intelligent pour associer sa fortune aux efforts de l'explorateur, il se résigna à aller faire un appel aux capitaux anglais qui ne tardèrent pas à accourir et à lui fournir l'appui dont il avait besoin. Il repartit et se remit courageusement à l'œuvre.

Pendant sa captivité, il avait souvent entendu parler d'une ville située au nord-ouest et que tous les Achantis signalaient comme étant le grand marché central de l'Afrique. Cette ville, nommée Salaga, était devenue l'objectif des investigations de Bonnat; mais, pour y parvenir il était nécessaire d'obtenir l'adhésion du roi des Achantis, car c'est sous sa domination qu'était placé ce centre commercial. Retourner à Coumassie dont il ne s'était échappé que grâce à l'intervention anglaise pouvait sembler une entreprise bien imprudente : comment recevraient leur captif évadé, le monarque et les habitants de la ville ? Bonnat n'hésita pas; sa confiance fut justifiée ; le roi le reçut à bras ouverts et quelques jours après son arrivée notre compatriote était devenu l'un des plus grands personnages de l'Etat.

A cette époque, toute une immense province, le Djuabin, soumise jusqu'alors a la domination de l'Achanti, venait de lever l'étendard de la révolte. Le roi chargea son nouveau conseiller d'aller voir le monarque rebelle et de ramener, s'il se pouvait, le peuple révolté à la soumission et au respect de son suzerain. Bonnat acceptait d'autant plus volontiers cette ambassade que, pour se rendre à Salaga, il devait traverser des populations qui pactisaient avec les rebelles, et il voyait dans sa mission la double perspective de ramener la paix et d'assurer son propre passage jusqu'au grand marché qu'il avait résolu de visiter. Mais il fut mal reçu. Le roi de Djuabin était profondément jaloux de l'amitié que le monarque des Achantis portait à notre compatriote.

— Je ne vous laisserai jamais passer, lui répéta-t-il à plusieurs reprises, et quand bien même vous auriez avec vous quarante hommes pour vous défendre, je vous ferai trancher la tête.

Bonnat revint à Coumassie et raconta au roi le résultat de sa mission; celui-ci ne prit point au sérieux les menaces qui avaient été faites et se contenta de détourner le voyageur de son projet; puis, comme il lui demandait quelle était sa résolution :

— Je partirai quoi qu'il arrive, répondit Bonnat.

Le roi lui fournit alors cinquante hommes à titre de gardes et de porteurs et l'explorateur se mit en route. Après avoir traversé plusieurs grandes villes de l'Achanti, il arriva à Atébobo, capitale d'un royaume qui pactisait avec la révolte, et il résolut d'y passer la nuit. A peine était-il endormi qu'un des hommes de son escorte qu'il avait laissé en sentinelle se précipita dans sa case.

— Aux armes! nous sommes trahis! s'écria-t-il.

Bonnat n'eut même pas le temps de se mettre sur son séant, des hommes se précipitant sur les pas de la sentinelle envahirent la case et le garrottèrent étroitement. Quand il sortit sur l'ordre de ses gardiens, il s'aperçut que tous ceux de son escorte avaient été mis aux fers et il apprit que les cent cinquante hommes qui l'avaient ainsi surpris et fait prisonnier étaient des Djuabins qui l'emmenèrent de force dans la capitale du royaume révolté.

Partout sur son passage il n'entendait que des cris de menace, et il comprit bientôt qu'il allait sans doute payer de sa vie son dévouement au roi des Achantis. Quand il comparut devant le roi des Djuabins :

— Je te tiens enfin en mon pouvoir, lui dit celui-ci, et tu verras si ton maître sera assez fort pour te délivrer.

Une assemblée de notables fut convoquée pour se prononcer sur le sort du prisonnier. Quand il comparut devant ce singulier tribunal, le malheureux voyageur comprit bien à la mine farouche de ceux qui le tenaient en leur pouvoir qu'il n'avait rien à espérer de leur clémence et que sa mort était d'avance résolue. Néanmoins il se rappela son lieu de naissance et ne voulut pas donner à ces bandits noirs le spectacle d'un Français tremblant devant eux. Il fit donc noble contenance.

Le roi prit la parole et, dans un discours plein d'astuce, il démontra quel danger il y avait pour le peuple djuabin à laisser vivant un homme qui ne pouvait être que l'espion des blancs en même temps qu'il était celui du tyran contre lequel on s'était révolté.

Quand on demanda à Bonnat ce qu'il avait à répondre à cec ascusations:

— Je ne vous crains pas, leur dit-il, et je vous mets au défi d'attenter à ma personne. Je n'ai rien à vous dire, sinon que pour le seul fait de m'avoir ravi la liberté, la ville de Coumassie a été détruite de fond en comble. Si vous ne me rendez libre immédiatement ou si vous menacez ma vie, le même sort, je vous l'affirme, attend la ville de Djuabin.

Ce discours, qui, en Europe, aurait été accueilli par des éclats de rire, émut profondément ces hommes superstitieux. Un des princes les plus importants composant l'assemblée se leva et dit :

— Le blanc a raison. La loi religieuse qui de tout temps a gouverné nos contrées, est formelle, et il n'y a pas un seul grand prêtre des fétiches qui contredira mes paroles. Tout le monde sait que, le jour où un homme blanc aura perdu la vie par suite d'une mort violente dans l'Achanti ou dans un des pays qui en dépendent, toutes les populations de nos vastes territoires seront instantanément détruites. Pour mon compte, je m'oppose formellement à ce qu'il soit fait aucun mal à cet homme, et je demande qu'on se contente de le reconduire à la côte.

Le grand féticheur, qui faisait partie de l'assemblée appuya cette motion qui constatait d'ailleurs la supériorité de la classe des prêtres sur celle des guerriers.

Tout le monde s'inclina et Bonnat, accompagné d'une forte escorte, fut reconduit jusque sur le territoire anglais.

Une route restait au voyageur pour gagner Salaga: c'était le grand fleuve Volta près des rives duquel est placé ce marché du Soudan. Aucun Européen n'avait encore osé s'aventurer sur cette voie : l'intrépide voyageur n'hésita pas à s'y engager et, au milieu de mille périls, grâce à sa sagacité, à sa prudence et à son énergie, il parvint enfin au but qu'il avait résolu d'atteindre. C'est en raison de cette expédition qui à elle seule mériterait un article spécial, à cause des poignantes péripéties qui l'accompagnèrent, que la science géographique doit de connaître la situation exacte et l'importance de la ville de Salaga qui, comme marché central de l'Afrique, n'a rien à envier à Tombouctou. Enfin, c'est grâce à la persistance de Bonnat que la France a pu inscrire sur le livre d'or de ses découvertes, la ville de Salaga et le cours du Volta.

Bonnat était retourné sur la Côte-d'Or et, appuyé sur les capitaux d'une riche compagnie franco-anglaise, il s'y était livré à la fructueuse recherche des paillettes d'or que roulent les fleuves dans leur sable. Cette expédition avait déjà compté ses martyrs : un vaillant jeune homme, le fils de l'ingénieur Bazin, était parti avec Bonnat et un autre courageux voyageur, Edmond Musy, pour assister aux expériences qu'on devait faire d'un nouvel appareil à laver l'or, dû à l'inépuisable génie de M. Bazin son père. Le terrible fléau n'attendit pas que le malheureux enfant eût même la satisfaction d'avoir visité les pays nouveaux dans lesquels il venait de débarquer. Une fièvre pernicieuse le saisit au moment de son arrivée et l'emporta en quelques jours. Il mourut dans les bras de son compagnon Musy qui, lui-même, après avoir lutté pendant un an contre le mal, fut obligé de s'avouer vaincu et de rentrer en France où il a succombé à son tour aux atteintes de ces fièvres terribles qui, semblables au dragon de la Fable, semblent défendre l'abord de ce nouvel eldorado.

C'est ainsi que chaque pas fait vers l'inconnu se paye au prix de la santé et de la vie de ces vaillants pionniers qui s'en vont au loin augmenter la somme de nos connaissances géographiques.

Bonnat n'a pas échappé à cette loi terrible. Après avoir fait sur la Côte-d'Or une fortune considérable et être revenu se marier en France avec une femme qui avait été sa promise et qui avait eu la constance de l'attendre pendant sa longue absence, il était retourné dans cette terrible contrée pour y vendre diverses concessions de terrains aurifères qui étaient sa propriété personnelle. La mort cruelle vint le saisir à la gorge à ce moment même où tout lui souriait.

BRUN

SUR LA COTE-D'OR

M. Brun est un des vaillants compagnons qui ont accompagné, dans son troisième voyage sur cette partie de la côte de Guinée que ses richesses ont fait nommer la Côte-d'Or, le malheureux Bonnat qui y est mort.

On se souvient de ces trois vaillants jeunes hommes qui accompagnèrent Bonnat et partagèrent ses dangers et ses travaux : Bazin, le malheureux enfant de l'ingénieur si connu et si apprécié pour ses merveilleuses inventions, ce pauvre garçon de vingt ans, qui est allé mourir de la fièvre en débarquant sur cette côte aussi riche qu'inhospitalière; Edmond Musy que la maladie a contraint à revenir après une résistance plus héroïque que prudente; Brun enfin, qui, seul des trois, a pu résister à ce climat assassin.

M. Brun a commencé à recueillir les fruits de sa persistance; il occupe à Elmina, où il a l'honneur d'être agent consulaire des Pays-Bas, une belle situation de fortune qui ne demande qu'à grandir de jour en jour.

Rappelé en Europe par ses affaires, il a songé à ses amis de la Société de géographie commerciale de Paris et il y a fait une intéressante communication dont nous avons le regret de ne pouvoir donner que la substance.

A cette époque, a-t-il dit, où tout le monde s'occupe de l'Afrique, où toutes les nations cherchent à s'y créer de nouveaux débouchés, il est utile de parler d'un petit coin bien ignoré de ce grand continent, parce qu'il appartient à la France. Il s'agit en effet de Grand-Bassam et d'Assinie.

Cette contrée, située sur le golfe de Guinée et presque sous le méridien de Paris, est à environ cinq ou six degrés au nord de l'équateur. Le pays, au bord de la mer, est plat et sablonneux; deux rivières dont on ne connaît guère que 100 kilomètres de cours, l'arrosent et forment d'immenses lagunes navigables pour de petits vapeurs.

Le Tendo ou rivière d'Assinie prend probablement sa source dans le pays des Achantis; celle de Grand-Bassam est moins importante. Le Tendo sert de limite entre nos possessions françaises et la colonie anglaise de la Côte-d'Or où sont les établissements commerciaux de M. Brun.

Quand ce dernier a vu Assinie, il lui a été impossible de comprendre pourquoi ce pays avait été évacué en 1871 par les Français. La contrée lui a semblé riche et importante.

Sur la plage on ne rencontre que quelques huttes de nègres et deux factoreries, une française et une anglaise. Le même cas se représente à Grand-Bassam.

Ces deux maisons de commerce échangent des indiennes, du tafia, des fusils, de la poudre, contre de l'huile de palme, contre des amandes dont on l'extrait, mais surtout contre de l'or qui abonde dans l'intérieur.

Ce métal est extrait de mines que jusqu'ici les noirs n'ont voulu montrer à personne; mais M. Brun, qui connaît bien ces populations, est certain qu'avec un peu de diplomatie et d'adresse on arriverait à savoir sur quels points elles sont situées.

Le roi de ce pays s'appelle Amatifou; il réside à Krinjabo, sa capitale, située à quelques heures de marche de la mer, sur la lagune du Tendo. C'est le monarque le plus important de cette région, mais il serait difficile de fixer les limites de son royaume : lui-même, très probablement, n'a sur ce sujet que de très vagues notions.

La France lui donne une pension annuelle de six mille francs, à charge par lui de protéger le commerce. Or, disons-le, il a compris cette protection d'une façon très singulière.

Comme tous les chefs africains, il est un trafiquant et le premier besoin qui le domine est de se protéger lui-même. Lorsque des indigènes de l'intérieur témoignent le désir d'aller à Assinie pour y faire directement des achats aux Européens, il a grand soin de leur interdire le passage. Par contre il leur vend les marchandises dont ils ont besoin en prélevant sur eux le mince bénéfice de cent pour cent.

Il y a encore sur les côtes une population noire parfaitement distincte et qu'on nomme les Fantis. Son origine est peu connue et a donné lieu aux versions les plus contradictoires. Ce qu'il y a de certain, c'est que ces hommes sont originaires de contrées plus ou moins lointaines et qu'ils possèdent une civilisation à part. Ce sont eux qui fabriquent ces objets de toilette : broches, bracelets, bagues et pendants d'oreilles en filigranes d'or de formes et de dessins si parfaits qui font l'admiration non seulement de nos bijoutiers d'Europe, mais même des Orientaux, si habiles dans cette spécialité.

Les Fantis sont naturellement, en dehors de ces aptitudes, une nation prête à toutes les formes de vol, cruelle et en quelques endroits même, dit-on, anthropophages. Quoi qu'il en soit de ce dernier reproche que nous n'oserions affirmer, ils ont pour l'emploi des poisons végétaux qu'ils connaissent une habileté redoutable.

Comme les Italiens du moyen âge, ils ont une infinie variété de ces toxiques et s'en servent volontiers pour se débarrasser de leurs ennemis. Poisons lents dont l'action se produit sous forme d'une fièvre d'abord légère, mais allant en empirant jusqu'à la mort; poisons violents qui tuent la victime avec la rapidité de la foudre, sont tour à tour employés par eux.

Un des compagnons de Bonnat nous citait à ce sujet un fait dramatique et terrible dont il avait été témoin.

Parmi les noirs engagés pour le lavage des sables aurifères se trouvait un Fanti dont on n'avait eu qu'à se louer. Il espérait par sa bonne conduite et son travail obtenir un poste de surveillant qui fut donné à un nègre de l'intérieur. Le Fanti dissimula son dépit et, comme pour témoigner à son heureux rival de son absence de rancune, il l'invita le lendemain à partager avec lui un flacon d'eau-de-vie de traite qu'il avait conservé.

Les deux convives se réunirent le soir sous un cocotier et le Fanti tendit la gourde à son nouvel ami.

Vue d'Elmina (Côte-d'Or), (D'après une photographie).

Ce dernier, homme fort et vigoureux, dont la taille dépassait deux mètres de hauteur, porta sans défiance à ses lèvres le perfide breuvage, puis il tomba comme foudroyé sur le sol. Son assassin s'approcha de lui, retira de ses mains crispées sa calebasse empoisonnée, puis il prit la fuite dans la forêt voisine, sans que jamais on ait pu retrouver sa trace.

Les Fantis, comme les sujets d'Amatifou, se montrent extrêmement jaloux de la situation d'intermédiaires pour les échanges entre les Européens et les peuples de l'intérieur.

De cet état de choses il résulte que ces peuples prennent une autre direction et s'en vont à travers les pays où les voies sont libres. Ils arrivent ainsi à Cape-Coastle, à Elmina, à Acera, qui sont les villes de la colonie anglaise. Si cette manière de faire constitue réellement la protection du commerce, Amatifou gagne parfaitement ses six mille francs de rente.

Ces nations nègres commerçantes qui viennent débarquer à la côte sont les Achantis, ceux-là mêmes chez qui Bonnat est resté si longtemps captif. C'est le peuple le plus puissant de toute l'Afrique nègre, celui dont l'empire est le plus appelé à s'étendre : peuple intelligent, industrieux, beau, commerçant et brave.

Quelqu'un les a surnommés les Français noirs, et, en effet, ils ont beaucoup de nos qualités et de nos défauts. M. Brun a pu avoir une série d'intéressants documents à ce sujet de l'homme le plus important du pays achanti, le prince Boaqui, beau-père du roi, qui arriva à Elmina en ambassade, pour régler une grave question d'intérêts avec le gouverneur de la Côte-d'Or.

Dans cette ambassade et pour célébrer l'arrivée des ambassadeurs, toutes les splendeurs africaines furent déployées; les deux nations représentées semblèrent vouloir lutter de richesse et de dignité. M. Brun, peut-être en raison de sa liaison avec Bonnat, reçut la visite du grand personnage qui le combla de politesses et de marques d'amitié.

Plusieurs fois Boaqui ramena la conversation sur la France.

— Oh! si votre pays voulait, répétait-il souvent, nous irions commercer à Assinie. Nous pourrions ainsi laisser de côté ces Fantis et aussi ces insatiables Anglais qui n'ont jamais assez de notre or et nous tracassent continuellement.

Cette anglophobie du prince Boaqui s'expliquait d'autant mieux qu'à la suite de cette guerre des Achantis qui n'a pas eu lieu, et qui, si on les en croit, n'a jamais même été projetée, ils sont tenus de payer à l'Angleterre *dix-huit mille onces d'or!*

Au moment où M. Brun quittait la Côte-d'Or, 16000 onces avaient été déjà payées, et bien certainement les Anglais ont encaissé depuis, les deux mille onces qui restaient dues. Quelle ne doit pas être l'immense richesse d'un peuple noir qui paye ainsi des sommes aussi formidables!

M. Brun, interpellé par son ami le prince, lui répondait, non sans quelque malice :

— Comment voulez-vous que la France consente à vous protéger, puisque, jusqu'à ce jour, elle ne peut ou ne veut pas même protéger ses propres enfants? Regardez par exemple, ajoutait-il, ma situation à moi et celle de nos compatriotes à Axim, à Cape-Coastle, à Accra, etc., nous n'avons personne à qui nous puissions faire valoir nos griefs. Pas le moindre représentant de notre pays n'a mission de prendre fait et cause pour nous dans les mauvais *palabres* que peuvent faire naître les Anglais. Nous sommes condamnés à nous plier devant leur bon plaisir.

Il est à peu près certain, nous l'avons déjà dit, que le Tendo ou rivière d'Assinie prend sa source en Achanti; ce serait peut-être une route commerciale toute tracée pour nous permettre de pénétrer dans ce pays. Or, par l'Achanti, on se rend, sans sortir de cet immense royaume, jusqu'à la ville de Salaga, où Bonnat pénétra avant tout autre Européen. C'est là un immense marché, rival de celui de Tombouctou et où les caravanes arrivent de tous les points du Soudan, même des régions qui environnent le lac Tschad.

Rien ne prouve que cette route ne serait pas la plus courte et la plus simple pour pénétrer dans ce Soudan si étroitement fermé jusqu'à ce jour à tout commerce avec l'Europe. Depuis longtemps les Anglais ont songé à se frayer cette voie.

C'est ici le cas, il nous semble, de rappeler les négociations depuis si longtemps pendantes entre la France et l'Angleterre, au sujet d'un échange entre nos possessions de la Côte-d'Or et la Gambie, qui appartient aux Anglais.

La Cazamanie est une rivière française dont le bassin est séparé au nord de nos possessions du Sénégal, par la Gambie qui est une possession anglaise.

Nos voisins d'outre-Manche cherchent à faire ressortir à nos yeux l'avantage d'une cession faite par eux de la Gambie, qui ferait ainsi un seul et même territoire du Sénégal et de la Cazamanie.

Ces offres sont loin d'être aussi avantageuses qu'on voudrait nous le faire croire. En devenant maîtresse d'Assinie et de Grand-Bassam, l'Angleterre posséderait seule toute la côte du golfe de Guinée ; nul ne pourrait par cette voie pénétrer au Soudan sans sa permission. De plus elle s'assurerait à jamais le monopole du commerce avec les Achantis, ce peuple riche et industrieux.

Le pays de Gambie est au contraire pour nous à peu près sans valeur, car il est bas, marécageux et extrêmement malsain. Il est vrai que, cette rivière appartenant à l'Angleterre, chaque fois que nous avons été en guerre avec les peuplades de l'intérieur, soit au nord, soit au sud de ce territoire, elles ont trouvé par le fleuve les moyens de se ravitailler en armes et en munitions. Mais si cet état de choses constitue pour nous un désavantage, il est largement compensé par celui qui incomberait aux Anglais dans le cas où une guerre sérieuse viendrait à naître entre eux et les Achantis. Ce peuple, en effet, bien armé et dressé à l'usage des nouveaux fusils, pourrait mettre sur pied assez d'hommes pour faire un véritable échec à la nation européenne qui voudrait les asservir.

On voit que cette question d'échange est plus compliquée qu'elle n'en a l'air au premier abord.

Avant d'entrer dans le vif des aventures survenues pendant le voyage de M. Brun, et pendant son séjour à Coumassie, nous dirons d'abord quelques mots de la Côte-d'Or, cette partie si intéressante de la côte de Guinée, qui appartient aujourd'hui presque entièrement aux Anglais. Nous y possédons seuls deux points voisins l'un de l'autre, Grand Bassam et Assinie. Nous verrons plus tard, dans le courant de ce récit, que cette possession française n'est encore limitée, d'une façon exacte, d'aucun côté. Grand-Bassam est situé sur la rive droite de la rivière Akba ou Comoé, qui descend du nord et forme à son embouchure de grandes lagunes qui en rendent l'entrée peu facile aux navires de grand tonnage.

Voici ce qu'écrivait sur Assinie, en 1875, M. Montaignac, ministre de la marine et des colonies, à un négociant français qui désirait aller s'établir sur les bords de la rivière d'Assinie.

Ce document nous semble d'autant plus précieux qu'il indique dans une certaine mesure les frontières de notre colonie par rapport aux possessions anglaises et qu'il renseigne sur notre situation, quant à la frontière du nord.

Voici la lettre de M. Montaignac : la situation de l'auteur, au moment où il l'écrivait, en fait en quelque sorte un document officiel.

« Monsieur,

« Vous m'avez fait part, par lettre du 2 mars courant, de l'intention où vous êtes de fonder des comptoirs dans la rivière d'Assinie et vous m'avez adressé à ce sujet les questions suivantes :

« 1° La rivière Assinie forme-t-elle les limites entre le protectorat français et la possession française ?

« 2° Jusqu'où dans cette rivière s'étend la possession française ?

« 3° Cette rivière a-t-elle été sondée et jusqu'à quelle hauteur ?

« Je m'empresse de vous donner les indications que vous désirez.

« 1° Par suite d'une convention du 25 février 1871, la Grande-Bretagne a été substituée par voie d'échange à tous les droits de souveraineté que la Hollande exerçait dans ces parages. Il en résulte que les possessions de la première de ces puissances sont devenues limitrophes des nôtres. Or, une convention conclue à Assinie, le 13 novembre 1869, entre les commissaires français et néerlandais, et qui a conservé toute sa valeur, avait délimité de la manière suivante, par rapport à notre établissement, le territoire d'Apollonie, alors soumis à la suzeraineté hollandaise.

« Le pays d'Apollonie est limité du côté de la mer par le village appelé Afouliénou ou Malaniénou ; ce village, bien que bâti par des Apolloniens et occupé par eux, est situé sur le territoire d'Assinie; la limite est à la sortie du côté du village d'Apollonie.

« Au nord, il est limité par une ligne droite qui, partant du village d'Afouliénou, suit la rive droite de la lagune Fénilo, dans le pays d'Assinie. Aucun village n'existe en ce lieu du côté d'Apollonie ; le point de repère est, pour les naturels, le village de Mohama.

« Bien que la convention de 1869 n'ait fait l'objet d'aucune ratification officielle, elle a été considérée jusqu'ici comme faisant loi entre les parties intéressées. Il en résulte que la limite du territoire britannique sur la côte est le village d'Afouliénou, situé à huit milles de la rivière d'Assinie.

« 2° La limite des possessions françaises dans le nord est plus difficile à préciser.

« Vous n'ignorez pas, du reste, que nous avons renoncé à une occupation effective de ces territoires, tout en réservant, d'ailleurs, nos droits de souveraineté. Il n'y a plus à Assinie aucun représentant officiel de l'autorité française. Ceux de nos nationaux qui sont fixés dans ce pays, sont placés sous la protection du commandant de la division navale de l'Atlantique sud, qui visite de temps en temps ces parages.

« Au nord du port et du territoire sur lequel il est construit, s'étend le royaume d'Ormatifou avec lequel nous entretenons de bons rapports, et qui reçoit de nous une *coutume* annuelle.

« 3° La rivière d'Assinie n'a été sondée qu'à son entrée et a été peu fréquentée au delà de la lagune. »

M. Brun qui, il y a un an environ, a été nommé agent consulaire français à Elmina, possession anglaise, où il était déjà depuis plusieurs années vice-consul de Hollande, y possède aujourd'hui une factorerie importante. Nous croyons devoir dire quelques mots sur cette jolie ville, qui fut longtemps la résidence du gouvernement général des possessions hollandaises dans ces parages. C'est depuis longtemps le siège d'un commerce florissant ; le gouverneur anglais y possède une résidence. Le fort d'Elmina fut construit en 1481 par les Portugais ; c'est le premier établissement européen créé sur la

Femmes d'Elmina (Côte-d'Or) (D'après une photographie).

côte de Guinée. Il tomba en 1637 au pouvoir des Hollandais, auxquels il fut définitivement cédé en 1641 par la couronne de Portugal.

A l'époque de l'occupation européenne, Elmina faisait partie du royaume des Achantis ; pendant l'occupation portugaise et l'occupation hollandaise, le roi des Achantis ne cessa pas de recevoir un tribut annuel comme compensation du territoire qu'on lui avait enlevé. Aujourd'hui, depuis que les Anglais sont devenus maîtres de cette portion de la côte, ils ont cessé de payer ce tribut. Ce qui n'est pas un des moindres griefs du peuple achanti contre la Grande-Bretagne.

La population d'Elmina, qui se souvient de son origine, professe toujours une grande antipathie contre les Anglais. Tant qu'elle est restée au pouvoir des Hollandais, elle s'est considérée comme n'ayant point cessé de faire partie de la mère patrie. Aujourd'hui qu'elle est soumise complètement à la loi anglaise, elle enveloppe dans une même réprobation les Anglais, qu'elle considère comme des usurpateurs, et les Fantis qui se sont placés sous le joug des conquérants.

Elmina est peuplée d'un petit nombre d'Européens et de quinze à vingt mille noirs d'origines différentes : les Anglais y entretiennent une armée indigène composée d'Haousas qui viennent de la Sénégambie et qui habitent entre Tombouctou et Bornou, dans la Nigritie centrale, sur les rives du Niger. Les Haousas jouent dans les colonies africaines anglaises un rôle assez semblable à celui qui incombe au Sénégal à nos laptos.

Les anciens habitants d'Elmina, qu'on appelle les Elminas, aussi bien que les peuplades indigènes voisines, reprochent aux Haousas d'être pillards et voleurs ; ils ne les aiment guère mieux que les Fantis, qui sont accourus en grand nombre de leur pays pour venir se mettre au service des Anglais.

Tous les habitants noirs d'Elmina ont un costume à peu près semblable et que nous retrouverons chez les Achantis eux-mêmes. Ils portent pour tout vêtement une grande pièce d'étoffe plus ou moins riche qu'on appelle un pagne, dont ils s'enveloppent et se drapent d'une façon qui ne manque pas de majesté et qui rappelle la toge des sénateurs romains.

Quelques-uns de ces nègres ont de l'instruction et un grand nombre parlent anglais. Plusieurs d'entre eux sont des negociants importants et possèdent de riches factoreries.

Les plus pauvres se font pêcheurs, employés, ou domestiques, M. Brun en a un nombre considérable à son service. Il les a choisis de préférence parmi les anciens indigènes d'Elmina en raison de sa sympathie pour les Achantis dont ils descendent.

Il nous a raconté sur cette population noire de la côte de la Guinée un grand nombre de détails de mœurs, qui ne sauraient tous trouver leur place ici. Qu'il nous suffise donc d'en citer un au hasard.

La rigidité de la loi anglaise a apporté au milieu de ces populations une certaine retenue, sans cependant en avoir si bien rectifié les mœurs que les yeux des Européens nouveaux débarqués ne soient frappés par l'aspect d'un certain dévergondage.

Les femmes noires, celles surtout qui sont d'origne achantie, sont généralement belles et d'une figure agréable. Leur teint moins noir que celui des autres peuplades d'Afrique n'est point un repoussoir, même pour les Européens nouvellement arrivés. C'est d'ailleurs à leurs yeux un grand honneur que d'être épousées par un blanc ; mais ces mariages qui sont généralement consacrés par le pasteur anglais sont des moins sérieux, au moins aux yeux de la loi britannique, et cela a fait réfléchir et hésiter bien des Européens qui, à tout prendre, ont préféré rester célibataires.

Si l'union d'une négresse avec un européen est un honneur pour l'épousée, cette gloire devient un opprobre lorsque le nouveau ménage n'a pas d'enfants. La stérilité est profondément méprisée par ces peuples naïfs.

Lorsqu'une femme mariée depuis un certain temps est inféconde, il s'organise contre elle et contre son époux une manifestation publique qui rappelle assez bien les charivaris que fait la jeunesse française aux veufs qui épousent une jeune fille ou aux veuves qui se marient avec un garçon.

A Elmina les choses se passent plus bruyamment encore que chez nous. Des bandes de gamins et de jeunes gens s'organisent, et prennent tous les instruments bruyants qu'ils trouvent à leur portée ; ils s'en vont le soir, à la lueur des torches, donner une aubade à la femme bréhaigne. Toute la batterie de cuisine est utilisée : casseroles, arrosoirs, chaudrons, mêlent leurs sons agaçants.

Les manifestants joignent à ce bacchanal infernal des chants improvisés dans lesquels ils prodiguent aux époux malheureux les épithètes les plus malséantes.

Les femmes poursuivies n'ont d'autres ressources que de se venger elles-mêmes.

A leur tour elles réunissent leurs servantes et leurs amies. Celles-ci se couvrent la tête d'une sorte de masque composé de longues lanières vegétales qui, tombant derrière et devant, les empêchent d'êtres reconnues. Armées de longs fouets qui, pour être primitifs, n'en sont pas moins capables de cingler vigoureusement, elles se répandent le soir dans les rues de la ville.

Malheur alors aux faiseurs de charivaris qu'elles peuvent connaître et qui leur ont été signalés. Ils sont étrillés et fouettés de la belle manière.

Depuis longtemps M. Brun qui, comme le savent nos lecteurs, s'était marié à Elmina avec une nièce du roi des Achantis dont il a eu un enfant, nourrissait le projet d'aller faire une visite au monarque son oncle, et de l'engager à apporter dans nos colonies d'Assinie et Grand-Bassam, une partie du commerce que le peuple achanti fait aujourd'hui presque exclusivement avec les Anglais.

La façon perfide dont les Anglais, après l'occupation d'Elmina, avaient refusé d'accepter avec la possession hollandaise, les charges qui pesaient sur elle, ne fut point étrangère à la guerre cruelle que les Achantis leur firent plus tard. On sait avec quelle implacable rigueur le peuple rebelle fut châtié. Non seulement la ville de Coumassie fut vouée aux flammes et réduite en cendres, mais encore une énorme imposition de guerre fut infligée aux vaincus. Quand le tribut annuel eut été payé intégralement, les Anglais qui sans doute regrettaient de voir cesser cet impôt forcé imaginèrent un nouveau projet de révolte contre lequel les Achantis protestèrent vainement. Il fallut à ces derniers, bon gré mal gré, accepter un nouveau tribut qu'ils viennent seulement d'achever de payer.

On comprend que ces événements n'étaient pas de nature à faire naître chez le peuple noir une affection immodérée pour ses tyrans. Cet abus de la force, cette injustice, les révolta dans leur conscience. M. Brun, que sa situation tenait au courant de ces dispositions peu favorables pour le royaume de la Grande-Bretagne, avait résolu de profiter de la circonstance. Il envoya un messager au roi Mensah, lui annonçant sa visite.

Le monarque achanti voulant témoigner au représentant de la France la joie qu'il aurait de le recevoir, lui envoya une caravane de porteurs pour l'accompagner par les routes les plus courtes d'Elmina à Coumassie.

Le 12 avril 1882. M. Brun partit d'Elmina avec vingt porteurs achantis auxquels il joignit onze hommes dont deux interprètes, un cuisinier, un domestique et un Marocain, Brahim Baba. Ses affaires l'appelant à Cape-Coastle, il suivit la côte pour se rendre dans cette ville.

Le 13 avril, comme il faisait lever ses hommes à cinq heures du matin, au moment de partir il s'aperçut que quatre Achantis manquaient à l'appel. Les deux chefs de cette troupe, dont l'un Attah était esclave du roi, et l'autre, Ouradou, appartenait au prince Boaqui, l'oncle du monarque et l'ami personnel du voyageur, les avaient employés pour porter leurs propres marchandises, contrairement à l'ordre formel du roi Mensah qui les avait envoyés pour le service de son visiteur. M. Brun se trouva donc obligé d'envoyer son messager Coffie Akiempon à Elmina pour chercher quatre porteurs.

La petite caravane continua sa route et ne tarda pas à rejoindre, à Asseybou, le père Moreau, missionnaire français qui avait témoigné au voyageur le désir de l'accompagner afin de profiter de son séjour à Coumassie pour voir le roi Mensah et lui demander l'autorisation d'établir une mission catholique dans sa capitale.

On campa, et l'on se mit en devoir de déjeuner.

Sur la côte de Guinée et dans les pays de l'intérieur de l'Afrique, le fond de tout repas est le *fou-fou*. Qu'est-ce que ce *fou-fou?* Grâce à des documents précis que nous a donnés à ce sujet M. Brun, nous pourrions donner ici une recette assez précise de ce mets africain pour que les disciples du baron Brisse soient à même de confectionner un fou-fou suivant toutes les règles de l'art. Mais nous n'en ferons rien et nous renverrons cette leçon de haute gastronomie aux ouvrages spéciaux. Qu'il nous suffise de dire que le fou-fou est nommé ainsi par suite d'une harmonie imitative que le vieil Homère aurait prise en haute considération. C'est un mets qui doit longtemps bouillir à petit feu et qui en raison de sa densité, produit un son analogue au nom qu'il porte. Il y entre d'ailleurs toute sorte de choses : des ignames, des bananes, des légumes d'Europe même, quand on en a, des escargots, de la viande de boucherie, de la volaille, des poissons et surtout du piment en quantité.

Les indigènes de la côte de Guinée estiment fort la cuisine relevée et à tous les condiments du pays ils joignent une sorte d'ail qui ne le cède en rien pour la force et la distinction du goût à la plante congénère d'Europe, que Raspail appelait le camphre du pauvre.

Le fou-fou est-il un mets délicat autant qu'il est un mets de haut goût? Nous avançons humblement que nous ne pouvons nous prononcer sur cette grave question par expérience personnelle, nous nous contenterons en attendant cette expérience, de dire après les regrettés Bonnat et Muzy que la première impression de ceux qui dégustent cet étrange aliment lui est peu favorable, mais qu'on s'y habitue vite et qu'on finit par le préférer à la cuisine européenne.

Après que M. Brun eut fait à Cape-Coastle les affaires qui l'avaient obligé d'y passer, on partit pour Akroful qui est situé à 12 milles anglais de cette ville et où la caravane arriva à une heure. Malgré la chaleur étouffante et humide qui règne sur tous les points voisins de la mer, notre explorateur fit tout le chemin de Cape-Coastle à Akroful, à pied sauf une demi-heure en hamac.

Il est intéressant de savoir comment s'accomplissent ces voyages. Quatre nègres portent sur la tête une sorte de coussin rembourré comme en ont certaines femmes de nos provinces françaises quand elles portent au marché, sur la tête, les corbeilles contenant les produits de la ferme, ou les grandes jarres renfermant le lait des vaches. Ces nègres se placent aux quatre angles d'une sorte de brancard entre les bras duquel pend le hamac. Une petite toiture ingénieusement agencée protège le voyageur contre les ardeurs du soleil

Il n'y a, dans ces parages, nulle autre sorte de locomotion. Les chevaux, les bœufs, les ânes, les mulets, n'y sont pas

Femmes de la Côte-d'Or. (D'après une photographie.)

employés, bien qu'on n'y ait jamais constaté la présence de la mouche mortelle tsé-tsé.

La caravane conduite par M. Brun marchait dans l'ordre

connu sous le nom de file indienne, c'est-à-dire, les hommes marchant dans les pas les uns des autres et suivant des sentiers à peine tracés. Le chef de l'expédition prenait habituellement la tête de la colonne et avait derrière lui son domestique de confiance ou porte-trésor.

Akroful est un petit village bien construit, contenant environ 400 habitants et dont les environs sont fort bien cultivés. M. Brun alla loger à la Mission, dont le chef, qui d'ailleurs n'était pas un rustre, fut très aimable pour les nouveaux venus bien qu'il parût au voyageur d'une naïveté frisant la bêtise. Il aborda son hôte en lui demandant :

— Connaissez-vous l'empereur Napoléon ?

— Oui, répondit M. Brun, j'ai vu son portrait.

Ce monsieur Johns est du pays, il s'intitule Révérend et tient une école.

Cet *établissement d'instruction publique* se compose d'une table qui sert aussi de table à manger, on y voit en outre un tableau en carton noirci où figure l'alphabet composé des vingt-quatre lettres anglaises et terminé par *etc.*, ce qui sans doute ne veut pas dire que la série est à continuer.

14 avril. — Le chef de l'expédition suivant une habitude dont il ne s'est pas départi pendant toute la durée du voyage, se leva à trois heures du matin et se mit en devoir de réveiller ses hommes. Ce n'était pas là une mince besogne, car les noirs généralement sont très dormeurs et fort ennemis de la fatigue. Le père Moreau fut le premier prêt et partit en avant avec ses gens pour aller faire préparer le déjeuner à Youcoumassie. Quant à M. Brun, il était obligé d'attendre les porteurs supplémentaires qu'il avait envoyé chercher à Elmina. Pour tuer le temps, il prit son fusil et s'enfonça dans la campagne, dans l'espérance d'y tuer quelque gibier. Un chasseur moins sincère, en vertu d'un adage très connu, n'aurait pas manqué de consigner des exploits cynégétiques d'un ordre très élevé. Notre voyageur, plus franc, avoue qu'il ne tua rien, mais constate qu'il trouva d'énormes plantations de bambous extrêmement beaux.

A défaut de gibier il prit un bon bain dans une sorte d'étang où il trouva une eau claire et fraîche. Remis de ses fatigues et renonçant à voir arriver ses porteurs, il prit la route de Youcoumassie où il retrouva le père Moreau à midi. En route il avait été rejoint par Attah et Ouradou, les deux Achantis qui avaient manqué à l'appel.

La chasse, le bain, la course, avaient aiguisé l'appétit de l'explorateur qui dans ses notes, célèbre les talents culinaires du père Moreau, qui, dit-il, lui fit faire un déjeuner aussi bon qu'on en pourrait trouver chez Péters.

La route d'Akroful à Youcoumassie s'était bien passée, malgré la pluie qui ne cessa de tomber. Dans ces contrées la pluie est souvent un véritable bienfait car elle diminue la chaleur étouffante de l'atmosphère. La petite troupe avait d'ailleurs traversé une contrée magnifique comme végétation. Une belle chaussée traversait le pays sans forêt, mais couvert de riches plantations d'ignames et surtout de bananes qui forment là la principale nourriture des indigènes. La route dans toute sa longueur était ombragée par des bambous d'une splendeur inouïe.

« Les maisons, dit M. Brun, sont très bien construites et jusqu'à Mansou où je suis arrivé à six heures du soir, plus je marche plus je m'aperçois que les noirs se civilisent davantage à mesure qu'on s'éloigne des bords de la mer, où ils sont en combat perpétuel avec les blancs, et qu'ils sont davantage les maîtres de leur façon de vivre. »

Cette pensée se trouve plusieurs fois reproduite dans le cours du journal de route de M. Brun et semble l'avoir préoccupé beaucoup en se posant devant lui comme un point d'interrogation.

A Mansou le voyageur fut logé dans la maison du gouvernement, qui n'était certes pas un palais, mais qui était construite en bois. Il y avait là vingt Haousas commandés par un sous-officier que M. Brun connaissait depuis longtemps; aussi fut-il reçu non seulement avec tous les honneurs dus à un consul, mais encore avec toute la sympathie qu'on accorde à un ancien ami.

Ce fut alors qu'il s'aperçut qu'Attah avait oublié une caisse très précieuse pour lui, puisqu'elle contenait son encre et bien des objets pour son usage personnel. Il le renvoya en conséquence à Cape-Coastle avec des instructions pour le rejoindre.

Tout n'est pas rose en voyage, surtout pour le chef d'une expédition. Il doit se lever le premier et se coucher le dernier, quelle que soit sa fatigue, car il est responsable de la nourriture et du bien-être de ses hommes. Or, dans la contrée parcourue, les approvisionnements ne se procuraient qu'avec une extrême difficulté. M. Brun n'en continua pas moins vaillamment son chemin avec l'espoir que sa besogne deviendrait plus facile quand il aurait pénétré dans le pays achanti.

Le 15 avril la petite troupe, partie à cinq heures du matin de Mansou, arriva à Soutah, où M. Brun vit avec plaisir arriver les hommes supplémentaires qu'il avait fait demander à Elmina. Ils étaient conduits par Coffee Deschie qui, en même temps, apportait des journaux d'Europe, car le steamer était arrivé à Elmina, pendant qu'il faisait ses recrues.

Au village Atonsou le voyageur rencontra un messager du roi Mensah. Cet envoyé le pria de prendre avec lui le porte-drapeau du roi et de ramener un de ses hommes qu'on avait laissé en arrière. Ce fugitif fut rencontré à Fousou et comme il avait emporté avec lui la caisse (probablement à l'instigation des noirs anglais), il refusa d'abord de suivre M. Brun et se déclara citoyen anglais. Notre ami provoqua aussitôt un palabre et réunit tous les chefs qui l'accompagnaient afin de leur demander des renseignements. Tous déclarèrent que c'était un imposteur. M. Brun le fit saisir en présence des policemen indigènes dont il avait imploré le secours et déclara qu'il le conduirait devant la cour du roi pour faire juger son cas. Il se promit néanmoins d'implorer la clémence du monarque afin d'éviter que le coupable fût mutilé.

Le pays où se trouvait l'expédition était splendide. Partout des arbres gigantesques de 100 à 120 mètres de hauteur portaient leur tête jusque dans le ciel. On était entré dans l'Assim et, depuis Mansou, on avait quitté le pays Fanti ou l'Ahanta. Tout le monde se portait bien, sauf l'Arabe Brahim, plus accoutumé aux régions sablonneuses qu'aux forêts.

Les villages, comme la nature elle-même, allaient en s'embellissant et M. Brun constate dans ses notes que contrairement à ce qui se passe sur la côte, on n'y rencontre aucune mauvaise odeur et que les lieux d'aisance sont placés à l'extérieur des maisons.

Le 16 avril ils arrivèrent enfin à Prasou à deux heures après midi. Cette première partie du voyage ne s'était point accomplie sans peine, car les hommes d'Elmina refusaient d'aller plus loin. A Barracou M. Brun fut obligé de déployer son drapeau tricolore français, puis après avoir réuni son monde il leur fit le discours suivant ou, pour nous servir de sa pittoresque expression, il leur adressa ce palabre :

« Comme consul de Hollande et de France, je suis ici responsable de tout le monde noir, qu'il soit Anglais ou Achanti. Mais vous devez en retour de la protection que je vous accorde, m'obéir et me respecter. De plus, je vous intime l'ordre de ne rien faire dans les pays que nous traverserons, qui soit contraire aux lois ou aux coutumes des habitants. »

Quand on arriva à Prasou, le premier soin du voyageur, très fatigué par la série des longues marches qu'il avait faites, fut de se baigner dans le Prah, rivière dont la profondeur au milieu est d'environ 6 mètres, la largeur moyenne de 30 mètres, et dont le courant est très rapide. Le village de Prasou est le dernier du pays possédé par l'Angleterre. Le Prah sert de limite entre ces possessions et le royaume Achanti. Le gouvernement anglais a sur le fleuve une barque de 5 mètres de long qui sert à passer les gens.

Le village n'est composé que de maisons en bambous, et c'est plutôt une colonie militaire qu'autre chose. La case où le voyageur fut installé par M. Baxter, ingénieur anglais chargé de diverses constructions et qui servait jusqu'alors de maison du gouvernement (*Government-house*), était tout entière construite en bambous et couverte en feuilles de palmier.

Elle était adossée à une grande cour entourée de palissades de bambous. M. Brun constate qu'il fut surpris de trouver une station militaire frontière si peu sérieusement fortifiée et il remarque qu'elle ne possède pas même un fort et ne saurait résister à la moindre attaque.

Le 17 avril, le vigilant voyageur fut debout dès quatre heures du matin et se mit en devoir de faire lever tout son monde. Il importait en effet de ne laisser en arrière aucun retardataire car, pour passer le Prah, il n'y a, nous l'avons dit, qu'une seule pirogue et M. Brun s'était promis de profiter de cette circonstance pour faire l'appel de ses hommes.

Un événement imprévu avait eu lieu pendant la nuit. Dix individus arrivés inopinément à Prasou, apprirent que l'homme que la petite troupe emmenait prisonnier à Coumassie était leur compatriote et appartenait à la tribu des Dbémous. Ils se rendirent à la case habitée par Attah chargé de la garde du prisonnier, tombèrent sur lui et lui arrachèrent le captif après lui avoir infligé un fort mauvais traitement. Ceci se passait dans le poste même des Haousas et ce qui prouve la connivence des Anglais pour susciter au roi des Achantis toute sorte d'embarras, c'est que pas un homme de garde ne défendit Attah.

Pendant son séjour à Prasou M. Brun avait rencontré un Arabe de Tunis, marabout, qui faisait l'école aux Haousas. Grâce à Brahim, heureux de rencontrer un compatriote, le voyageur put entrer en conversation avec cet arabe. C'est ainsi qu'il apprit que Mohamed était venu de Tunis à travers l'intérieur du continent africain au Soudan. Il aurait bien voulu pouvoir mettre en note et suivre sur une carte l'itinéraire de ce merveilleux voyage, mais cela lui fut matériellement impossible en raison de la différence des noms au milieu desquels il ne put se reconnaître. Il y a pourtant lieu de croire que Mohamed, prêchant le Coran, a dû passer par Ghadamès, par In-Çalah, par Tombouctou, puis arriver au pays des Achantis par cette ville de Salaga dont l'existence a été révélée par Bonnat.

Tout le monde, y compris le père Moreau et M. Brun, passa le Prah à huit heures, la caravane se composait de 53 hommes. M. Brun tira un coup de fusil en quittant la terre anglaise. On se mit en route, et, après avoir traversé Attabiassie, on arriva pour coucher à Attréfiassie, deux beaux et propres villages achantis. A Attréfiassie on rencontra une rivière ou plutôt un ruisseau d'eau vive et fraîche. Tout le monde s'y livra aux douceurs du bain.

Depuis qu'il avait quitté la terre anglaise, M. Brun, qui marchait en tête de la colonne, le drapeau tricolore déployé, était reçu partout avec la plus grande déférence et la plus franche hospitalité. La route que suivait la colonne était généralement bien entretenue, mais dans un bon nombre d'endroits le voyageur put remarquer sur les bords des abats considérables d'arbres avec lesquels en quelques instants il serait aisé de couper les communications. Il en conclut que les Achantis n'étaient point aussi stupides qu'une certaine presse anglaise de la côte voudrait le faire croire. Ces précautions prises contre une invasion indiquent au moins une certaine prévoyance.

Une autre dissemblance qui frappa l'esprit du voyageur, entre les régions dominées par les Anglais et celles ou règne le roi Mensah, c'est que, en pays anglais, il n'avait reçu aucun cadeau des chefs de villages, tandis qu'il leur en avait fait partout généreusement. En Achanti au contraire, au premier village où il s'arrêta, le chef s'empressa de lui envoyer des présents, poules, ignames, bananes, plantin, etc.

A l'arrivée à Attréfiassie tout le monde se portait à merveille. A neuf heures du soir le père Moreau prit sa flûte et se mit à jouer des airs joyeux à la satisfaction et aux applaudissements de tout le monde, M. Brun, très expérimenté sur ce qui est de nature à plaire aux noirs, se livra à une chorégraphie plus ou moins correcte.

Brahim qui était tombé malade à Prasou n'avait pu continuer la route, M. Brun l'avait confié aux soins du marabout Tunisien Mohamed, bien que cela fût pour lui la cause d'une double contrariété. D'une part, il était chagrin de laisser derrière lui son compagnon de route en proie à cette fièvre qui souvent prend trop vite un caractère dangereux. D'un autre côté, il avait résolu d'emmener avec lui le marabout Mohamed, mais il dut renoncer à ce projet, car l'absence de Brahim le privait de l'interprète nécessaire pour pouvoir se comprendre avec le Tunisien.

Pendant la route, les voyageurs firent leurs efforts pour montrer aux habitants leur reconnaissance pour le bon accueil qu'ils recevaient partout. Le père Moreau se fit bientôt une grande renommée comme médecin. Il soignait avec un dévouement digne d'éloges, non seulement les hommes de la caravane, mais encore tous ceux des villages qu'on traversait.

Dans un de ces petits centres de population où l'on n'avait

vu encore d'Européen que le capitaine Lansdale avec les Haousas, tout le monde s'enfuit en voyant arriver le commis d'avant-garde Blankson. Celui-ci déclara que ceux qui le suivaient n'étaient point une expédition anglaise, mais bien une expédition française. Dès lors chacun accourut au-devant des nouveaux venus, cette antipathie contre les Anglais s'explique sans doute par la peur qu'inspirent les Haousas qui, comme honnêteté, sont loin de ressembler à nos laptos chéris par toutes les peuplades du Sénégal.

M. Brun confia au père Moreau un projet qui recevra peut-être son exécution. A la vue de l'accueil amical et même fraternel que lui avaient fait les indigènes du pays achanti, notre compatriote s'est promis d'obtenir du roi une concession de terrain sur les rives du Prah, en face de Prasou, et d'y construire une grande factorerie qu'il placera sons la protection directe du monarque noir et pour la défense de laquelle celui-ci lui donnera, si c'est nécessaire, un chef et des soldats de son armée.

Le 19 avril, le chef du village Tchié, Aquamérin, reçoit les voyageurs avec une cordiale hospitalité et leur fait porter tout ce dont ils peuvent avoir besoin, puis ils vont déjeuner à Adonpoassie.

Au fur et à mesure que l'expédition s'est éloignée de la côte et qu'elle s'avance toujours en montant vers le plateau de l'intérieur, la température va sans cesse en changeant et devient de moins en moins chaude. A Adonpoassie les nuits sont si fraîches que M. Brun en est à regretter de n'avoir pas apporté une couverture.

Le soir on arriva à Akouaussie, mais la marche avait été pénible car les voyageurs avaient traversé les côtes abruptes que les Anglais appellent Adonis-Hills dont l'élévation est d'environ 700 mètres et qui sont très dures à grimper. Là, M. Brun vit l'ancienne route suivie par l'expédition de Sir Garnett Wolseley en 1863 et qui depuis a été détruite.

A Akouaussie les voyageurs rencontrèrent un messager du roi des Achantis qui les engagea à se reposer. M. Brun le renvoya en lui disant que les Français ont des jambes de nègres et qu'il trouve important d'arriver à Coumassie avant le capitaine Lansdale.

Brun et sa famille (d'après une photographie).

Enfin, après sept jours de marche, ils arrivèrent à bon port en vue de la capitale du royaume achanti.

Les montagnes Adansi, ainsi nommées dans les cartes anglaises, sont de composition quartzeuse et silicatées.

Sur les deux versants descendent de magnifiques ruisseaux qui bientôt se convertissent en rivières et vont se jeter à la mer. M. Brun a pu découvrir là les sources de plusieurs de ces cours d'eau et en outre celle du Prince-River. Tout le pays est splendide et fort riche surtout de l'autre côté du Prah. De toutes parts on aperçoit dans les champs des paysans travaillant à leurs plantations, coupant du bois, semant du maïs, etc.

Le vendredi 21 avril, M. Brun reçut du roi, par le même messager qui était déjà venu l'ordre d'entrer le lendemain à Coumassie.

L'expédition coucha donc à Essama, dont le chef, qui se nommait Eguiaman, les reçut comme des amis. M. Brun apprit là que la route venait d'être fermée derrière lui en raison de ce que la guerre venait d'éclater entre les Achantis et les Gamans. Ceux-ci, lui dit-on, arrêtaient toutes les communications et le commerce était menacé de souffrir beaucoup de ces dissensions. M. Brun apprit même que des marchandises que lui adressait le prince Boaqui pour les vendre, avaient été volées, pillées, par les Gamans.

Laissons raconter au voyageur lui-même son entrée à Coumassie.

« Après avoir dormi, ainsi que le père Moreau, dans une maison du roi Mensah, je me levai le 22 avril à 2 heures du matin et je constatai que tout le monde dormait profondément, sauf mon vieux cuisinier Cobbena Akou qui connaît mes habitudes et est très bon pour moi.

« Le cérémonial achanti, on m'en a prévenu, est très long et fort ennuyeux pour les gens blancs ou noirs qui n'y sont pas habitués, mais je me résigne, bien résolu de suivre les avis du pauvre Bonnat, avis que je comprends de mieux en mieux depuis que je suis entré dans ce pays.

« Mon premier soin est d'envoyer le bonjour au messager du roi et de prendre mes mesures pour que tout le monde soit debout.

« Lorsque Enqui, l'envoyé du monarque, me vit levé de si bonne heure il parut fort étonné, mais je croyais utile de lui montrer que les Français ne craignent pas la fatigue et d'un autre côté je savais que pour avoir mon monde prêt il fallait le réveiller de bonne heure.

« A deux heures nous arrivons à Coumassie où nous entrons d'abord dans la maison de Boatsin. J'y fis un brin de toilette, après quoi nous fûmes reçus par le roi. »

Aucun étranger, Africain ou Européen, ambassadeur, messager ou voyageur, ne peut entrer dans Coumassie, résidence du roi, sans de grandes difficultés, aussi M. Brun fut-il flatté de la promptitude avec laquelle il obtint de pénétrer dans la ville et d'être présenté au roi.

Un porte-épée vint le chercher dans la maison de Boatsin et le mena sur une grande place appelée Dade-so-Aba et située à l'extrémité sud de la ville. M. Brun s'y installa avec sa suite en attendant que le roi fût prêt à le recevoir. Pour charmer la durée de l'attente on lui servit du vin de palmier, boisson fermentée dont M. Brun se déclare fort amateur, mais qui chez les Achantis est très capiteuse.

Le roi avait aux pieds, sur les chevilles et aux cuisses, de même qu'au-dessus des genoux, des anneaux de différentes espèces. Son cou était garni de larges bandeaux du même métal ; aux poignets il portait des bracelets auxquels étaient suspendues des amulettes renfermant des versets du Coran, et qu'on vénère, chez les Achantis, comme des talismans bien que le mahométisme n'y soit jamais pratiqué.

Il portait encore des bagues de prix aux doigts, et d'autres bijoux parmi lesquels il faut citer des chapelets d'Agra. Ces chapelets regardés comme l'objet le plus précieux de tout ce qui appartient personnellement au roi et aux grands, sont extrêmement curieux, ils sont faits en belles mosaïques, les uns noirs et gris, les autres de couleurs variées. On n'en connaît pas l'origine, mais ils sont certainement très anciens; ils se transmettent de génération en génération dans les familles de haut rang; c'est la dernière chose dont se déferaient ceux qui ont le bonheur de les posséder : on vendrait ou plutôt l'on mettrait en gage tout autre propriété, bijoux, esclaves, femmes et enfants, pour conserver la possession des précieux chapelets.

Mais revenons à la cérémonie.

Derrière le roi se tenaient debout ses gardes portant la coiffure de guerre, la giberne, le sabre recourbé et d'autres armes tout étincelantes d'or. Plusieurs jeunes fillles éventaient l'air avec des queues de cheval blanc.

De chaque côté du roi, debout sur la marche ou le degré supérieur de la terrasse près de sa mère et de ses dames avec leur suite, se tenaient les principaux officiers de la maison royale. A droite et à gauche, en descendant jusqu'aux extrémités se déroulaient deux rangées de courriers et de porte-épée laissant un espace vide d'environ cinq pieds de large au milieu.

Toute la terrasse était couverte d'énormes parasols de diverses formes et couleurs surmontés de petites figures en bois sculpté et recouverts d'une légère couche d'or. Au faîte et à des distances égales les unes des autres, formant un carré au centre duquel siégeait le roi, étaient quatre indigènes tenant des parasols.

Ces parasols remplissent à un certain point l'office des drapeaux et des pavillons nationaux chez les peuples européens. Ils servent de plus selon leur dimension, leur couleur, leurs ornements, la matière dont ils sont faits à indiquer le rang ou le grade des personnes au-dessus de la tête desquels ils sont portés.

Le roi seul a le droit d'en employer un entièrement en velours; ceux des gouverneurs des principales provinces ou des rois tributaires sont faits de soie et ceux des personnes d'un rang encore inférieur, sont faits d'étoffes de laine. Les capitaines se contentent d'un parasol ordinaire d'importation européenne.

Jusqu'à ce grade le parasol est porté par un esclave ou un serviteur au-dessus de la tête de la personne à laquelle il appartient. Aux porteurs de parasols étaient mêlés des hommes tenant de grands éventails d'environ cinq pieds de long qu'ils agitaient dans tous les sens.

Tout le luxe africain était déployé pour recevoir M. Brun. Les plus jolies femmes de la ville, dont quelques-unes étaient fort belles, se mirent à chanter et à danser par intervalles. La profusion des ornements d'or portés par les chefs et les gens riches, le va-et-vient continuel des courriers avec leurs épées à garde d'or, présentant des coupes de vin de palmier au roi et ensuite aux chefs, la musique, le roulement des tambours, les danses et les chants, tout concourait à donner à cette assemblée un cachet de grandeur sauvage impossible à décrire.

Lorsque tous les chefs eurent bu le vin de palmier, le roi envoya son principal courrier annoncer à M. Brun que le moment de la réception était arrivé.

Ce courrier était une curiosité par lui-même et mérite une description particulière. Il était littéralement couvert, surchargé d'ornements d'or, tellement qu'il lui était impossible de marcher sans être soutenu de chaque côté. Il portait un bonnet d'os de crocodiles, garni d'or et surmonté d'une centaine de plumes d'aigles qui formaient comme un immense éventail au-dessus de sa tête.

Il tenait à la main une épée différant tout à fait de toutes les autres épées faites dans le pays; quoique de la même forme, elle était plus petite et la poignée au lieu d'être dorée était recouverte de peau de tigre à la fine toison. Autour du fourreau, on ne peut plus richement orné, s'entortillait un serpent d'or.

Cette épée est le sceptre des Achantis; elle est toujours portée par le premier courrier ou hérault du roi.

Après s'être acquitté de sa mission, le courrier revint à sa place et M. Brun, guidé par d'autres porte-épée, s'avança vers l'endroit où se trouvait le roi, à une distance d'environ mille mètres.

De temps en temps on lui commandait de s'arrêter pendant quelques minutes, puis on lui permettait de nouveau de s'avancer jusqu'à ce qu'il fut parvenu à l'entrée du croissant.

C'est ainsi, qu'après s'être frayé un passage, quelquefois avec difficulté, à travers la foule des assistants, M. Brun suivit les porte-épée à travers la gauche de l'assemblée, saluant de la main chaque chef devant lequel il passait jusqu'à ce qu'il se trouvât en présence de Sa Majesté.

Là, il se découvrit et salua. Le roi Mensah se leva de son ge et vint, en dansant, tendre la main à son visiteur. C'était une faveur insigne qui indiquait combien il était content de la conduite du voyageur, depuis qu'il avait pénétré dans ses États.

Nous n'insisterons pas davantage sur la splendide réception faite à notre compatriote, jamais étranger, blanc ou noir, n'avait été, lui dit-on, reçu avec une semblable cordialité. M. Brun témoigna au roi le désir de lui présenter les cadeaux qu'il avait apportés pour lui. Cette cérémonie fut remise à trois jours de date.

Après tout ce cérémonial pompeux de la cour africaine, le voyageur rendu à lui-même se mit à parcourir la ville et à faire des observations.

Les maisons de Coumassie sont généralement construites en bambous, puis les interstices sont remplis avec du pisé, ce qui forme un mur bien imperméable qu'on blanchit avec soin sur les deux faces à l'aide d'une belle terre blanche; le toit est recouvert avec des feuilles de palmier qui le rendent impénétrable à la pluie. Pour le former, on étend sur un cadre en bambous des lianes qui servent à soutenir les feuilles de palme et à les lier solidement, ces toits sont infiniment préférables à ceux que l'on fait sur la côte.

Les terres, à Coumassie, sont très ferrugineuses et contiennent beaucoup de quartz, beaucoup d'or et beaucoup de fer.

M. Brun comprit mieux que jamais combien la création d'un chemin de fer entre Coumassie et Assinie rendrait de services, non seulement à notre commerce, mais encore à la civilisation de ces populations si disposées à nous aimer.

Le voyageur n'avait point assez de temps pour étudier à fond les institutions et les coutumes du peuple achanti. Cela est marqué dans ses notes par un certain manque d'ordre dans ses observations. Ce qui le préoccupait d'ailleurs surtout, c'était de remplir le plus vite et le mieux possible la mission qu'il s'était imposée. Son patriotisme exigeait à tout prix qu'il obtînt du roi la promesse de favoriser ses projets de commerce entre nos colonies de la Côte-d'Or et l'Achanti. Nous noterons pourtant, en les groupant le mieux possible, les observations qu'il a pu faire et qu'il a consignées dans ses carnets de voyage. Nous y joindrons celles qu'il nous a confiées de vive voix lorsque nous avons eu le plaisir de le voir à son retour en France.

L'Achanti est soumis à un gouvernement despotique. Chaque habitant, depuis le plus grand chef jusqu'au dernier esclave, appartient corps et biens au roi et doit lui obéir sans hésitation.

M. Brun, tout en reconnaissant le côté despotique de cette administration, proteste contre la cruauté froide qu'on reproche au peuple achanti comme aux habitants du Dahomey, et qui amènerait le sacrifice d'un grand nombre d'hommes à des moments déterminés.

Ces exécutions sont fréquentes, mais elles ne s'appliquent qu'à des gens bien et dûment condamnés à mort.

Le roi est le grand justicier du royaume. Tout condamné par un chef inférieur peut recourir à sa justice, ce qui fait que c'est l'homme le plus occupé de tous ses états.

Le nombre des affaires à juger à Coumassie est toujours très grand, et accusés comme accusateurs sont souvent forcés d'attendre leur tour plusieurs mois. La situation qui leur est faite pendant cet intervalle devrait les dégoûter à jamais des procès. Leur main est fixée dans une boucle de fer clouée sur un gros bloc immobile et leurs pieds sont entravés par des chaînes. Chaque fois que M. Brun se rendait au palais du roi, il passait près d'un malheureux retenu dans cette position gênante.

Les punitions encourues varient peu; la peine de mort est la plus fréquemment prononcée. Il y a aussi des châtiments secondaires qui consistent, suivant la gravité du crime ou du délit, à l'amputation isolée ou simultanée d'une ou deux oreilles, du nez, des lèvres, etc. Ce sont des peines habituellement prononcées pour cause d'insolence, de dénigrements, de calomnie, de médisance; on châtie aussi l'adultère de la femme, quand le mari ne réclame pas la mort de la coupable.

L'adultère de l'homme ne reste pas non plus impuni. Le coupable est mis à mort ou fait eunuque publiquement. Dans ce cas, il est donné au roi pour servir dans son sérail.

Au tribunal du roi, aussi bien que dans tous les tribunaux du royaume, on accorde à l'accusé tous les moyens possibles de défense; il peut parler lui-même devant ses juges ou se choisir un avocat de son choix; souvent même un assistant indigène ou étranger, parfois un chef prend le parti d'un accusé et se présente pour plaider sa cause.

Les condamnés à mort sont quelquefois exécutés de suite. Pour cela on les conduit à la sortie du palais dans un emplacement planté de six à sept arbres maigres et chétifs. Le bourreau paraît, on le reconnaît à son bonnet de peau de tigre et aux deux couteaux qui pendent sur sa poitrine.

Le moment fatal arrivé, l'exécuteur saisit par le cou la victime et lui passe un couteau à travers les joues de façon à percer la langue : cette cruelle précaution a pour but d'empêcher le prisonnier de jurer le grand serment du roi. La simple articulation de cette formule lui sauverait la vie pour un certain temps et lui donnerait le droit d'être fusillé au lieu d'être décapité. « Dès qu'il eut les joues traversées, dit M. Brun en parlant d'un condamné, il fut délivré de ses fers et conduit au lieu d'exécution. Là, il eut la tête tranchée d'un coup de coutelas. »

Les exécuteurs, dit-on, sont très adroits ; plusieurs personnes affirment que souvent la tête tombe au premier coup de couteau ; mais cela n'a pas toujours lieu ; l'exécution est quelquefois confiée à des apprentis bourreaux de dix à douze ans, qui armés de couteaux ordinaires, charcutent le cou de la victime, et mettent plusieurs minutes à détacher la tête du tronc.

Ces exécutions partielles deviennent de plus en plus rares à mesure que les mœurs s'adoucissent; on conserve les criminels pour les grandes fêtes ou *coutumes*, pendant lesquelles autrefois on immolait plus ou moins de victimes humaines.

Les condamnés à mort pour meurtre sont torturés pendant une journée entière avant d'être décapités. Une compagnie d'exécuteurs les saisissent dès le matin, leur passent le couteau dans les joues et plantent profondément une fourchette dans chacune de leurs épaules. Une corde passée autour du cou est retenue à l'arrière par un bourreau, tandis que deux autres tenant chacun un bras de la victime, la tirent en avant C'est ainsi que, précédé d'un tambour et d'une flûte, le funèbre convoi accompagné de la foule des oisifs, fait tout le tour de la ville, s'arrêtant sur chaque place publique. Là, un des exécuteurs coupe un lambeau de chair du corps du condamné qu'il engage ironiquement à danser au son du primitif orchestre, sur le refus de la victime, les implacables gamins qui suivent le cortège armés de tisons enflammés, viennent appliquer ces engins cruels sur les plaies vives qu'on vient d'ouvrir, forçant ainsi le malheureux supplicié à faire des mouvements que la musique se hâte d'accompagner et que saluent les risées des bourreaux et de la foule.

Comme l'exécuteur chargé d'organiser les cérémonies est personnellement responsable de la durée qu'elle doit avoir et que, si la victime succombe avant l'heure fixée, c'est lui qui doit prendre immédiatement sa place, les bourreaux apportent dans leur cruauté la modération suffisante pour assurer la longueur du spectacle. Dans l'après-midi, le supplicié est conduit dans une maison où on lui fait prendre une calebasse remplie d'une bouillie claire de maïs et une autre pleine de vin de palme pour lui donner de nouvelles forces. Puis, la cérémonie recommence jusqu'à la nuit. La victime conduite alors devant le roi, est invitée à danser; souvent elle le fait volontairement espérant abréger ainsi l'horrible supplice.

A celui qui est ainsi résigné, le roi dit :

— Très bien ! Tu montres que tu es un homme.

Et l'ordre de lui trancher la tête ne se fait pas attendre.

Vis-à-vis des autres, l'horrible procédé que nous avons désigné plus haut est employé. Le roi donne ensuite l'ordre de lui faire subir une mort lente. On lui coupe d'abord une jambe, puis l'autre, puis les mains, et enfin la tête.

Dans l'Achanti comme partout, il arrive des cas où la justice est embarrassée et ne peut se prononcer faute de preuves. On a recours alors à une sorte de jugement de Dieu qui ne le cède en rien aux épreuves pratiquées par nos ancêtres.

L'accusé est invité à jurer par le grand serment du roi, qu'il est innocent et il demande à le prouver par l'*odum;* l'accusateur remplit les mêmes formalités et un temps est fixé pour l'épreuve.

En attendant, l'accusé est mis aux fers.

Le moment fixé arrivé, accusateur et accusé sont conduits sur une place où se rendent aussi les conseillers du roi. Puis, devant un grand concours de peuple, on prend un morceau de l'écorce d'un arbre appelé *odum* et on le présente à l'accusé qui doit le mâcher pendant un certain temps; on lui donne ensuite une grande quantité d'eau à boire. S'il ne rejette pas cette eau il est coupable; si au contraire il la vomit, il est déclaré innocent. L'accusateur est reconnu aussitôt imposteur, calomniateur, faux-témoin; on le met aux fers et il ne tarde pas à subir la peine qu'il a méritée.

En Achanti, ces mœurs féroces ont parfois des lénitifs; une ressource a été réservée aux condamnés et ils peuvent se réfugier dans une place sacrée. Là ils sont en sûreté même contre l'inimitié et la colère du roi. Cet endroit est Boutama, village placé au N.-O. de Coumassie, et séparé de la ville par un simple ruisseau. Cette barrière franchie par un coupable, il peut braver toute colère et toute injustice, car nul ne peut l'y arrêter. Boutama, que M. Brun a eu l'honneur de visiter en compagnie du roi, est le lieu de sépulture des anciens monarques et c'est sous leur protection qu'est placé le condamné qui a du y trouver un refuge.

Pour achever cet exposé bien incomplet disons que la royauté dans l'Achanti est héréditaire, mais elle ne se lègue pas comme en Europe, de père en fils; c'est le frère du roi mort qui est appelé à lui succéder, à son défaut le trône appartient au fils de la sœur du défunt, c'est-à-dire à son neveu.

M. Brun s'est très justement préoccupé d'utiliser son séjour à Coumassie pour étudier les richesses du sol et les productions de l'Achanti.

En dehors de l'or qu'on y rencontre en quantités énormes, soit sous la forme de poudre d'or, soit sous la forme de lingots, en dehors aussi des autres métaux, qui y sont très abondants, le sol est d'une grande fertilité.

Les forêts renferment en grande quantité des bois de teinture, de construction et d'ébénisterie, des plus belles essences et des plus variées. Parmi les plus importantes, on peut citer le cèdre, l'ébène, l'acajou, l'odum, le teck, le constiawa, ce dernier est d'une couleur jaune safran. On y rencontre aussi partout l'arbre à caoutchouc, dont d'énormes spécimens se trouvent dans l'intérieur même de Coumassie. Un grand nombre de variétés de bois produisent la gomme. L'Achanti possède encore d'autres sources d'immenses richesses : c'est la noix Calla et le plantanier.

La noix Calla ou goro, que les habitants appellent aussi bessé, est un fruit rouge qui, pour la forme et la grosseur, ressemble à une châtaigne. On le recueille par huit ou dix, quelquefois plus ou moins, dans une capsule de la grosseur d'un concombre, sur un arbre que l'on trouve en très grande quantité dans les endroits bien arrosés, près des marais, des fontaines et des ruisseaux.

Grâce à ce fruit, les Achantis font un immense commerce avec l'intérieur. Après l'avoir cueilli et séparé de ses enveloppes, on l'emballe dans des paniers de voyage, on entoure la provision de larges feuilles, afin de la conserver fraîche autant que possible, puis on l'expédie à Salaga, où elle est achetée par des gens venus là en caravane de tous les points de l'Afrique. Avec cet unique produit qui ne leur coûte rien, pas même la moindre culture, les Achantis se procurent tout ce qu'ils veulent des peuples qui viennent à ce marché. La noix de Calla a, paraît-il, la propriété, comme la Coca du Pérou, de donner des forces à ceux qui la mâchent et de leur permettre de faire de longues routes et de supporter de grandes fatigues, sans boire ni manger.

Le plantanier, arbre ou plante, comme il conviendra de l'appeler, sans demander non plus aux Achantis aucun travail, leur fournit en tout temps une nourriture saine, abondante et délicieuse. Au moyen de son fruit, on fait un fou-fou excellent, préférable à celui préparé avec l'igname ; on le mange aussi mélangé avec les arachides et rôti au feu ; cueilli plus tard quand il a rougi, ce fruit bouilli produit une eau sucrée délicieuse. En enveloppant avec les feuilles de cet arbuste les provisions qu'on désire conserver, on les met absolument à l'abri des rats. Souvent, avec les feuilles vertes du plantanier, on couvre les maisons; de l'écorce du fruit brûlé on recueille une excellente potasse dont on fait un savon estimé.

D'immenses plantations végétal de ce bienfaisant entouren toujours les villes, villages et hameaux de l'Achanti.

M. Brun, qui habitait la maison de Boaqui'n'tsin (Boaqui le Long), l'oncle du roi, ainsi nommé à cause de sa taille de géant, se rendait fréquemment au marché. Il y remarqua une abondance qui ferait honneur à beaucoup de nos marchés européens.

On y trouve des épices de toutes sortes, cinq ou six espèces différentes d'ignames. Le riz, le maïs, l'arachide, la canne à sucre, le mangani, le coco, y sont en abondance. Si le manioc ne s'y vend pas, c'est que les indigènes dédaignent de le manger et de le cultiver; les esclaves qui s'en contentent vont en arracher dans les bois, où il croît spontanément en grande quantité.

Notre compatriote trouva aussi aux marchés une grande quantité de légumes, notamment des haricots de plus de dix ou douze sortes; l'ocro, qui est un excellent légume et qui remplace avantageusement l'asperge; les tomates rouges européennes, une autre espèce de tomate africaine, qui ne ressemble en rien à la première; le moussoi, petit grain vert, délicieux à manger avant déjeuner; une quantité d'herbes qui s'accommodent de différentes manières, et parmi lesquelles il en est de vraiment bonnes.

Comme fruits, les Achantis possèdent l'ananas. le manga, le carassom, la banane, la goyave, l'orange, le citron, le papaye, les dattes, mais en petite quantité.

M. Brun, pour entretenir sa table, acheta au marché des poules, des poules de Guinée, des canards d'une très grosse espèce et qui deviennent plus gros que des oies, de la viande de mouton et de bœuf. On n'y tue pas de veaux.

Le gibier de toute sorte abonde partout. Tous les animaux de haute taille se rencontrent dans les forêts. La viande d'antilope, de gazelle, de singe, d'éléphant et de sanglier se vend de beaucoup meilleur marché que la viande de boucherie.

Un naturaliste qui s'aventurerait dans ce pays ne trouverait pas seulement sa satisfaction dans la poursuite des mammifères, il y rencontrerait aussi plusieurs espèces d'oiseaux aux couleurs vives et variées. Parmi les chanteurs. il en est dont le chant ressemble à celui du rossignol : comme lui, il chante la nuit. On trouve là des perroquets de diverses espèces, et à peu près tous les oiseaux qu'on rencontre dans le reste de l'Afrique, y compris le vautour, l'aigle, le milan et les autres oiseaux de proie qui sont sacrés et qu'on ne peut détruire.

Cette interdiction de chasser les oiseaux de proie est très sage dans un pays où les nombreux suppliciés sont jetés à la voirie, et ne tarderaient pas à produire des épidémies par la décomposition de leurs corps, si les aigles et les vautours n'y mettaient pas bon ordre.

Les reptiles sont représentés par une variété plus nombreuse qu'agréable. La série part du gigantesque boa jusqu'à un petit reptile qui n'a pas plus de vingt centimètres de longueur. Parmi ces serpents, généralement très redoutés par les naturels, citons spécialement un petit serpent noir dont la blessure est toujours mortelle.

La famille des lézards est très nombreuse : elle comprend des races de diverses grandeurs, depuis la caméléon jusqu'au caïman. M. Brun a rapporté à Paris sept petits alligators qui ont été achetés par M. Chevet, du Palais-Royal, qui les a mis dans sa vitrine.

Une espèce de lézard apparaît partout et sans cesse. On le voit dans les rues, sur les murs, et sur les toits des maisons. Le mâle est très joli ; il a le corps gris de fer, la tête jaune et la queue tricolore, rouge, blanc et noir. Ces animaux, qu'à première vue, on est tenté de trouver fort gênants, sont, pour les habitants, les plus utiles et les plus précieux auxiliaires. Ils font dans les habitations une guerre incessante et acharnée à tous les insectes ennemis de l'homme, et détruisent par myriades les scorpions, les mille-pattes, les tarentules et les terribles araignées vampires. C'est au seul lézard que l'homme doit de pouvoir s'abriter dans les maisons qui, fourmillant d'hôtes incommodes et dangereux, deviendraient absolument inhabitables.

M. Brun obtint pendant son séjour à Coumassie plusieurs entrevues du roi ; celui-ci lui permit même de venir le saluer dans son propre palais avec le drapeau français. C'est là une faveur qui, certainement n'avait jamais été accordée auparavant à aucun Européen.

Pour témoigner à son hôte tout le désir qu'il avait de lui être agréable et de conclure avec la France un traité de commerce, le roi Mensah et la reine mère firent à M. Brun, au père Moreau et à leurs compagnons de route, les plus riches présents. Des quantités importantes de poudre d'or leur furent remises ; des vivres de toutes sortes : bananes, ignames, noix de palme, volailles, œufs, gibier, leur furent apportés avec une telle profusion, que cela formait une véritable colline. En outre le père Moreau eut en partage un cochon, qui ne tarda pas à être mis à mort pour servir de nourriture aux voyageurs ; quant à M. Brun, il reçut du roi deux beaux moutons et une magnifique génisse blanche et noire qu'il emmena à Elmina, et à laquelle il donna le nom de Coumassie.

Plusieurs entretiens particuliers furent accordés à M. Brun, qui put expliquer au roi tous les avantages qu'apporterait à la nation achantie un traité de commerce et d'amitié avec la France. Le monarque noir lui montra de riches étoffes de soie fabriquées à Lyon et lui fit une commande importante d'étoffes semblables.

Il se plaignit vivement de la façon peu scrupuleuse dont les Anglais agissaient avec lui ; il lui fit voir des marchandises qu'on lui fait payer extrêmement cher, et qui, néanmoins, sont composées d'une grande quantité de coton.

« Ce qui rend, dit-il, difficiles les relations commerciales entre Coumassie et Assinie, c'est qu'une tribu, celle des Séfui, placée entre l'Achanti et les états du roi Amatifou s'est révoltée contre mon autorité à l'instigation des Anglais, et refuse de livrer passage à nos hommes. »

Il conseilla à M. Brun d'aller voir Amatifou et d'employer son influence pour obtenir des Séfui le libre passage à travers leur pays. Il le chargea en outre d'aller de sa part témoigner au président de la République le désir qu'il a de devenir son allié, et enfin il l'assura que, dès ce moment même, tous les Français qui viendraient dans ses États pourraient librement s'y établir et seraient protégés par lui.

Espérons que M. Brun, qui est venu en France tout exprès pour mener à bien ce projet de traité, sera favorablement accueilli par le gouvernement, et qu'ainsi une nouvelle porte nous sera ouverte vers le mystérieux Soudan, en passant par Coumassie et par Salaga. Le roi, désireux de prouver par tous les moyens possibles à M. Brun son désir de lui plaire, lui accorda une faveur qu'aucun autre homme, noir ou blanc, n'avait eue auparavant.

On sait que la polygamie est en grand honneur chez les Achantis et que le roi y possède un nombre de femmes qu'il est difficile de déterminer.

Divers personnages importants, que M. Brun consulta à ce sujet, lui dirent que les femmes du roi n'habitaient point toutes Coumassie et qu'il en avait bon nombre dans chacune de ses résidences.

— A combien estimez-vous leur nombre? demanda le voyageur.

— Nous ne savons. Les uns disent six cents, les autres trois mille.

Ces femmes sont gardées par des eunuques. Nul n'a le droit d'en avoir autant que le roi. Les eunuques royaux sont de jeunes esclaves qui, dès leur enfance sont destinés à être les gardiens du sérail. On les soumet à un régime particulier de nourriture destiné à les engraisser et à en faire de véritables poussahs.

Nul n'a le droit de regarder une ou plusieurs femmes du roi. Quand elles sortent, les eunuques courent en avant, poussant un cri spécial bien connu de tous les Achantis. Tous les hommes prennent la fuite, car ils risqueraient la mort, ou tout au moins une mutilation cruelle, s'ils se laissaient entraîner par une curiosité malsaine. Les femmes et les enfants, seuls, ont le droit de ne point s'écarter de leur route.

M. Brun nous a raconté qu'il fut tenté d'invoquer son ignorance et de voir passer deux femmes du roi, qu'il voyait arriver précédées de leurs eunuques. Mais il fut déçu dans son espérance. Les deux femmes, voyant qu'il ne se sauvait pas, tournèrent les talons et s'enfuirent à toutes jambes.

Le roi Mensah, dont la police est fort bien faite, fut informé de cet incident. Il en rit beaucoup, et, pour montrer à M. Brun toute l'amitié qu'il avait pour lui, il lui présenta seize de ses femmes. Notre compatriote déclare que plusieurs étaient fort jolies, mais qu'en somme elles n'étaient ni plus ni moins belles que les autres femmes qu'il avait pu voir dans la capitale.

Nous avons dit que les Anglais, en apprenant le départ de M. Brun pour Coumassie. avaient chargé d'une mission particulière pour le roi Mensah le capitaine Lansdale; le prétexte de cette ambassade était d'intervenir dans la révolte d'un peuple tributaire des Achantis et d'empêcher une guerre menaçante.

M. Brun était curieux de s'assurer si cette démarche ne cachait pas un autre but; il prolongea donc son séjour jusqu'à l'arrivée du capitaine anglais, qui n'eut lieu que quelques jours après; autant l'accueil qu'il avait reçu avait été amical, autant celui qui fut fait au capitaine anglais fut froid et cérémonieux.

Le roi autorisa M. Brun à assister à la réception du capitaine Lansdale, de telle sorte que tout ce qui fut dit put être entendu par notre compatriote.

Le père Moreau avait pris la fièvre et pressait son compagnon de route pour le retour, qui s'effectua sans encombre.

EDMOND MUSY

Le dernier compagnon de Bonnat, Edmond Musy, a payé aussi son tribut au climat de la Côte-d'Or. Il est mort dans la force de l'âge de la suite des fièvres pernicieuses qu'il avait contractées en Afrique.

Rappelons sommairement cette triste épopée qui clôt la série d'entreprises commencées par Charles Girard.

Edmond Musy était né le 28 juillet 1851, à Viriat, dans le département de l'Ain. C'était donc un compatriote de Bonnat avec lequel il devait accomplir plus tard le glorieux mais périlleux voyage de la Côte-d'Or.

C'était le second fils de M. Musy, percepteur à la Côte-Saint-André (Isère).

Tout jeune, il se faisait remarquer par son caractère indépendant, son goût pour les aventures et son grand courage. A dix-sept ans il priait son père de le laisser partir pour l'Amérique du Sud, et il s'embarquait pleins d'illusions et de projets de fortune.

Après diverses péripéties et un voyage émouvant dans la Pampa argentine, Musyr rentré à Buenos-Ayres, où il avait enfin trouvé une situation sociale à peu près sortable, apprit que la guerre de Prusse avait éclaté et chaque paquebot arrivant au port n'apportait que de fâcheuses nouvelles. La population de Buenos-Ayres en était profondément attristée et la jeunesse du pays surtout déplorait nos défaites.

Bientôt les jeunes Français habitant la ville s'entendirent entre eux et résolurent d'aller défendre la mère-patrie.

Une compagnie de francs-tireurs fut organisée et s'embarqua pour la France.

Ils étaient au nombre de six cents ; une fois débarqués, les uns restèrent francs-tireurs, les autres s'engagèrent dans l'armée régulière.

Edmond Musy fut désigné pour faire partie d'un régiment d'artillerie qui était au Mans. Tous firent leur devoir et beaucoup payèrent de leur vie cet acte de patriotisme.

C'est à la suite de la guerre que Musy vint à Paris où il rencontra Bonnat et où il sollicita de lui l'honneur de l'accompagner dans la nouvelle expédition qu'il se proposait de tenter sur les côtes de Guinée.

Nos lecteurs se souviennent en effet que Bonnat, revenu de sa captivité chez les Achantis, fit de longs et persistants efforts dans le but de créer une maison française qui consentît à aller exploiter sur la côte d'Afrique les concessions des mines d'or qu'il tenait de la libéralité du roi dont il était devenu l'ami.

Nous sommes, hélas ! trop peu portés vers ces entreprises lointaines, grâces auxquelles nos voisins, les Anglais, les Hollandais, les Portugais s'enrichissent chaque jour.

Bonnat désespérait déjà de mener à bien son entreprise quand il fut présenté à M. Bazin, l'illustre ingénieur, à qui ses inventions ont fait une réputation universelle. M. Bazin comprit tout l'avenir qu'il y avait à attendre d'établissements créés sur la Côte-d'Or et promit son concours à Bonnat.

Ce concours fut des plus précieux et des plus utiles. Une compagnie fut formée qui subsiste encore et fait des affaires florissantes. L'inventeur créa deux instruments ingénieux qui devait simplifier les recherches des *prospecteurs* de poudre d'or; enfin, voulant montrer jusqu'où allait sa foi dans l'entreprise, M. Bazin consentit à y laisser partir George, son fils aîné, un superbe garçon de vingt-trois ans.

Une expédition fut organisée; celui qui écrit ces lignes et qui connaissait de longue date Bonnat, n'avait pas été étranger à la réussite inespérée de son entreprise; il lui présenta Edmond Musy, le lui recommanda chaudement et fut assez heureux pour le faire admettre.

Qui eût pu alors prévoir tous les malheurs qui menaçaient cette petite caravane ?

Elle se composait de Bonnat, d'Edmond Musy, de George Bazin et de M. Brun, jeune aussi et, comme ses amis, dévoué à l'entreprise.

Nous les vîmes partir, le rire aux lèvres, la joie dans l'âme, l'espoir au cœur.

Quatre ou cinq jours à peine après leur arrivée à la Côte-d'Or, le jeune Bazin fut saisi par une fièvre horrible qui, en quelques heures le terrassa et lui arracha l'existence. Il mourut dans les bras de son ami Edmond Musy, le priant de rapporter à son retour en France, à sa famille, à sa mère, à son père, à ses amis, la dernière pensée sortie de son cœur, pensée amicale et généreuse, où le sort des demeurants était jugé plus à plaindre que celui de l'infortuné qui partait.

Aujourd'hui Bonnat, le chef de l'expédition, est mort. Il est allé expirer sur cette Côte-d'Or où il avait acquis une grande fortune et où l'appelaient encore quelques questions d'intérêt. Edmond Musy, après un séjour de plus d'un an sur les lieux des exploitations aurifères, a été à son tour saisi par la terrible fièvre d'Afrique et a été obligé de rentrer en France à la hâte.

Depuis cette époque, sa santé ne s'est jamais complètement remise; de temps en temps il se sentait terrassé par un accès de ce fléau et ne le combattait qu'à coup de quinine absorbée à hautes doses. Une indisposition de peu d'importance, un simple chaud et froid, est venu compliquer un de ces accès de fièvre, et le malheureux jeune homme a succombé.

EXPLORATION DU HAUT SOUDAN

PAR LE DOCTEUR BAYOL ET SON COMPAGNON NOIROT

C'est vers la fin d'avril 1883 qu'une mission, composée du docteur Bayol et de M. Noirot, photographe, partit de France; elle est rentrée à Paris, après avoir réussi au delà même des espérances qu'on avait pu concevoir.

La partie du continent africain que M. Bayol et son compagnon se proposaient de visiter est celle où le Niger et le Sénégal prennent leur source. Les Arabes l'appellent *Pays des noirs* (Beled et Soudan). C'est une région montagneuse qui jusque-là était restée à peu près inconnue.

L'objectif du voyageur, de même que celui qu'avait poursuivi le négociant, était de nouer des relations amicales et de conclure un traité d'amitié avec le roi du Foutah-Djallon, riche province du Soudan, que ses magnifiques forêts, ses mines, ses cours d'eau et la richesse de ses produits avaient depuis longtemps signalée à l'attention des Européens.

Le Foutah-Djallon est situé au sud-est de notre colonie du Sénégal à laquelle il sert de frontière; il est habité par les Peulh, population musulmane et guerrière, qui chaque jour étend sa domination plus avant dans le Soudan, et dont l'alliance nous sera d'autant plus précieuse, que c'est elle qui tient en quelque sorte la clef de ces immenses et riches contrées.

L'expédition conduite par le Dr Bayol, comprenait, au départ de Saint-Louis, non seulement M. Noirot, son ami, ancien artiste dramatique devenu photographe, peintre, dessinateur et enfin explorateur, mais encore M. Moustier, négociant, connu déjà par un voyage qu'il a accompli au Niger, et M. Billet, astronome, qui devait représenter le côté spécialement scientifique et technique de la mission.

Le Dr Bayol avait en outre obtenu du gouverneur du Sénégal une escorte composée de cinq laptots ou tirailleurs indigènes sénégalais. Qu'on ajoute à cela une soixantaine de domestiques et de porteurs noirs, et l'on connaîtra l'effectif de la petite caravane qui allait s'avancer dans un monde inconnu.

La colonne expéditionnaire partit de Dakar le 5 mai et s'embarqua sur un aviso de l'Etat qui remontait le fleuve Sénégal et devait les conduire jusqu'au Rio-Nunez. De là, l'exploration aurait lieu pédestrement.

Dès le principe, les voyageurs furent assez éprouvés. L'astronome, M. Billet, atteint et terrassé par les fièvres si communes et si terribles de ces contrées inhospitalières, dut revenir sur ses pas et fut obligé de renoncer à continuer sa route.

La population du Foutah que l'expédition devait visiter est composée de Mandingues, de Oualofs et de Maures. Les Oualofs, bien que noirs comme leurs compatriotes, offrent dans leurs traits tous les caractères de la race blanche ; ce sont, comme les Achantis, les plus beaux et les plus intelligents des nègres ; il y a tout lieu d'espérer que comme ce dernier peuple, leur contact et leur alliance avec les Européens les amèneront rapidement à notre civilisation dont ils ont en quelque sorte déjà la prescience.

Le pays où le Dr Bayol allait entrer est, nous l'avons dit, une région très montagneuse, où plusieurs cours d'eau plus ou moins considérables, le Sénégal, le Niger, la Gambie, la rivière de Saint-Paul, le Falémé, le Rio-Grande, le Rio-Nunez, le Rio-Pungo, etc., prennent naissance. On y rencontre à chaque pas d'étroites et profondes vallées, des gorges abruptes qui s'emplissent d'eau pendant la saison des pluies et donnent naissance, dans les endroits bas, à d'immenses marécages dont les exhalaisons pestilentielles rendent le séjour du pays extrêmement dangereux.

Sur les parties élevées, l'aspect est tout différent : on y trouve de vastes plaines arides couvertes d'un sable fin et mouvant ; les orages de ces contrées sont terribles et constituent de véritables trombes. Une seule pluie fait naître sur les hauts plateaux d'immenses lacs infranchissables ; heureusement, l'eau ne tarde pas à être absorbée par les sables et donne naissance par sa vaporisation à d'épais brouillards qui enveloppent les sommets des monts d'une sorte de chappe où il est impossible de reconnaître sa route.

Les fatigues nécessitées par un voyage dans de telles contrées vinrent se joindre à la fièvre et, comme nous l'avons dit, forcèrent M. Billet à la retraite, malgré tout le courage et toute la résolution qu'il avait mis au service de l'entreprise. C'est à Batan-Kantoun qu'il dut faire ses adieux à ses compagnons de route.

Quand on arriva à Pompo, M. Moustier fut à son tour obligé de revenir sur ses pas, afin de ramener à Boké une partie des Foulahs qu'on avait engagés comme porteurs, mais qu'on ne pouvait conserver davantage en raison de la rareté des vivres et de l'impossibilité de les nourrir.

Dès ce moment, les difficultés allèrent en grandissant sans cesse ; la population devint hostile, les riches présents emportés par l'expédition à l'Almany, souverain de tout le Foutah-Djallon, excitaient des convoitises malsaines, et chacun, sur la route des voyageurs, eût été bien aise de s'emparer de ces incomparables trésors. Le Dr Bayol et M. Noirot, son compagnon, firent si bonne contenance qu'ils purent encore se préserver de ce danger.

M. Bayol comprit combien il importait de rassurer les indigènes et de leur faire comprendre que la petite caravane n'était pas l'avant-garde d'une armée venant à la conquête de ce pays. Dans chaque village, dans chaque hameau, chaque fois qu'il rencontrait une troupe de nègres, il les haranguait avec cette éloquence que lui connaissent tous ceux qui ont pu l'entendre dans les réunions des sociétés de géographie. Il leur démontrait l'utilité qu'il y aura dans l'avenir pour les races noires à s'allier avec les peuples d'Europe, les bienfaits de la civilisation, l'aisance et le bien être qui naissent du commerce et des échanges de produits entre les peuples divers.

Presque toujours ces éloquentes conférences étaient couronnées de succès. Quand le noir auditoire refusait d'être attentif, M. Noirot, qui a joué la comédie au théâtre des Variétés de Paris, et possède une grande habileté de prestidigitateur, se rappelait son ancien métier et faisait mille gambades et mille contorsions grâce auxquelles il finissait toujours par dérider ses spectateurs. Tantôt il jonglait avec des boules de cuivre, tantôt il faisait tourner au bout de sa canne soit son chapeau, soit une assiette, tantôt il chantait quelque couplet parisien en grattant sur une guitare et s'accompagnant à la façon des artistes nomades.

C'est ainsi que les deux hardis compagnons réussirent maintes fois à échapper à une dure captivité, peut-être même à la mort. Pourtant leur épopée compta des heures terribles.

Près de Kambaya, ils se virent environnés par une nuée de nègres irrités, qui, le fusil au poing, ne craignirent pas de commencer l'attaque. Le chef de l'expédition, en cette circonstance, comprit que l'heure de parlementer était passée. Il fit ranger ses cinq laptots, se mit à leur tête, le revolver au poing et la carabine en bandoulière. M. Noirot vint crânement se placer près de lui. Quand les sauvages indigènes virent cette poignée d'hommes résolus, se préparer à opposer à leur attaque une défense désespérée, ils jugèrent prudent, malgré leur grand nombre, de se retirer à la hâte et d'opérer une retraite qui eut toutes les apparences d'une déroute.

D'autres fois, ils eurent le bonheur de rencontrer des chefs et des populations sympathiques. Le roi du Timbi-Touny les reçut avec une hospitalité charmante et une générosité princière. M. Noirot surtout entra fort avant dans les bonnes grâces de ce monarque noir, qui voulait à toute force le garder et en faire son premier ministre. C'est ainsi que les hasards des voyages peuvent convertir subitement un artiste dramatique en photographe, puis en conseiller intime d'un roi absolu.

Ce chef du Timbi-Touny voyait partir nos voyageurs les larmes aux yeux, il voulut les conduire lui-même à la ville sainte du Foutah-Foucamba, avec une escorte magnifique. Tout le long de la route, les griots ou sorciers, les accompagnèrent en dansant et chantant leurs louanges, pendant qu'une nombreuse escorte de guerriers suivait le cortège, ayant en tête le tam-tam d'honneur.

La mission du Dr Bayol était fort compliquée ; il ne suffisait pas en effet de conquérir les bonnes grâces d'un seul homme mais de deux, car les peuples du Foutah-Djallon sont dotés de deux rois ou almamys qui doivent régner alternativement et se céder mutuellement le pouvoir suprême tous les trois ans. Cette royauté double, que les politiques de France n'ont pas encore inventée, avait amené au moment de l'arrivée de la mission, dans le royaume du Foutah-Djallon, de grandes complications : les deux chefs étaient l'almamy Ibrahim Sorya et l'almamy Hamadou. Chacun d'eux comptait de nombreux partisans et représentait des intérêts bien divers. Sorya, chef du parti des Sorya, était protégé par les laboureurs ; le parti d'Hamadou, au contraire, était celui des Alfaya, qui sont tous marabouts et ont le pouvoir spirituel.

Une compétition régnait entre les deux chefs : celui qui devait descendre du trône n'y mettait aucun empressement et des bruits de guerre civile étaient dans l'air.

Heureusement les voyageurs en furent quittes pour la peur ; l'expédition, retardée de quelques jours dans sa marche, quitta la ville de Foucamba en colonne serrée, M. Bayol en tête, le revolver au poing, et M. Noirot soutenant la retraite dans une attitude non moins belliqueuse.

Le 1er juillet, ils atteignirent Donhol-Fella, résidence de l'almamy Ibrahim. Ce village, situé sur un plateau au sud-est de Timbo, est environné d'une ceinture de vertes montagnes aux flancs desquelles apparaissent de nombreux villages d'agriculteurs. Dans cette superbe contrée, les deux explorateurs eurent encore à payer leur tribut au climat. La fièvre les saisit l'un et l'autre, et si nous nous en rapportons au récit qu'a fait de cette épopée M. Sutter Laumann, un des amis de M. Noirot, on put assister à un singulier spectacle. Pendant que l'ancien comédien absorbait de la quinine à haute dose, le docteur Bayol, qui est un médecin de grand mérite, désertait le codex et avalait sans hésiter une sauce verdâtre composée d'oseille et de piment, et qui est la médication à la mode dans le pays.

Enfin M. Bayol et son ami, après avoir été vingt jours durant cloués sur leur lit de douleur, purent quitter l'almamy Ibrahim et aller visiter son collègue en royauté Hamadou, qui

Paysage des environs de Timbo (d'après une photographie).

demeurait à Timbo. Ils y arrivèrent le 14 juillet, à midi, et remirent au prince les présents qui lui étaient destinés.

L'almamy reçut ses hôtes à ravir et s'engagea à ouvrir ses états à tous les Français, leur assurant aide et protection. Le Dr Bayol fut en outre chargé d'amener en France une ambassade Foulah, qui avait ainsi mission de venir signer avec la République française un traité d'alliance.

Les voyageurs et leur nouvelle escorte quittèrent Timbo le 6 septembre ; ils arrivèrent heureusement à Paris amenant les quatre ambassadeurs avec leur interprète. Les noms de ces personnages noirs, qui constituent la première ambassade de ce pays venue en Europe sont Modi-Hamadou-Seydou, Modi-Ibrahim-Sory, Alpha-Medina, Modi-Alboul-Bagui et enfin Ahmadou-Ba, l'interprète.

Le ministre du commerce et des colonies fit le plus chaleureux accueil au vaillant explorateur qui venait ainsi, par le traité d'amitié avec le Foutah-Djallon, de nous ouvrir une des portes les plus difficiles à franchir du grand inconnu de l'Afrique centrale.

Rappelons à ce sujet que les trois dernières explorations faites dans cette contrée et qui ont pénétré à Timbo, sont celle de M. Olivier de Sanderval, parti du poste français de Boké et revenu par la Mellacorée, en juin 1880; celle du docteur anglais, Gouldsbary et enfin celle du docteur Bayol.

OLIVIER DE SANDERVAL

VOYAGE DANS LE FOUTAH-DJALLON

M. Olivier de Sanderval, qui possède de nombreux et riches comptoirs sur la côte occidentale d'Afrique, entreprit, en 1879, un voyage ayant pour but d'étudier dans les montagnes du Foutah-Djallon un passage commode et rapide qui conduise la civilisation européenne jusqu'au Soudan.

Il a publié ses itinéraires, ses cartes et ses notes de voyages en un beau volume orné de nombreuses et inté ressantes gravures. Les péripéties de cette exploration son aussi variées que pleines de nouveautés. Ce sont quelques-unes de ces aventures que nous emprunterons au carnet du voyageur et qui donneront à nos lecteurs une idee approximative des dangers affrontés dans cette exploration et des mœurs des peuples singuliers qu'elle nous a fait connaître.

Dans l'archipel des Bissagos, M. Olivier fut frappé un soir par la vue des mouches lumineuses volant entre les herbes à un mètre au-dessus du sol et rayant l'espace de petits traits de feu qui se succédaient et se croisaient sans interruption.

Il assista à une assemblée judiciaire très curieuse et qui ressemble, à quelques variantes près, à des cérémonies signalées par le marquis de Compiègne chez les tribus nègres habitant les bords de l'Ogôoué.

Un homme avait été empoisonné sept ou huit mois auparavant; une femme était accusée de ce crime. Au milieu d'une assemblée nombreuse, on introduisit une image du mort, représenté par une natte recouverte d'une toile de Guinée et étendue sur un étroit brancard de bambou. Le brancard était porté sur la tête de deux femmes, debout à chaque extrémité, et tournées toutes deux vers le même côté de l'horizon.

L'accusée présentait elle-même sa défense.

Chaque orateur vint à son tour planter sa sagaie devant le catafalque, comme pour prendre possession de la tribune.

Le mort répondit alors à sa façon aux questions qu'on lui posait : il avançait ou reculait, traversait la place, et, comme poussé par un mystérieux courant, s'agitait sur la tête de ses porteuses. Celles-ci, comme les pythonisses antiques, étaien baignées de sueur et faisaient d'horribles contorsions.

Tous les assistants croient fermement que la volonté des sorcières n'entre pour rien dans la danse macabre du catafalque. A leurs yeux, c'est le mort seul qui les oblige à marcher ici ou là, et elles ont mille peines à le maintenir sur leur tête. On assure que les femmes elles-mêmes sont convaincues de cette action merveilleuse.

Suivant la nature des convulsions subies, l'accusé est déclaré coupable ou innocent. Dans la circonstance don M. Olivier fut témoin, la malheureuse femme fut déclarée coupable à l'unanimité, et chose étrange, elle finit par avouer son crime.

M. Olivier avait entrepris son expédition à l'aide d'un yacht, sa propriété, qu'il avait baptisé le *Jean-Marie*. La navigation, en remontant les cours d'eau qui devaient conduire les voyageurs dans l'intérieur du continent, rencontrait toutes sortes de difficultés. Parfois, les marigots qu'il faut franchir sont à sec dans le milieu ; le yacht ne peut y passer qu'en pleine mer. Parfois aussi le bateau échoue sur des bancs de sable ou sur des fonds vaseux et n'est remis à flot que grâce à des efforts surhumains.

Nos lecteurs comprendront que nous ne puissions ici suivre l'explorateur au milieu de tous les détails de son long et périlleux voyage. Qu'il nous suffise donc d'emprunter à son livre quelques épisodes. Citons, par exemple, une singulière coutume des Landoumans.

« Ceux d'entre eux, dit l'auteur qui jouent le rôle d'inspirés, prétendent que quand l'accès de l'inspiration les prend, ils sont changés en lions. Ils imitent, en effet, le rugissement du fauve, bondissent, brisent tout autour d'eux, déchirent les vêtements des personnes qu'ils rencontrent et exécutent cent mômeries. Les compères et les gens crédules affirment même qu'à ce moment on voit pousser une crinière léonine sur le dos de ces possédés.

« Le médecin de Boké, témoin un jour d'un accès de ce genre, laissa faire le prétendu lion, tant que celui-ci ne s'attaqua qu'aux naïfs qui l'entouraient et l'excitaient à l'envi, désireux qu'ils étaient de voir pousser la fameuse crinière; mais le dit lion étant allé un peu plus loin dévaliser et mettre en loques deux paisibles passants, le médecin fit cesser instantanément l'accès divin en caressant les épaules de l'inspiré de coups de canne très persuasifs, à la suite duquel le lion dût bel et bien payer les vêtements de ses deux victimes. »

Lisons plus loin la description d'une forêt incendiée.

« En avant, des tourbillons de fumée rougeâtre s'étendent, poussés par le vent sur la forêt menacée. L'incendie se propage. Derrière cette fumée sinistre tout est en feu. L'air est plein de clameurs lugubres; la forêt s'abîme dans les flammes, puis c'est tout! L'incendie est passé!

« Quelques géants noircis luttent encore; de vieux troncs isolés continuent à brûler, et, semblables à d'énormes cierges, ils éclairent, comme pour la faire revivre, la cendre sombre et fumante qui s'étend à leurs pieds. Ce sont les mourants sur le champ de bataille; ils se cramponnent encore à la vie, tandis qu'autour d'eux tout est silence et mort, digne cadre pour une telle fin. Le géant finira par tomber, mais, du moins, indocile à la main du bourreau, il choisira son heure. »

Dans le trajet de la côte à Timbo, M. de Sanderval décrit comme il suit le paysage de ces contrées si peu connues encore des Européens :

« L'ensemble du pays est bien boisé. Le sentier seul est exposé en plein soleil. Il suit les parties dénudées qu'on entretient telles par le feu, de cinquante à cent mètres de chaque côté. Ainsi dégagé, il est moins favorable aux embuscades et plus commode aux porteurs de fardeaux, que les branches gênent beaucoup. Le terrain est toujours le même, c'est le poudding ferrugineux qui forme la côte et l'archipel des Bissagos.

« L'air est bon, le pays sain; des colons y vivraient heureux dans l'abondance; on y établirait aisément des postes militaires, agréablement situés et faciles à défendre, où les troupes de la côte viendraient refaire leur santé. Le sol produirait ce qu'on voudrait; une infinité d'arbres offrent leurs fruits aux passants; on trouve partout, même dans la saison sèche, de belles eaux courantes.

« Les essences forestières sont nombreuses; on a le *nélé*, au fruit comestible, le *téli*, le *tiévé*, dont la gomme parfumée est très recherchée par les femmes du pays, le *gaûgui*, le *langué*, le *mampata*, le *lambda-médbi*, le *malaugbé* à beurre, le *bentenier*, dont on fait des pirogues, le *bokké*, le *gouddi*, le *boissay* (gardenias mâle et femelle), le *balignama* ou *guéloqui*, qui s'emploie pour les maladies de poitrine, le *bargué*, odontalgique vanté, etc.

« Les singes abondent; il en est de grande taille (1 mètre environ). Tout le long du chemin, j'entends leurs troupes aboyer dans les bois. J'assiste aux folles gambades d'une soixantaine d'entre eux, qui jouent dans une clairière que domine le sentier. Nous rencontrons aussi des biches et des sangliers. Un loup a suivi le sentier devant moi; l'empreinte de sa grosse patte est toute fraîche sur la poussière.

« Dans les villages que nous rencontrons, les chiens aboient, les enfants pleurent, les poules s'enfuient en piaillant, les femmes sont ébahies. les hommes prennent des attitudes.

« Nous faisons encore trois kilomètres et demi, rencontrant çà et là des massifs de bambous. On me dit que le marigot suivant étant très loin, il faut s'arrêter à celui-là pour ce soir.

« Attaqué par les fourmis pendant la nuit, j'ai vu mon repos un instant fort compromis; je me suis tiré d'affaire, toutefois, avec un peu de camphre, dont l'odeur a éloigné ces visiteuses incommodes.

« L'espèce fourmi est nombreuse dans cette région. Une variété, désignée sous le nom de *magnan*, dévore les plus grosses proies. Ces fourmis marchent toujours en troupes serrées; si elles entrent dans une case, les habitants sont obligés de déguerpir jusqu'à ce que l'armée entière soit passée.

Village nègre.

Un prisonnier, à Bissao, a été mangé en une nuit. Un bœuf. un cheval enfermés, sont bientôt mangés et laissés à l'état de squelette, si on ne leur donne pas la liberté de fuir la bande vorace.

« Quand je rencontre en chemin des fourmis de cette espèce, les noirs me préviennent toujours, afin que j'évite de marcher sur la ligne que couvrent leurs bataillons.

« Une troupe d'antilopes oryx bondit devant moi ; ces gracieux animaux sont gros comme des bœufs ; ils ont des jambes fines et des formes très élégantes ; leurs cornes fuyantes et droites sont portées en arrière et s'appuient presque sur la bosse de leur cou lorsqu'ils relèvent la tête. J'en ai tiré un à quelques pas, et je l'ai manqué ; mais, loin de regretter ma maladresse, j'ai eu un certain plaisir à voir, après mon coup de feu, détaler la jolie bête. Quelques instants après, un énorme sanglier, suivi de deux marcassins, traverse le sentier en fuyant à toute vitesse et la queue tendue. Je tire divers oiseaux pêchant dans un étang. »

Le but du voyageur était, on le sait, d'obtenir de l'almamy ou roi de Timbo, l'autorisation de construire dans ses états une ligne de chemin de fer reliant les côtes de l'Océan aux sources du Niger, et ouvrant ainsi une porte large et commode sur le Soudan. Ce n'était pas là une mince besogne, étant données la duplicité et la mauvaise foi des nègres d'Afrique. M. Olivier a pourtant résolu ce problème, mais au prix de quels sacrifices ! Ecoutons le voyageur raconter lui-même quelques-uns des ennuis qui ont accompagné son long séjour à Timbo.

« Vu divers chefs. Ces guerriers peuhls sont paresseux et voleurs ; jamais ils ne disent une parole de vérité, et on ne peut les croire en rien.

« Le roi répète à satiété que nous sommes très bons amis... Son petit-fils Modhi Madhiou, garçon de vingt ans, intelligent, est très favorable à mes intérêts. Il a dit à son grand-père :

« Vous êtes vieux et ne voulez pas changer vos habitudes ;
« mais nous sommes jeunes et nous voulons aller en chemin
« de fer. »

« Je lui débite tous mes vieux arguments, et d'autres encore inédits ; il pressera son grand-père, mais il me recommande d'être patient, de ne pas me mettre en colère, comme la dernière fois. Les vieux conseillers à lunettes ont été, affirme-t-il, contents de ma fureur, qui donne raison à l'opposition qu'ils me font. Il m'engage à aller de temps en temps causer tranquillement avec son grand-père. Je m'en garderai bien, je finirais par l'étrangler, ce vieux donneur d'eau bénite dont les beaux discours se contredisent à chaque mot. Je remercie le jeune prince et l'encourage dans ses intelligentes dispositions. »...

Cette opposition, ces vaines promesses, le mauvais vouloir des uns, la duplicité des autres, viennent se joindre à la maladie et aux difficultés matérielles de l'existence ; le malheureux explorateur se sent vingt fois envahir par le découragement ; mais toujours la grandeur de l'œuvre entreprise, les conséquences heureuses qui en découleront pour notre patrie, apparaissent aux yeux de l'intrépide voyageur et lui rendent son énergie.

Chaque matin le roi consulte sa cour pour savoir s'il doit tuer le *toubab* (le blanc) qu'on retient prisonnier ou lui rendre la liberté. Le voyageur, pour terrifier le naïf monarque, s'avise d'un stratagème dont l'idée lui est fournie par le tas de présents variés qu'il a apportés dans son bagage. Là se trouve un costume de théâtre, épave oubliée de quelque artiste de province. M. Olivier s'affuble de ces ornements, comme s'il s'agissait de se rendre au bal de l'Opéra, et il se présente ainsi majestueusement devant le monarque noir à demi nu. L'effet de cette splendeur inouïe dans les fastes africains fut décisif, et, à partir de ce moment, l'almamy nègre céda à tous les désirs de son royal captif.

Ayant obtenu le traité qu'il était venu conquérir, l'explorateur organisa son retour par une autre route, et nous le voyons accablé de fièvre et de mille maux ; se traînant avec peine, vingt fois sur le point de mourir, mais la beauté des points de vue qu'offre continuellement la splendide nature tropicale ne cessa d'exciter et de soutenir son esprit ; il arriva à la côte accablé de faiblesse, mais son but était atteint.

Pour terminer, le voyageur, se rendant de Tiguilenta au Rio-Grande passa cinq jours et cinq nuits dans une barque délabrée et fit naufrage sur les brisants de Tambaly, sous l'œil intéressé des requins qui le guettaient.

Le résultat de ce voyage dont on a, par un motif de pure jalousie de métier, cherché à diminuer l'importance est de ceux dont les fruits peuvent être le plus rapidement recueillis. Un chemin de fer est déjà en construction au Sénégal ; c'est la voie de Dakar, Saint-Louis, le Sénégal et le Niger par Bamakou.

Cette ligne traverse des contrées malsaines dont la température excessive et la fièvre jaune rendent le séjour très difficile aux Européens.

La ligne préparée par M. Olivier et dont il a rapporté la concession signée par le roi de Timbo, traverserait au contraire des pays granitiques très sains, arrosés par de belles eaux courantes et où la température est celle de la France moins les froids d'hiver. Elle n'aurait que 600 kilomètres tandis que l'autre en aurait 1300. Il suffit, pour comprendre toute l'importance de ce tracé, de voir combien son exécution serait désagréable aux Anglais, nos éternels concurrents dans toute entreprise extérieure.

Dès que le gouverneur anglais connut le voyage à Timbo de M. Olivier et le traité signé par le roi du pays, il s'empressa d'envoyer auprès de ce monarque noir le gouverneur même de la Gambie pour détourner au profit de la Grande-Bretagne l'influence que notre compatriote venait d'acquérir à la France. Cet envoyé a prodigué l'argent anglais et a répandu partout le bruit que les Français étaient dangereux et ne venaient là que pour s'emparer du pays, etc. Le roi de Timbo, fidèle à ses engagements envers M. Olivier, a refusé d'accepter ses propositions perfides.

Rappelons que, dès son retour en France, en 1881, le négociant explorateur fit connaître le but et les résultats de son voyage et organisa une deuxième expédition, qu'il confia à MM. Gaboriaud et Ansaldi. Ces messieurs étaient chargés de présents choisis pour le roi de Timbo, entre autres, on lui montra ce que c'est qu'un chemin de fer, par le moyen d'un petit chemin de fer modèle (rails, machines et wagons). Ils ont rapporté un traité reproduisant et confirmant les engagements contractés par le roi vis-à-vis de M. Olivier.

Depuis Wat et Winterbotom, en 1772, les Anglais ont cherché à rejoindre le Niger par le Foutah-Djallon ; ils ont dépensé des sommes considérables dans les expéditions de

Mungo-Park (1795 et 1805), de Peddie, de Compbell, morts l'un et l'autre, avant d'arriver à Timbo, — du major Gray (1817) par Sierra Leone, qui ne put atteindre Timbo, — du major Laing, mort en sortant de Timbouctou, et de bien d'autres.

Tous les rapports des voyageurs anglais concluent à un passage par le Foutah-Djallon. Les voyageurs français, parmi lesquels il convient de citer Lambert, envoyé en 1860 par le général gouverneur, Faidherbe, ont donné la même conclusion.

La navigation du fleuve Sénégal est précaire et n'est possible que pendant une partie de l'année ; il faut donc que le chemin de fer aille d'un bout à l'autre de la ligne de Saint-Louis au Niger, afin d'éviter les intermittences de communications, qui nous exposeraient à un nouveau siège de Médine, où l'influence française n'a été sauvée que par des prodiges d'intrépide activité du général Faidherbe.

Le commerce s'accommoderait mal d'une voie de communication ne fonctionnant que pendant une partie de l'année.

Les traités obtenus par M. Olivier lui assurent la propriété d'un territoire de 20 kilomètres de large sur 600 kilomètres de long, la concession d'une ligne de chemin de fer, le droit de faire le commerce dans le Foutah-Djallon, sans payer d'impôts ; ils lui assurent en outre le concours des cultivateurs noirs, ce qui est important, et enfin la protection de l'almamy et des rois placés sous sa domination.

Si l'on veut conquérir le Foutah-Djallon les armes à la main, on manquera le but. La dépense en argent sera énorme, la perte en hommes sera effroyable. Les blancs ne pourront jamais lutter avantageusement contre les noirs sous le soleil de cette région équatoriale, à moins d'avoir partout des refuges solides pour s'abriter et se reposer. La guerre, qui serait forcément longue, créerait chez les indigènes une animosité qui s'éterniserait et se mettrait en travers de nos intérêts. Donc, il ne faut, pour rien au monde, porter la guerre au Foutah-Djallon, mais bien traverser cette région, arriver au Niger, descendre ce fleuve en maîtres et porter nos forces dans l'immense Soudan.

Ce résultat, nous pouvons l'atteindre rapidement.

P.-H. ANTICHAN

VOYAGE DANS L'ARCHIPEL BISSAGOS OU BIJOUGAS

Nous extrayons le récit suivant d'un long et intéressant article publié par M. Antichan dans l'excellente *Revue de géographie* de M. Ludovic Drapeyron et qui mériterait d'être cité tout entier, car il est d'un bout à l'autre vivement attrayant.

L'archipel des Bissagos, qu'un grand nombre de cartes indiquent en face de la Sénégambie, est situé en réalité sur la côte occidentale d'Afrique entre le cap Roxo et le cap Verga. Cela seul prouve que ces îles sont peu connues.

En janvier 1879, M. Antichan résolut d'aller les visiter, en commençant par Orango.

Deux motifs l'engageaient à visiter d'abord cette île :

Le premier, c'est qu'elle est de beaucoup la plus importante des Bissagos.

Le second, c'est qu'il courait sur le compte de cette terre inconnue des bruits étranges qui en avaient jusqu'alors détourné les plus résolus.

On racontait, entre autres choses, qu'un navire européen ayant, quelques mois auparavant, échoué sur les bancs de l'île, tout l'équipage avait été massacré : c'est du moins ce que l'on supposait, aucun naufragé n'ayant reparu.

Orango était alors gouvernée par Oumpane, bijouga de naissance, un despote absolu, ne connaissant, à l'exemple de beaucoup de ses confrères noirs ou blancs, qu'un seul droit : celui de la force

M. Antichan s'embarqua, le 3 janvier 1879, sur la chaloupe *Marie*, montée par cinq hommes d'équipage, que commandait le yolof Ali-Sarr. Un interprète, Sambasala, un pilote, Yousé, et un cuisinier, Mayacine, complétaient l'expédition.

Le soir du troisième jour, la chaloupe mouillait à une lieue de la côte, remettant au lendemain le débarquement.

A la nuit, ils aperçurent, à terre, autour d'un grand feu, une douzaine de nègres gesticulant avec animation. On se demanda si les gesticulations qu'on leur voyait faire n'indiquaient pas des sentiments hostiles; mais néanmoins, le lendemain, à la pointe du jour et toutes précautions prises, on débarqua.

L'équipage de la *Marie* descendait à peine, lorsqu'il vit accourir une bande de noirs, hommes et femmes, poussant de longues vociférations où le mot *toubaba* revenait souvent.

Quand M. Antichan eut fait ranger derrière lui ses hommes en ordre de bataille, il vit un grand diable se détacher de la multitude, qui s'adressa en ces termes à l'interprète Sambasala :

— Dis à ton maître que le roi le prie de se rendre à la *tabanque*.

Le voyageur et sa suite se mirent en mesure de se rendre à cette invitation.

La tabanque, ou village du roi, se trouvait éloignée de la plage d'un kilomètre environ.

C'était une case circulaire, faite d'une palissade de bambous et couverte de paille. Cette case était située au milieu d'une forêt d'orangers.

Oumpane les y attendait, entouré de ses grands dignitaires, sous un vaste hangar où il rendait habituellement la justice.

C'était un homme de 35 ans environ, à l'air farouche, aux yeux perçants, au nez de vautour. Il n'avait, ce jour-là, pour tout vêtement qu'un pagne à raies bleues et blanches. Sa main droite tenait un petit balai en guise de sceptre, mais — trait caractéristique — au lieu du bonnet rouge qui est la couronne des rois de Bijougas, il portait sur sa tête un vieux chapeau de soie à haute forme, tout écrasé.

Après un assez long temps écoulé, des escabeaux en bois

de caïl-cedra furent offerts aux voyageurs et le palabre commença à l'aide de l'interprète Sambasala.

Le roi, après avoir juré qu'il ne prononcerait lui-même que des paroles conformes à la vérité, invita le nouveau venu à lui faire connaître les motifs de sa visite.

— Je suis Français et marchand, répondit M. Antichan, je possède beaucoup de factoreries à Boulama, loin d'ici, vers les bords du Rio-Grande.

Je suis venu à Orango pour chercher des noix de palme, des arachides et du caoutchouc. Je donnerai en échange tous les produits des blancs : la guinée, le tabac, l'eau-de-vie...

A ce mot d'eau-de-vie, un long murmure d'approbation courut dans la foule.

Oumpane, après quelques minutes de silence, répondit d'une voix assez rauque.

— J'ai entendu toutes les paroles de ce blanc. Nous allons offrir un sacrifice aux dieux et nous agirons selon leur volonté.

Il rentra alors dans sa case et l'on organisa les préparatifs du sacrifice.

A une centaine de mètres du hangar qui avait servi à la réception s'étendait une immense place publique entourée d'orangers et de bananiers.

On y avait réuni toutes les idoles de l'île. Les plus belles étaient de grotesques statues en bois grossièrement sculpté, les autres d'énormes carottes noires terminées par deux cornes de chèvre.

Le peuple formait le cercle autour de ces idoles et attendait avec impatience l'arrivée du roi.

Oumpane parut enfin avec ses ministres; il vint se placer à côté de l'Européen. Sur un signe de lui, le grand-prêtrer, après quelques grimaces peu compréhensibles, présenta au ministre de la guerre, Boumba, un coq haut-crêté. Boumba saisit vigoureusement l'animal sacré par la tête, pendant que Loumbrico, ministre de la justice le prenait par les pattes.

Rapide comme l'éclair, le couteau du grand-prêtre s'abattit sur le cou de la pauvre bête qui tomba décapitée, se roulant par terre dans les convulsions de l'agonie.

Le roi fit alors expliquer à son hôte que si l'animal en se débattant se rapprochait de lui, le sacrifice était agréé, qu'autrement les dieux lui étaient défavorables.

Par une fatalité déplorable, le maudit coq s'éloigna du voyageur et alla mourir à quelques mètres.

A cette vue, toute l'assistance sembla frappée de stupeur, et le roi rentra brusquement dans son palais sans prononcer un seul mot.

Notre compatriote et ses compagnons furent incarcérés, et les Bijougas, profitant de cette captivité, envahirent la chaloupe qu'ils dévalisèrent à l'aide de leurs pirogues.

Le voyageur, livré aux plus tristes pensées, commençait à regretter la folie audacieuse qui l'avait amené sur cette côte inhospitalière, quand une bande de noirs se présenta, traînant péniblement, et à grand renfort de coups, un bœuf d'une grosseur énorme, qui fut égorgé sous ses yeux.

Tandis qu'on le découpait en morceaux, le ministre de la guerre vint annoncer au captif que le roi avait fait tuer ce bœuf à son intention, et dans l'espoir qu'on voudrait bien lui en réserver un quartier.

M. Antichan répondit à cette générosité par le don de divers objets; et le roi enchanté lui fit savoir par son interprète qu'il était libre de sa personne, et qu'en son honneur des réjouissances publiques allaient avoir lieu.

C'était à n'y rien comprendre; néanmoins la fête eut lieu. A la nuit tombante, les danses, éclairées par des feux de paille, commencèrent aux sons assourdissants de onze balafons et de huit tambours ou tam-tams, pendant que les griots, frappant avec ardeur des pieds et des mains, chantèrent les splendeurs d'Orango, la gloire d'Oumpane et la beauté de ses femmes.

Le balafon est une sorte de piano composé d'une série de calebasses de diverses grandeurs, qui rendent avec plus ou moins d'exactitude les notes de notre gamme; quant aux griots, ce sont les chanteurs, les poètes et les musiciens de l'Afrique centrale.

Le lendemain, notre compatriote, accompagné de Sambasala et d'un indigène, entreprit l'exploration de l'île.

Après avoir traversé plusieurs champs de maïs, d'ignames et de patates, ils entrèrent dans une forêt qui couvrait à elle seule la meilleure partie de la pointe sud d'Orango.

Jamais pareil spectacle n'avait frappé la vue du voyageur: la voûte de la forêt s'élevait majestueusement et à perte de vue; elle était formée principalement par des fromagers, l'un des colosses de la côte d'Afrique, au bois blanc, fibreux, tendre et léger, dont le tronc sert à faire des pirogues, et dont le fruit, grand et oblong, renferme une espece de soie végétale, inexploitée jusqu'à ce jour.

Les explorateurs marchaient à travers une clairière qui leur paraissait sans fin, et que surmontait un dôme de verdure où retentissaient les cris, les chants, les miaulements et les hurlements de mille animaux divers.

De loin en loin, dans une échappée de lumière, apparaissaient des bouquets de goyaviers penchés sous le poids des fruits murs.

Ces fruits, de la grosseur de nos pommes, ont une saveur un peu musquée, rappelant celle de la fraise ou de la framboise.

On voyait pêle-mêle, l'acajou au tronc informe et irrégulier, aux branches arrondies imitant de véritables tonnelles, le bambou, le cail-cedra, et enfin le palmier, ce roi des forêts africaines.

Les pas des voyageurs réveillaient tout un monde d'êtres vivants. Le rat palmiste, les singes, le perroquet gris à queue rouge, le colibri, le cardinal, le merle métallique, le pigeon vert, la tourterelle, la chèvre des bois : tout cela se levait, criait et fuyait.

Nos explorateurs étaient déjà loin, quand un petit nègre vint leur annoncer de la part du cuisinier qu'il était temps de rentrer et de se mettre à table.

M. Antichan faisait sa sieste après déjeuner, quand le ministre de la justice, Loumbrico, vint le quérir de la part de son maître.

Oumpane l'attendait, couché sur une natte, le nez alcoolisé, les yeux rouges, encore sous l'impression des orgies de la veille. Il avoua que les marchandises européennes avaient été de sa part l'objet d'une étude spéciale, et qu'il s'était attribué royalement les objets à sa convenance. Ses confiscations représentaient au prix d'achat la somme respectable de 558 francs.

Quatre jours s'étaient écoulés depuis l'arrivée de nos compatriotes à Orango, journées remplies par des excursions dans la forêt, par des entretiens avec les natifs et surtout par la préoccupation de savoir comment finirait cette odyssée.

Un matin Oumpane lui dépêcha de fort bonne heure Loumbrico pour obtenir un peu d'eau-de-vie. Le roi avait soif.

M. Antichan crut l'occasion excellente pour jeter les bases d'un traité amical et commercial avec lui.

Il se transporta avec Sambasala au palais royal et, après avoir offert au roi les derniers gallons qui lui restaient :

— Tu n'ignores pas, dit-il, que je suis venu dans ton royaume pour y faire le commerce des échanges. Jusqu'à présent, tu ne m'as fait connaître ni tes intentions, ni les produits de ton île. Je t'ai donné le restant de mon eau-de-vie. Si tu en désires encore, il faut que tu m'autorises à retourner chez les blancs de Boulama. Ils ont beaucoup de marchandises sur les bords de la grande eau salée, et je te rapporterai celles que tu me demanderas. Mais en retour que me donneras-tu ?

Oumpane fut quelque temps sans répondre. Puis, comme un homme qui vient de prendre une résolution subite, il se leva, courut à un coffre, en tira un trousseau de chevilles d'acajou à pointe recourbée, et invita poliment ses hôtes à le suivre.

Après neuf ou dix minutes de chemin à travers la tabanque, il s'arrêta devant une case fermée.

Il l'ouvrit avec une des chevilles dont nous avons parlé.

L'explorateur aperçut alors un vaste magasin rempli d'amandes de palme représentant au moins une valeur de dix mille francs.

Dans une seconde case, Oumpane lui montra, non sans orgueil, une montagne de peaux de bœufs, soigneusement empilées les unes sur les autres.

La troisième case contenait du caoutchouc.

La quatrième, du riz et du mil.

La cinquième, plusieurs centaines de nattes utilisées à la côte pour les mille besoins de la vie.

La sixième, des arachides.

Tout cela, c'étaient des produits dont la quantité pouvait stupéfier, mais non la vue. Ce fut autre chose quand le roi ouvrit le septième magasin. Le voyageur, stupéfait, ne pouvait en croire ses yeux. Le souvenir du navire perdu lui revint à l'esprit et la peur le gagna.

D'un côté, c'étaient des tables, des couchettes de matelots, des voiles de bâtiments ; de l'autre, des chaînes, des ancres, des grappins, des mâts sciés, des vergues, des cordages de toutes les formes et de toutes les dimensions.

Dans un coin, deux baromètres, quatre pendules, des lampes marines, trois lorgnettes et enfin, au milieu de ce musée baroque, un beau poulailler de vaisseau recélant la photographie en pied du capitaine anglais John Pens.

En présence de ce portrait, notre compatriote ne peut réprimer une exclamation d'étonnement.

— John Pens, s'écria-t-il ! Mais c'est ce capitaine disparu depuis quinze ans, dont M. de Sémélé s'était promis de retrouver la trace sur les côtes du Gabon, où on le croyait naufragé !...

Oumpane s'apercevant de l'attention prolongée que son visiteur accordait à ce tableau referma vivement la porte et se dirigea vers une huitième case.

Là se trouvaient entassés et néanmoins classés dans un certain ordre, des pantalons, des vestes, des gilets, des fusils, des sabres d'abordage.

Sur une étagère grossière, M. Antichan remarqua quatre casquettes ornées de broderies, plusieurs gibus, trois képis, et au-dessous un magnifique uniforme d'officier de marine auquel Oumpane décocha un regard de folle admiration.

Loumbrico ne cacha pas à l'interprète que ces objets étaient ceux que le roi préférait à tous les autres.

Après cette dernière visite le roi revint dans sa case et dit :

— Je suis prêt à vendre toutes les marchandises contenues dans les six premiers magasins.

Retourne donc à Boulama pour y faire les provisions d'eau-de-vie, de tabac, de guinée, de fusils et de mitrailleuses, à la condition toutefois que les dieux consultés ne s'opposent pas à ton départ.

Par les soins du roi, la chaloupe des voyageurs fut préalablement chargée d'arachides.

Cette fois, l'explorateur comprit qu'il importait de s'assurer l'alliance du grand prêtre. Il alla le trouver, lui proposa dix yards de cotonnade, cinquante têtes de tabac et lui promit d'autres riches cadeaux pour l'engager à soigner ses intérêts.

Le sacrifice eut lieu avec le même déplacement de divinités que précédemment, mais avec beaucoup plus de succès. Le coq, comme s'il eût apprécié l'excellence du coton et du tabac, vint s'abattre aux pieds du généreux négociant. Décidément pour plaire aux divinités, en tous pays, il faut graisser la patte à leurs représentants!

A la vue du coq râlant aux pieds de M. Antichan, le peuple et le roi manifestèrent leur joie.

— Puisque les divinités te protègent, dit le roi, va, je ne te retiens plus. Seulement je garderai les marchandises jusqu'à ton retour.

Un monarque qui traitait ses hôtes avec ce sans-gêne méritait qu'on se méfiât de lui. Sans plus tarder, notre compatriote voulut être fixé sur la valeur de ses dons. Il se rendit à bord, mais il constata que les arachides royales étaient complètement vides.

Plus de doute, Sa Majesté se jouait indignement de son hôte. Toutes ses libéralités réunies ne lui coûtaient pas 700 francs, tandis que celles du négociant français lui en coûtaient plus de 1200. Mauvaise opération!

Ce fut alors que naquit dans le cerveau de M. Antichan une idée des plus hardies dont la réalisation faillit déchaîner sur sa tête les plus grands malheurs.

Il la communiqua à Sambasala en le priant de réunir sur-le-champ ses hommes. Dès qu'ils furent en sa présence :

— Mes amis, leur dit-il, le despote veut que je lui abandonne toutes mes marchandises pour un bœuf, vingt-deux porcs et un chargement d'arachides sans prix. Je ne puis lui résister par la force, mais je suis décidé à lui opposer la ruse. Vous allez entrer dans la case et exécuter prestement mes volontés.

Ils regagnèrent tous ensemble la tabanque. A peine dedans, les caisses furent vidées à la hâte et tandis qu'une partie de l'équipage en reportait à bord le contenu, l'autre partie les remplaçait d'herbages et de feuilles de bananiers; puis les caisses garnies furent reclouées avec le plus grand soin.

Il ne s'agissait plus que de précipiter le départ.

Bœuf et porcs étaient déjà sur la *Marie*. A la dernière heure le roi crut devoir y joindre une monstrueuse tortue d'un mètre de diamètre et une cinquantaine de nattes.

Comme le voyageur le remerciait chaudement, le potentat manifesta le désir d'avoir son revolver. M. Antichan le lui offrit après avoir eu soin d'en extraire les cartouches pour éviter un accident.

Les voyageurs, suivis du monarque et de sa cour, prirent la direction du rivage. Quand ils arrivèrent, les matelots à leur poste achevaient de tirer l'ancre.

Notre compatriote adressa au roi des adieux rapides et sauta dans la yole. Il n'était que temps.

Déjà le cri d'alarme était jeté et les navigateurs distinguaient au loin une multitude furieuse qui accourait vers eux.

A ce même moment, Oumpane, apprenant sans doute le mauvais tour qu'on lui avait joué, entra dans une colère noire, se démenant comme un diable dans un bénitier, menaçant du poing les fugitifs, les traitant dans son idiome de coquins et de brigands, appelant enfin sur eux les foudres et les malédictions d'Iran, le plus puissant de ses dieux.

Tout à coup, sur un signe de lui, une vingtaine de noirs s'élancèrent à la nage pour tâcher d'atteindre la *Marie*. Lui-même, ne se possédant plus, dirigea sur l'explorateur son revolver et l'ajusta. Heureusement les précautions étaient prises. Il pressa en vain à plusieurs reprises la détente sans obtenir de résultat.

Cependant, cinq Bijougas entouraient déjà la chaloupe et de nombreux assaillants apparaissaient à la surface de l'eau.

Oumpane les excitait du geste, de la voix et du regard.

Mais l'ancre était levée et les voiles gonflées par la brise poussèrent rapidement la légère embarcation au large.

La foule voyant sa proie lui échapper, redoubla ses hurlements, mais bientôt la *Marie* disparut dans les brumes de l'horizon, aux cris de *toubaba* qui l'avaient accueillie.

Tel est, au moins en substance, le récit fait par M. Antichan lui-même. Certes le tour joué au malhonnête roi d'Orango est de bonne guerre ; le bon La Fontaine a codifié le droit de tromper un trompeur ; nous n'en craignons pas moins les conséquences à venir de la colère d'Oumpane. Une barque sans défense serait à coup sûr mal accueillie. Il importerait, selon nous, qu'un navire bien armé allât lui demander des explications sur l'origine des marchandises contenues dans ses septième et huitième magasins.

CAPITAINE J.-E. PITON

VOYAGE AUX ILES BISSAGOS

M. Piton est un capitaine au long cours, très connu par son habileté et qui commandait un joli cutter, l'*Indépendant*, jaugeant vingt tonneaux environ, dont il était le propriétaire.

Ce n'est pas ici le lieu de raconter par quelle suite de circonstances fatales M. Piton fut obligé d'aller conduire son petit navire sur la côte occidentale d'Afrique, comment il fut exploité par des associés allemands qui le trompèrent indignement et comment des opérations commerciales bien menées, qui auraient dû l'enrichir, le conduisirent aux derniers expédients de la pauvreté et l'obligèrent finalement à se débarrasser à vil prix de l'*Indépendant*.

Contentons-nous de dire que ce charmant cutter, construit dans la Dordogne et destiné d'abord à servir de bateau pilote, était un chef-d'œuvre de construction navale et qu'il permit à son possesseur d'accomplir de véritables miracles pendant une longue et périlleuse navigation.

Le capitaine Piton n'envisage pas le moins du monde les îles Bissagos, qu'il connaît pour les avoir souvent et beaucoup parcourues, comme le fait M. Antichan. Tous deux ont sans doute raison, bien que l'un voit les choses au pire et que l'autre voit tout en beau ; il y a tant de façons d'envisager le même objet ! D'ailleurs, les îles Bissagos sont si nombreuses que les mœurs les plus diverses et les plus opposées peuvent s'y rencontrer.

Voilà d'ailleurs ce qu'en dit d'une façon générale M. Piton :

« Du cap Roxo à l'île Cayo, entrée nord du Geba, la côte se creuse considérablement et sur une longue étendue. A quelques milles au nord de Cayo est l'embouchure, fort obstruée d'un fleuve, le Cacheo, possession portugaise, où le commerce est libre pour toutes les nations...

« La petite île Cayo (autrement dites les *Iles*, car vue de loin, cette terre ressemble à trois îlots détachés) est fort boisée et située à l'entrée nord du fleuve Geba, lequel est limité au sud par un autre groupe d'îles dont les principales sont Carhase et Corbelle.

« L'île Cayo est redoutée des navigateurs, du moins des caboteurs du pays. Sa réputation, méritée ou non, n'est pas très bonne. Soi-disant, elle avait été habitée par des anthropophages, dont les descendants seraient encore très cruels. Nous ne connaissons pas suffisamment cette terre pour émettre à son sujet une opinion précise. Ce que nous pouvons dire, c'est que l'île Cayo n'est réellement pas habitée ; mais les noirs de l'île de la Jatte, dont elle est séparée par un étroit chenal, y ont établi quelques cases et viennent y faire la récolte de noix de palme... Nous croyons que la terreur légendaire qu'inspirent ces îles est peu fondée : toutefois on évite d'y descendre, même de mouiller dans le voisinage, surtout avec de petits bateaux.

« Selon notre opinion (et nous l'émettons avec toute réserve), le pays compris sous le nom de Bissagos peut se partager en trois groupes.

« D'abord l'archipel proprement dit, composé d'un grand nombre d'îles qui sont : au N.-O. groupe Carhasse et Corbelle : au N. Gassegut et les îles Perroquet : à l'E. Galline, Kagnabac, Riombane, les Iles aux Porcs ; au S. la grande île Hareng ; à l'O. les îles Wareng ; au centre une grande quantité d'îlots séparés par d'étroits canaux. Pays fort peu connu, indépendant ; population énergique et intelligente. Type remarquable ; hommes toujours armés et visitant les comptoirs européens dans de grandes pirogues.

« La seconde partie comprendrait les terres situées au nord de Géba et désignées sous les nom d'îles de la Jatte ; l'île Jombé et Bissao, puis les deux rives du fleuve Géba dont les Portugais se réservent le monopole commercial.

« Au troisième groupe se rattachent : l'île Bulâma, les rives de Bolole et du Rio-Grande, y compris la petite possession portugaise et contestée de Colonia, la rive sud du Rio-Grande avec le Rio-Tomboli et le Rio-Cassini... »

Nous ne suivrons pas plus longtemps le capitaine Piton dans ses appréciations et ses études purement géographiques et nous lui rendrons la parole pour raconter l'aventure tragi-comique qui fait l'objet de ce récit.

« Nous n'avions plus de vivres : la veille, nous avions bu, à nous trois, notre dernière bouteille de vin, et il ne nous restait plus une seule goutte d'eau-de-vie. Au bourg de Bisasma, il n'y en avait pas davantage, ce qui s'expliquait par le séjour prolongé qu'y avait fait notre ivrogne de Prosper ; mais à la pointe Lawrence Davies, située à quelques milles de là, il y avait un bel approvisionnement de liquides. Je résolus donc d'aller, l'après-midi, faire une visite à notre ami Laurens et de rapporter de son entrepôt quelques provisions.

« Baptiste me porta à terre avec le canot, puis il retourna immédiatement à bord.

« J'avais, selon mon habitude, apporté mon fusil, mais, comme je craignais la pluie, je le déposai dans une case à Bisasma. Je gardai sur moi mon poignard, arme solide et fort bien trempée qui pesait près de deux kilogrammes.

« La distance qui sépare Bisasma de la pointe Davies est d'environ trois milles par terre : un sentier bien frayé conduit d'un bourg à l'autre. En quittant Bisasma on laisse à gauche la plage que l'on contourne à peu près à un mille et demi dans l'intérieur. Cet espace est rempli de broussailles et d'arbres de toute grandeur et de toute sorte : des palétuviers surtout près de la mer ; le sol y est marécageux.

« A droite du sentier sont de beaux et vastes champs d'arachides ; le terrain va en s'élevant en pente douce dans l'intérieur. Il est ombragé, çà et là, d'arbres gigantesques que l'on a conservés à dessein dans les plantations. Mais ils offrent à l'œil du voyageur un spectacle grandiose et magique; s'ils préservent aussi les cultures d'un soleil trop ardent, ils servent également de perchoirs et de refuges aux bandes nombreuses de pigeons et d'autres oiseaux, pour la plupart très friands d'arachides. Le chasseur en fait son profit : le gibier à plumes est excellent, commun et facile à approcher.

« J'avais quitté le bourg de Bisasma, et je m'avançais dans le sentier bordé en cet endroit et de chaque côté de hautes herbes touffues qui s'étendaient assez loin de part et d'autre. Je fumais tranquillement ma pipe. Tout à coup, à cent pas environ devant moi et à ma droite, j'aperçus dans ces gerbes comme un sillon rapide, et par instants je voyais au-dessus émerger des têtes énormes.

« Je n'avais pas mon fusil, j'éprouvai un certain saisissement, toutefois je m'armai de mon poignard. Assurément j'avais devant moi une famille de tigres. Deux des plus grands (ce devaient être le père et la mère) avaient déjà traversé le sentier; vinrent ensuite leurs petits qui disparurent avec eux. Ils semblaient pressés, comme en retard. Tant mieux ! pensai-je, et je continuai ma route, mais à pas lents et à moitié rassuré.

« Aussitôt, un autre de la même espèce, encore plus grand que les premiers, apparut dans le sentier à trente mètres de moi à peine. Il s'assit tranquillement, la face, qu'il avait effrayante, tournée de mon côté. Son poil était fauve et tacheté ; il paraissait monstrueux de taille.

« J'avais souvent entendu dire par les Noirs que les tigres du pays n'attaquaient pas l'homme; mais j'étais médiocrement rassuré devant l'attitude que prenait l'étrange individu dont je me rapprochais néanmoins machinalement.

« Je regrettais mon fusil : il était bien temps ! Toutefois j'avais mon poignard en main ; je me cuirassai de mon mieux à l'aide de mon épaisse ceinture de laine, avec mon pardessus ciré je m'enveloppai le bras gauche, décidé à faire le sacrifice de ce vêtement à mon féroce ennemi, s'il voulait bien s'en contenter, mais avec l'intention aussi de ma part, si faire se pouvait, de lui enfoncer mon poignard dans le cœur, pendant qu'il me croquerait le bras, et, avant même, au besoin.

« En dehors de lui, ses compagnons m'inquiétaient. Bien sûr il ne serait pas assez égoïste pour ne pas convier à son festin ses camarades qui ne pouvaient être encore très éloignés ; puis, en cas de désavantage de son côté, il songerait certainement à appeler au secours. J'avais, en vérité, bien machoisi mon jour pour ne prendre ni mon fusil, ni mes revolvers !

« J'avançais toujours ; la bête m'attendait...

« Plus j'approchais, plus l'animal me semblait monstrueux ; il avait comme une crinière sur la tête ; sa moustache était longue et raide, son poil hérissé ; ses yeux étincelaient ; déjà j'entendais un sourd grondement.

« Je me souvins alors, c'était le moment où jamais, d'un récit de M. V... mon associé ; l'histoire m'avait paru plaisante quand il me l'avait racontée à bord.

« Dans l'Atlas où il avait voyagé, certaines tribus, m'avait-il dit, à l'approche d'un lion, envoient les principaux de l'endroit, maire et adjoint en tête, écharpe en ceinture et chapeaux bas assurément, en députation vers le roi du désert, pour l'inviter poliment à se retirer, ce que fait toujours ce dernier.

« Malgré l'aplomb et la mine sévère de mon redoutable voisin, je ne pus m'empêcher de sourire au souvenir de ce récit fantastique. Pourquoi, pensai-je, les tigres des Bissagos seraient-ils moins bien appris que les lions de l'Atlas ? Sur ce, prenant mon feutre en main je fis un grand salut à ce seigneur des forêts. Ma politesse lui plut assurément, car il baissa la tête comme pour me rendre mon salut. Son aspect féroce se changea en air bénin ; il me parut alors plus petit et comme effrayé. J'avais envie de lui envoyer un coup de poing, car je m'étais rapproché de lui ; mais il ne m'en laissa pas le temps. Il s'enfuit lâchement, le fanfaron, et me faisant la grimace !...

« Ce roi des forêts n'était autre que le retardataire d'une bande de singes cynocéphales, qui, à quelques centaines de pas de là, et grimpés sur de hauts arbres, paraissaient prendre plaisir à nous regarder, leur camarade et moi. Alors je me pris à rire et à cœur joie, mais bien haut d'un fou rire ; et d'effroi, toute la bande partit et disparut dans les broussailles.

« Je continuai ma route et j'arrivai bientôt chez Lawrence Davies. Chemin faisant, ces vers, d'une charmante églogue de Léonard, m'étaient revenus à la mémoire :

> Et ce n'était qu'un faon, aussi timide qu'elles,
> Que la nymphe attirait sous ses ombrages verts.

« Cette anecdote demande une explication, car elle est invraisemblable. Il est donc bon de dire que, dans ces contrées, les effets puissants du mirage grandissent démesurément les objets et leur donnent parfois des formes fantastiques. Cr, il n'est pas étonnant qu'au premier abord, j'aie pris des singes pour des tigres, surtout dans un pays où l'on est sujet à rencontrer de ces derniers.

« En outre, le gros singe dont il est parlé ci-dessus avait appartenu à Lawrence Davies chez qui je l'avais vu plusieurs fois. Mais ce singe avait été pris alors qu'il était déjà adulte et bien qu'à demi apprivoisé par les soins et les attentions dont il était déjà l'objet, il n'avait pas renoncé, comme on va le voir, a tout désir de liberté,

« En effet, pendant que mon associé V... s'était installé chez Lawrence, il eut envie du singe qui lui fut cédé. V.., qui le destinait à un de ses amis d'Europe, ne négligea rien pour en faire un singe modèle. Il ne se contenta pas de l'éducation morale, il voulut en faire, en outre, un singe beau garçon à sa manière et il résolut de corriger la nature. Cela ne plut guère à l'animal : tant que V... s'était tenu à lui raser quelques poils de sa robe, son élève n'avait marqué aucun mécontentement, mais quand le maître, devenu plus tyrannique, se hasarda à rogner divers appendices, le singe se révolta et protesta à sa manière : rompant des liens mal attachés, il se rua avec fureur contre son imprudent précepteur et le mordit à belles dents. V... appela à l'aide, les noirs accoururent et s'empressèrent autour de la victime à demi évanouie pendant que le singe prenait prudemment la fuite.

« Il se réfugia sans doute dans les broussailles de la côte voisine des champs d'arachides où il trouvait aisément à se nourrir. L'isolement et le célibat peut-être lui déplurent, il chercha à s'allier à des familles de singes qui ne se souciaient guère d'admettre parmi elles un vagabond dont elles étaient en droit de suspecter les mœurs. C'est ainsi sans doute que je l'ai aperçu le dernier de la bande qui paraissait le fuir et qui s'est lui-même un instant arrêté devant moi.

« Je fus heureux, à tout prendre, qu'il ne me prît pas alors pour son ennemi V... »

Nous arrêtons là nos citations du manuscrit de M. Piton et nous nous estimerons heureux si ces courts extraits, plaisent à nos lecteurs.

III. — AFRIQUE ORIENTALE

GUILLAUME LEJEAN

CHEZ LE NÉGOUS THEODOROS

Toutes les parties de l'Afrique ont compté parmi nos compatriotes de vaillants explorateurs dont un grand nombre, hélas ! ont payé de leur vie leur dévouement à la science.

Que de noms de ces martyrs de l'étude du globe ont déjà défilé devant nos lecteurs : Charles Girard, Bonnat et ses compagnons, George Bazin, Edmond Musy, Brun, Paul Soleillet, Dournaux-Dupéré et Joubert, le colonel Roudaire, le marquis de Compiègne. Cette liste n'est pas épuisée car, en dehors de Paul Soleillet, le dernier de ces morts glorieux, il nous reste à parler de ceux de nos explorateurs qui ont succombé dans l'Afrique orientale et de ceux qui y portent encore actuellement leur dévouement sublime.

Parmi les premiers visiteurs des régions qu'arrose le Nil, il convient de placer le breton Guillaume Lejean, né à Plouégat-Guerrand (Finistère), en 1828. Ses explorations dans la Haute-Egypte, dans l'Abyssinie, et plus tard dans le Kachemyr et dans l'Asie occidentale l'ont rendu célèbre dans tout le monde géographiquc. Nous avons résolu aujourd'hui de résumer son voyage en Abyssinie, sous forme de drame géographique.

Nous emprunterons d'ailleurs notre récit au livre écrit par l'explorateur lui-même sous le titre : *Voyage en Abyssinie*, (Paris, 1872. 1 vol. in-4° avec un vol. de planches.)

En 1860, Guillaume Lejean partit pour l'Afrique et se rendit à Khartoum où il séjourna quelques mois après avoir triomphé des difficultés d'un long et périlleux voyage. De Khartoum il s'embarqua sur le Nil Blanc et parvint, en le remontant jusqu'à Gondokoro. Un événement imprévu l'obligea à revenir en France au moment même où il espérait organiser une expédition pour découvrir les sources du fleuve.

Il obtint du Gouvernement français une mission diplomatique auprès du roi Théodoros et il partit en 1862 de Khartoum pour rejoindre le monarque noir à Debra-Tabor. Il y parvint à la fin de janvier 1863.

Laissons le voyageur lui-même nous raconter sa première entrevue avec le Négous.

« On m'avait averti, dit-il, que le roi, que je n'avais jamais vu, devait faire l'essai d'un obusier que les missionnaires de Bâle lui avaient fabriqué et, à tout hasard, j'avais endossé mon uniforme de consul. Vers les dix heures, on vint chez moi me dire : Voilà Sa Majesté qui arrive.

« Je sortis aussitôt et me trouvai face à face avec un cortège tumultueux de grands officiers portant la tunique brodée des grands jours. Au milieu d'eux, il y avait une sorte de paysan de bonne mine, tête et pieds nus, vêtu d'une toge de soldat qui n'était pas de la première blancheur; un sabre de cavalerie était attaché à sa ceinture et il tenait à la main une lame sur laquelle il s'appuyait en marchant. Un homme familier avec les usages éthiopiens eût reconnu à l'instant le rang du personnage à un simple détail : il était le seul des assistants qui eût les deux épaules couvertes de la toge. Cet homme, plus que simplement vêtu, était Théodoros II, roi des rois d'Ethiopie.

« En me voyant, il m'adressa d'un air de bonne humeur le salut abyssinien :

« Comment avez-vous dormi?

« L'étiquette ordonne de ne pas répondre et de saluer profondément.

« Il me demanda ensuite, après quelques mots de courtoisie, quand il me plairait d'être officiellement reçu. Je répondis bien entendu que j'étais entièrement à la disposition de Sa Majesté. Le Négous alors me fixa le lendemain pour me recevoir avec les honneurs dus au pays que je représentais et leva la séance.

Telle fut ma première entrevue avec le roi des rois. »

Cette présentation officielle promise pour le lendemain eut lieu en effet et notre compatriote put remettre entre les mains du monarque les lettres qui l'accréditaient à titre de consul de France.

Le Négous aimait le luxe et la mise en scène; il déploya pour cette circonstance le plus d'opulence et de majesté qu'il lui fut possible. Il se montra à son visiteur entouré de lions énormes, heureusement aussi doux et inoffensifs qu'ils avaient l'aspect terrible.

Au milieu de la cérémonie, Guillaume Lejean, assis devant Sa Majesté, sentit tout à coup un poids énorme se poser sur son épaule et il faillit tomber en avant. Quand il put tourner la tête, il s'aperçut que le choc avait été produit par un des lions familiers qui lui témoignait à sa manière la satisfaction que lui causait sa visite.

Le séjour du consul se prolongeait depuis près d'une année et il s'était vu obligé d'accompagner son hôte royal dans plus d'une expédition hasardeuse; cela ne faisait guère l'affaire d'un homme décidé à aller explorer les contrées arrosées par le Haut Nil. Aussi prit-il la résolution d'aller demander au Négous l'autorisation de quitter sa cour et d'aller jusqu'à Massaouah, où était fixé son poste de consul.

Laissons encore ici la parole au voyageur :

« Le Négous me vit venir, dit-il, lorsque je m'approchai de la colline royale. Comme, selon l'étiquette, je m'étais arrêté à mi-côte, le chapeau sous le bras, il me fit demander ce que je voulais. Je répondis que je désirais parler à Sa Majesté elle-même. Il appela alors trois Européens qui parlaient la langue officielle de l'Abyssinie et les envoya me demander de quoi je voulais l'entretenir. Je répondis :

« — Je désire aller à Massaouah, qui est mon poste, parce que j'apprends que les habitants se plaignent de n'avoir pas vu encore un fonctionnaire qui est nommé depuis onze mois ; en second lieu, je désire recevoir moi-même, pour vous les faire parvenir, deux caisses de présents destinés à Sa Majesté, par mon souverain et qui doivent être arrivées. Je voudrais partir immédiatement pour être de retour avant les pluies.

« Pour comprendre l'incroyable scène qui suivit, il faut savoir trois choses :

« Théodoros, humilié par un sujet rebelle, venait d'apprendre que les Egyptiens, qu'il redoutait fort, avaient occupé la province de Gallabat. A cette surexcitation s'en joignit une autre plus physique. Le Négous a le cognac fort mauvais et il n'est pas très habile de l'aborder passé deux heures de l'après-midi. Or, ce jour-là, m'a-t-on dit, il était ivre. En dernier lieu, il avait confié en 1855 à un touriste russe de passage une lettre pour *son frère de Russie*, où il lui proposait une coopération militaire, qui leur permettrait de se partager le monde. Le czar avait, comme bien l'on pense, jeté au panier cette lettre extravagante, si toutefois il l'a jamais reçue ; et il paraît que le Négous, craignant un pareil accueil du souverain français, voulait au besoin se réserver un otage.

« Quoi qu'il en soit, à peine les trois interprètes eurent-ils parlé que Théodoros s'écria au paroxysme de la colère :

« — Je le retiendrai à tout prix ! qu'on le prenne, qu'on le mette aux fers, et s'il cherche à fuir, qu'on le rattrape et qu'on le tue !

« Le colonel auquel il s'adressait, passa derrière la colline pour requérir un demi-bataillon qui y stationnait.

« — Qu'est-ce que cela ? dit le Négous. Cinq cents hommes pour en arrêter un !

« — Que Votre Majesté remarque, dit le colonel tremblant, qu'il a sous le bras quelque chose de très brillant (c'était mon chapeau, dont le galon d'or brillait vivement au soleil couchant) et que c'est peut-être une machine formidable qui peut nous tuer tous.

« — Idiot ! ne diras-tu pas bientôt qu'il peut vous tuer avec un froncement de sourcils ? Six hommes et qu'on le prenne.

« Les hommes commandés, accompagnés des trois Européens vinrent à moi, qui étais bien loin de supposer ce qui avait eu lieu.

« Pendant que les interprètes me balbutiaient quelques mots que je ne pus comprendre, les autres passèrent sournoisement derrière moi, et l'un d'eux me jetant les bras autour de la poitrine, me serra si violemment que je pouvais à peine respirer ; deux autres m'ôtèrent mon chapeau et mon épée et deux autres enfin me saisirent les poignets. Je fus aussitôt entraîné violemment derrière la colline ; mon guide nubien, également garrotté, venait derrière moi. On me fit arrêter à trente pas de la tente royale et asseoir sur une grosse pierre Je n'avais rien compris à ces brutalités ; mais j'y vis plus clair quand on apporta une lourde chaîne, terminée par deux grossières menottes et qu'un officier de marque m'en fit passer une au poignet droit, et, armé d'une grosse pierre, se mit en devoir de me la river.

« Je ne sais si aucun de mes lecteurs connaît cette sensation, plus morale encore que physique, d'avoir eu les fers rivés au poignet et d'avoir ressenti chacun de ces coups de marteau dans ses oreilles et dans sa chair à la fois. C'est au cerveau surtout que ces coups secs retentissent comme des coups de tonnerre : je ne connais rien de plus irritant et de plus douloureux. Ma surexcitation d'abord violente, fit subitement place à un calme singulier. Je n'étais guère en voie de réflexion ; mais trois choses se dessinèrent vigoureusement dans le miroir de ma pensée : mon innocence, mon caractère officiel, l'honneur de la grande famille à laquelle j'appartenais parmi les nations. Je compris qu'ici, comme en bien d'autres cas, le rôle d'offensé était encore matériellement préférable à celui d'offenseur, et j'assistai avec sang froid et une sorte de curiosité bizarre à tous les détails brutaux de l'opération.

« La chose faite, on attacha à l'autre bout de la chaîne un pauvre diable chargé de répondre sur sa tête que je ne m'évaderais pas, et je fus ramené, toujours en grand uniforme, à ma tente, qu'on avait dressée à quinze pas de là, et qui fut aussitôt entourée de gardiens armés, pendant qu'une douzaine d'autres s'installaient à l'intérieur.

« Le lecteur me fera grâce de mes vingt-quatre heures de fer. On comprendra, sans que je l'exprime, la situation pénible et ridicule que me faisait, à chaque instant, mon compagnon de chaîne. Le lendemain matin, il obtint du chef de mes gardiens, qui n'était pas un méchant homme, un congé de deux heures. Cela m'apporta un grand soulagement suivi bientôt d'un autre plus sensible. J'avais payé cruellement une particularité dont je n'ai jamais été fier : la petitesse de ma main. Pour être bien sûr, après divers essais, qu'elle ne passerait pas à travers la menotte, l'homme à la chaîne avait trouvé prudent de la river si serré, que la pointe de fer m'entrait à chaque mouvement dans la chair du poignet. Mon aimable geôlier, ce voyant, s'empressa de la faire desserrer de quelques millimètres et ma situation devint supportable.

« Ce qui m'était le plus pénible, c'était l'abandon absolu où me laissaient mes serviteurs et les trois Européens du camp. Pour ces derniers, je savais sous quelle terreur ils vivaient; quant à mes serviteurs je sus la vérité plus tard. Mon drogman, sorte d'ecclésiastique qui avait fait trois ans de fer pour sa religion ou pour autre chose, et que je gardais un peu par pitié pour ce qu'il avait souffert, avait menacé mes serviteurs de la colère du roi, s'ils restaient au service d'un suspect comme moi. Il agissait ainsi par servilité ou plutôt par méchanceté naturelle, car jamais je n'ai vu plus insigne coquin en Abyssinie. Les pauvres gens, qui s'étaient d'abord sauvés au bois, n'avaient pas voulu le croire sur parole. Ils étaient allés aux informations; ils avaient appris que le Négous n'avait jamais songé à eux et s'étaient remis à leur besogne. Dès le premier soir, j'eus bon espoir en voyant les toiles de ma tente se soulever et les figures de mes fidèles apparaître tour à tour.

« Je ne perdais pas cependant de vue le Négous et je comptais sur une de ces réactions communes chez les ivrognes. Je lui écrivis, en anglais, un mot poli mais sec, où je lui demandais un instant d'explication. Mon geôlier se chargea de le lui faire passer, et il tint parole, car peu de temps après, je vis arriver à ma tente, les Européens marchant comme à un enterrement. Ils étaient chargés de me dire que je serais libre, si je voulais promettre au Négous mon amitié d'abord, puis l'engagement de rester sur parole à Gafat jusqu'au retour de son agent. J'hésitai et je voulus parlementer mais, sur les instances d'un des Européens, je donnai la parole demandée et je fus libre. »

Plus tard Lejean obtint la permission de voyager dans l'intérieur et il se rendit à Gondar, la capitale de l'Abyssinie. Pendant ces explorations il courut d'autres grands dangers. Un jour, entre autres, la foule ameutée contre lui en voulut à sa vie ; il avait déjà la tête posée sur une pierre plate et il mesurait des yeux la grosseur du rocher qui allait l'écraser quand Théodoros arriva à temps pour le sauver.

Pour témoigner sa reconnaissance à ce prince, il lui donna ses pistolets. C'est avec ces armes que le roi barbare devait plus tard se faire sauter la cervelle après sa défaite, pour ne pas tomber entre les mains des Anglais victorieux.

Nous avons dit déjà que les dernières années de Lejean avaient été employées surtout pour la Turquie qui devint le principal objet de ses études ; chaque année, il y allait passer neuf mois au milieu de périls et de privations sans nombre qui finirent par épuiser sa robuste constitution.

Il succomba à tant de fatigues réitérées au mois de février 1871 dans un âge encore peu avancé.

Nous terminerons cette courte notice par quelques mots sur Théodoros, cet homme qui eut peut être du génie, mais qui fut trahi par la fortune.

Son histoire est profondément tragique, jamais, depuis les anciens rois d'Egypte, l'Afrique n'avait produit un caractère doué d'aussi grandes qualités et de talents aussi remarquables. Il devait fatalement succomber aux embarras inextricables dans lesquels l'avaient plongé ses efforts en faveur de la civilisation européenne dans une contrée barbare entourée de nations sauvages ou de déserts arides.

Aujourd'hui l'œuvre qu'il avait entreprise a-t-elle fait un pas ? Nous n'oserions le dire en présence de l'influence exercée par les Anglais victorieux sur son successeur. La nation anglaise, si humanitaire en paroles, s'occupe en réalité plus de ses intérêts matériels que des intérêts moraux des peuples qu'elle tient sous sa domination.

LINANT DE BELLEFONDS

VISITE AU ROI M'TESA

Nous venons de dire que les régions où le Nil prend sa source, et celles dans lesquelles s'étend son cours supérieur. ont été, pendant les dernières années, l'objet de nombreuses et savantes investigations. Presque toutes ont eu pour instigateur le vice-roi d'Egypte, et toutes les nations d'Europe y ont été plus ou moins représentées. On a vu que le rôle de la France n'y a pas été un des moins éclatants. Nous nous proposons de raconter encore la glorieuse expédition conduite par un de nos compatriotes et qui s'est terminée par la mort violente et l'assassinat de ce malheureux jeune homme.

En 1874, le colonel anglais Gordon, plus connu sous le nom de Gordon-Pacha, fut chargé par le vice-roi d'Égypte du commandement d'un corps de troupes, destiné à assurer la domination égyptienne dans les régions du haut Nil. Le colonel Chaillé-Long-Bey fut envoyé en avant avec deux soldats et deux serviteurs pour faire une reconnaissance; il atteignit Gondokoro en avril 1874 et, après cinquante-huit jours de marche, il arriva sur les rives du lac Victoria Nyanza où il fut reçu par le roi indigène M'tesa.

Gordon-Pacha partit à son tour de Khartoum le 8 juin 1874, pour atteindre Gondokoro le 3 septembre.

Nous ne nous étendrons pas sur les détails de cette grande et glorieuse expédition et nous arriverons directement à la partie de cette entreprise qui fut confiée au jeune compatriote dont nous avons résolu de raconter la mort.

Le vice-roi d'Égypte, Méhémet-Ali, avait choisi pour ministre des travaux publics un savant français des plus distingués, M. Linant de Bellefonds, qui mit au service de sa nouvelle patrie ses deux fils.

Les deux jeunes hommes s'enrôlèrent dans la grande expédition de Gordon-Pacha et tous deux y périrent à quelques jours de distance. Nous ne dirons rien du premier qui fut victime du climat meurtrier du Soudan ; quant au second, il fut envoyé par Gordon-Pacha en ambassade auprès du roi M'tesa. Afin de donner à son escorte plus de solennité, on l'avait composée de soldats soudaniens dont les tuniques rouges, les pantalons et les turbans blancs étaient destinés, à frapper par leur splendeur, l'esprit des indigènes.

Lorsqu'il entra dans le royaume de Ganda, Linant de Bellefonds put bien vite s'apercevoir de l'heureuse impression produite par la tenue de ses troupes. Plus de dix mille indigènes se mirent à les suivre à la façon dont on voit sur nos boulevards de Paris la foule accompagner un régiment qui passe. Ces naïfs enfants de l'Afrique centrale sautaient et gambadaient des deux côtés de la route suivie par la brillante escorte et loin de diminuer, à mesure que le corps égyptien s'avançait davantage dans l'intérieur des terres, grossissait de plus en plus, sans gêner du reste en rien la marche de la caravane. On voyait cette foule étrange, peu ou pas vêtue, bondir et gambader le long des routes à peine tracées et se bousculer tumultueusement à travers les collines et les jardins. Tantôt ces hommes de tribus diverses, les uns portant des insignes aux couleurs voyantes, les autres revêtus de costumes étranges, le plus grand nombre presque nus, envahissaient les hauteurs ; tantôt on les apercevait se précipitant comme une avalanche du haut des collines dans les vallées.

Notre jeune compatriote, dans des lettres pittoresques qu'il adressait à ses amis et à sa famille, a tracé de main de maître la silhouette de ces tableaux fantastiques.

A chacune des étapes faites par l'expédition, son chef voyait arriver auprès de lui un envoyé du roi M'tesa qui lui apportait de la part de son maître le salam et repartait comme une flèche pour aller rendre au monarque la réponse du chef français.

Enfin la brillante troupe et son innombrable escorte arrivèrent dans la capitale où le roi avait tout préparé pour recevoir l'ambassadeur avec la plus grande solennité.

Lorsque le colonel Chaillé-Long-Bey était allé, l'année d'auparavant, remplir chez le monarque nègre une mission analogue à celle qui était confiée à Linant de Bellefonds, M'tesa, pour lui faire honneur, avait fait en sa présence décapiter trente de ses malheureux sujets. Sans doute les observations qui lui avaient été faites à cette époque l'avaient convaincu que c'était là un moyen médiocre de gagner l'amitié des peuples civilisés. Aucune cérémonie semblable ne fut imposée au nouvel ambassadeur.

Nous laisserons Linant de Bellefonds raconter lui-même les émotions qui l'attendaien tpendant cette visite.

« Quand nous eûmes atteint la premiere porte du palais, dit-il, nous traversâmes cinq cours où grouillait une population nombreuse de *M'tongales* (soldats agents de police). La dernière cour servait d'habitation aux exécuteurs.

« Quand j'y pénétrai, un vacarme épouvantable m'accueillit : mille instruments, plus étranges les uns que les autres, faisaient entendre les sons les plus discordants et les plus étourdissants. La garde de M'tesa, armée de fusils, me présenta les armes ; le roi était debout à l'entrée de la salle de réception. Je m'approchai et le saluai à la turque ; il me tendit la main que je serrai. J'aperçus à l'instant, à la gauche du roi une figure d'Européen. C'était un voyageur, je crus que c'était Cameron. Nous nous observâmes sans nous adresser la parole.

« M'tesa pénétra dans la salle de réception ; nous le suivîmes. C'était un couloir long de douze mètres, large de quatre mètres, dont le plafond, incliné vers l'entrée, était supporté par une série de colonnes en bois de dom, divisant la pièce en deux nefs. La pièce principale était libre et conduisait au trône du roi ; les deux nefs étaient occupées par les grands dignitaires et les grands officiers. A chaque colonne était adossé un garde du roi à grand manteau rouge turban blanc orné de poils de singe, culotte blanche, blouse noire avec bande rouge ; tous étaient armés de fusils.

« M'tesa prit place sur le trône qui était en bois en forme de fauteuil de bureau ; ses pieds reposaient sur un coussin ;

le tout portait sur une peau de léopard placée elle-même sur un tapis de Smyrne. Devant le roi, une dent d'éléphant parfaitement polie servait de parade et à ses pieds se trouvaient deux boîtes contenant des fétiches.

« Le roi avait beaucoup de dignité et ne manquait pas d'une certaine distinction naturelle. Son costume était élégant : un couftan blanc terminé par une bande rouge, bas, babouches, veste en drap noir brodée d'or, tarbouche avec plaque d'argent au sommet. Il portait un sabre à poignée d'ivoire et un bâton.

« Je fis l'exhibition de mes présents que M'tesa feignit de regarder à peine, sa dignité ne lui permettant pas d'être curieux.

« Je m'adressai à l'étranger qui était assis en face de moi à la gauche du roi.

« — C'est à M. Cameron que j'ai l'honneur de parler ?

« — Non, monsieur ; M. Stanley.

« — M. Linant de Bellefonds, membre de l'expédition du colonel Gordon.

« Nous nous inclinâmes profondément comme si nous avions été placés dans un salon ; notre conversation s'arrêta là pour le moment. »

La mission dont le jeune Français avait été chargé fut heureuse en tous points. Le voyageur américain et Linant de Bellefonds ne tardèrent pas à se lier d'une vive amitié. Ils visitèrent ensemble le pittoresque pays dans lequel ils se trouvaient et ils constatèrent que c'est un des points du globe les plus riches et les plus agréables.

Enfin il fallut se quitter et, quelques jours après, le jeune Français et son escorte rentraient sains et saufs auprès du chef de l'expédition.

Le colonel Gordon, enchanté de l'esprit d'initiative et de haute intelligence qu'il avait pu remarquer dans son jeune officier, ne tarda pas à le charger d'une nouvelle mission qui nécessitait, comme la première, une grande décision et un grand courage. Linant de Bellefonds partit, escorté par une petite troupe, pour aller explorer aux environs du Lado, au sud de Gondokoro, les abords du Nil.

Il ne tarda pas à s'apercevoir qu'une grande hostilité se

manifestait contre lui et contre ses hommes, chez des indigènes qui faisaient partie de la tribu des Moorzis. Il s'inquiéta peu d'abord de ces manifestations malveillantes. Confiant dans la supériorité de ses armes, dans l'esprit de discipline et dans le courage qui animaient les hommes composant sa petite troupe, il considérait avec quelque dédain cette nuée de sauvages à peine vêtus et armés de lances et d'arcs primitifs.

Le pays qu'il avait à parcourir était d'ailleurs si intéressant, qu'il laissait peu de temps au jeune voyageur enthousiaste pour s'arrêter à l'idée d'un péril qu'il croyait imaginaire.

Rien ne saurait peindre en effet le spectacle enchanteur qui se déroulait sous les yeux de l'explorateur. Dans ces contrées, que le soleil caresse sans cesse de ses plus chauds rayons, la végétation, poussée par l'humidité marécageuse du sol, prend des proportions colossales. Chaque pas faisait naître un tableau nouveau. Aux merveilles de la flore tropicale se joignaient les enchantements de la chasse aux gros animaux, qui sont en grand nombre dans ces régions. Sur le fleuve et dans chaque cours d'eau, on pouvait poursuivre les monstrueux hippopotames, les énormes crocodiles. Dans les forêts et dans les grandes herbes, on voyait au loin apparaître d'immenses troupeaux d'éléphants. Tous ces spectacles sublimes charmaient le jeune voyageur et endormaient sa vigilance.

Plusieurs fois pourtant, déjà, des bandits cachés dans les jungles avaient tiré sur lui et sur ses hommes des flèches qui heureusement jusque-là étaient restées inoffensives. En vain les hommes de l'escorte donnèrent-ils à leur chef le conseil de répondre à ces agressions partielles par quelques coups de carabine et de calmer ainsi par quelques exemples sanglants l'esprit de révolte qui animait les populations. Notre compatriote était, disons-le à son honneur, de ces hommes pour qui le sang versé est toujours regrettable et il recula devant ces mesures extrêmes qui pourtant dans cette circonstance étaient nécessaires.

Un soir, par une belle nuit claire et étoilée, la petite troupe avait dressé ses tentes sous le couvert d'un petit bois. Tout était silencieux dans la nature et l'on n'entendait que ces bruits mystérieux qui, dans toutes les régions du monde, emplissent, pendant la nuit, l'immensité, d'un doux murmure. Bien que rien ne pût faire supposer une attaque nocturne, deux hommes avaient été placés en sentinelle et étaient chargés d'entretenir un foyer brillant destiné à éloigner du camp les bêtes fauves.

Linant de Bellefonds, dans une sécurité complète, venait d'achever une lettre destinée à faire connaître à ses amis d'Europe les impressions grandioses qu'il ressentait à chaque pas et il allait se livrer au sommeil, quand deux coups de feu retentirent tout à coup à quelques pas de sa tente. Une immense clameur leur succéda, semblant venir de dessous terre. Le jeune Français et ses camarades n'eurent pas même le temps de saisir leurs armes et de se mettre sur la défensive. Des nuées de spectres noirs et horribles surgirent de toutes parts. On prit pour se défendre tout ce qui tombait sous la main ; mais quel courage pouvait résister au nombre ? Des milliers d'ennemis remplaçaient ceux que les héroïques voyageurs avaient réussi à mettre hors de combat. Comme une bande de corbeaux affamés, ils se précipitèrent en rangs serrés sur les voyageurs surpris à l'improviste et après quelques minutes d'une lutte épique, ils massacrèrent jusqu'au dernier tous ceux qui faisaient partie de l'expédition, ainsi que leur héroïque chef.

Quand Gordon-Pacha connut ce désastre, il jura de venger ses compagnons et une nouvelle expédition fut organisée à l'instant, pour châtier ces féroces bandits.

Les Moorzis, grisés par leur victoire facile, envoyèrent au colonel Gordon, qui avait voulu se mettre lui-même à la tête de sa troupe, un message ainsi conçu :

« Nous vous attendons de pied ferme et nous avons si peu peur de vous que nous resterons assis sous notre arbre pendant que nos petits enfants iront vous exterminer. »

Le crime commis, pas plus que ces outrecuidantes paroles, ne restèrent impunis. La tribu des Moorzis décimée en quelques jours, apprit, trop tard, hélas ! la supériorité des armes européennes sur leurs armes primitives. Des milliers de sauvages furent immolés et de longtemps les peuples de ces contrées ne perdront la mémoire du juste châtiment qui leur fut infligé.

M. ACHILLE RAFFRAY

EN ABYSSINIE

M. Raffray est un naturaliste et plus spécialement un entomologiste. Tout enfant il rêvait déjà d'expéditions lointaines et sentait en lui l'amour des aventures. Ses débuts eurent lieu dans notre colonie de l'Algérie, où il fit fructueusement la guerre aux insectes. Plus tard, il obtint du ministre de l'instruction publique une mission scientifique, dont il se chargeait d'ailleurs de faire spécialement les frais et qui eut pour objet l'étude de l'Afrique orientale. Plus récemment il est revenu d'un nouveau voyage d'exploration dans les contrées si peu connues de la Nouvelle-Guinée.

Nous ne nous occuperons aujourd'hui que de son voyage en Abyssinie, dont nous ne tracerons que les grandes lignes. Le récit d'un des épisodes de cette expédition sera le thème de notre drame géographique.

M. Raffray partit sur un navire de l'État, *le Tarn*, qui se rendait à Saïgon; il devait s'arrêter à Aden d'où un navire anglais le conduirait à Zanzibar. Un hasard heureux lui fit rencontrer en route le comte de Sarzec, vice-consul de France à Massaouah, qui allait faire un voyage en Abyssinie; M. Raffray se détermina à modifier son itinéraire et à l'accompagner.

L'Abyssinie n'est pas, comme on pourrait le croire, un pays tout à fait sauvage et semblable à ces contrées peuplées par des nègres fétichistes comme on en rencontre dans toute l'Afrique centrale et méridionale. Le voyageur se trouva là devant une civilisation très ancienne et des populations depuis longtemps converties au christianisme. Ce n'est point ici le lieu de montrer quelle différence sépare les croyances de ces peuples restés primitifs de celles que nous possédons nous-mêmes. Qu'il nous suffise de dire qu'en voyant des jeunes filles portant fièrement l'amphore campée sur leur tête, des vieillards majestueusement drapés dans de vastes tuniques, le voyageur qui parcourt ces contrées pense involontairement aux récits de l'antiquité et qu'il pourrait se croire transporté sur une place publique d'une ville de la Grèce ancienne.

Le jeune naturaliste français parcourut ce pays, faisant d'amples récoltes précieuses pour les sciences naturelles. Sa présence dans des pays où les blancs étaient à peine connus de nom émut vivement les indigènes, qui ne lui permirens pas sans hésitation de planter sa tente. Nous le laisseront raconter lui-même le dramatique épisode qui fait le sujet de cet article.

Disons, pour l'intelligence de ce récit, que compagnon de M. de Sarzec, il jouissait avec lui de la protection du négous Johannès, successeur du fameux Théodoros. Ce souverain noir avait fort à faire pour tenir sous sa domination un grand nombre de chefs qui n'auraient pas mieux demandé que de se rendre indépendants. Cette animadversion devait leur causer de nombreuses et grandes difficultés.

Arrivés au village de Ouébeeïn-Mariam, ils n'avaient plus pour escorte, en dehors de leurs domestiques, que le fidèle bacha Samrou, qui ne les avait pas quittés depuis Adoua, et un autre jeune homme nommé Ouarouari ; ils entrèrent ensemble dans le village, dont il est indispensable, pour l'intelligence de ce qui va suivre, de faire en quelques mots la topographie.

« A l'ouest et tout près du plateau est située l'église; à l'est de cette dernière se trouve un espace libre, sorte de place entourée au nord et à l'est d'une espèce de ravin, sur les flancs duquel s'étage le village; au sud s'étendent les plateaux que nous venions de parcourir; sur de petits mamelons au nord et à l'est se trouvent encore de petits villages ; quelques maisons sont, en outre, adossées au mur d'enceinte de l'église, qui est encore dissimulée par des arbres et des buissons. La porte d'entrée de l'église est située de l'autre côté, c'est-à-dire à l'ouest.

« Une de ces maisons adossées au mur de l'église fut réclamée par Ouarouari pour mon compagnon de voyage, et cette négociation donna lieu à l'échange de quelques paroles acerbes; mais nous étions si habitués à cet accueil peu hospitalier que nous n'y prîmes pas garde.

« Tandis que je cherchais un emplacement convenable pour y installer ma tente, j'entendis une grande rumeur. Asseïn effaré accourait vers moi en criant :

« — On nous attaque !

« Je sautai sur mon fusil, et d'un bond, je m'élançai vers la place. Le vice-consul s'y trouvait déjà ; il avait précipitamment quitté sa cabane vers laquelle se ruait un flot humain. Tous nos hommes l'avaient suivi.

« Nous étions maîtres de la place, qui fort heureusement dominait les environs, mais les indigènes nous investissaient de toutes parts. Les hommes de plusieurs villages étaient rassemblés là, et nous en voyions arriver de tous côtés : ce qui prouve que nous venions de tomber dans un guet-apens prémédité et préparé de longue main.

« Il y eut un moment d'indécision. Les deux armées se comptaient.

« Nous ne commandions plus une aussi nombreuse armée qu'à Mizeren. Nous en étions réduits à nos deux fusils Lefaucheux, à une carabine et à un fusil à piston dont étaient armés Asseïn et un domestique de M. de Sarzec, nommé Baraguelli. Asseïn, le bacha Samrou, Ouarouari et le kantiba Guorguis portaient les longs sabres abyssiniens; nous avions en outre quelques lances et deux ou trois boucliers.

« Profitant de ce moment d'attente, le bacha Samrou harangua le peuple, montrant à tous la lettre et le sceau du négous...

« Les paysans répondirent par une rumeur menaçante, et aussitôt des pierres, parfois très grosses, lancées avec des frondes ou simplement à la main, se mirent à pleuvoir sur nous de tous côtés.

« Nous attendions encore, espérant que, devant notre calme, la fureur des assaillants s'apaiserait; vain espoir! Les pierres tombent plus serrées que jamais. Quelques-uns de nos domes-

Chrétiens d'Abyssinie (d'après une photographie).

tiques les ramassent et les renvoient à leurs adversaires,

« Un coup de feu part enfin! Nous regardons. Qui a tiré?

« C'est Baraguelli. Une pierre énorme lui a fait une longue blessure à la tête, il est tout couvert de sang : ne se possédant plus, il a fait feu.

« Assein tire à son tour. La fureur des balaguers (paysans) augmente. La colère nous monte à la tête; nous nous maintenons encore; tant que nous n'aurons pas tiré nous-mêmes, l'affaire pourra toujours s'arranger.

« Le kantiba Guorguis fit preuve d'une grande bravoure; son sabre au poing, il s'élançait jusque sur ses ennemis qui reculaient. Samrou protégeait le vice-consul d'un bouclier. Ouarouari, encore adolescent, avait aussi dégainé. Nos autres domestiques s'étaient armés de lances; mais ces derniers restèrent pour ainsi dire neutres.

« Enfin un véritable pavé vient me frapper moi-même à la tête; j'avais, par bonheur, un de ces immenses chapeaux en moelle d'agave qu'on porte en Orient et qui sont connus sous le nom de *casques*. Il fut du coup coupé en deux et j'eus le bourrelet de l'oreille fendu. Me voilà aussi inondé de sang.

« Il n'y avait plus à hésiter, l'audace de nos ennemis croissait d'instant en instant; si nous ne nous défendions, nous allions être lapidés. J'ajuste un balaguer et lui envoie une décharge en pleine figure. Il roule à terre.

« Les pierres continuaient à pleuvoir sur nous comme une grêle. L'une d'elles effleurant la main de M. de Sarzec lui enleva la peau du dessus des doigts, tandis qu'une autre, qui lui arrivait en pleine figure, heureusement parée par Samrou, heurta le rebord du bouclier et rebondit par-dessus sa tête. Il fait feu à son tour; à partir de ce moment, devant le cercle des balaguers, qui va toujours se resserrant, nous ne fîmes plus que tirer et recharger précipitamment nos armes.

« D'autres pierres m'atteignent encore aux bras, dans les reins, à l'épaule, car je ne puis éviter les projectiles qui viennent par derrière.

« Nos cartouchières se vident cependant. Tout près, avec nos bagages, sont nos caisses de munitions, mais il n'y faut pas songer. Déjà les balaguers nous en isolent.

« J'aperçois un grand gaillard qui, se dissimulant derrière

un arbre, se dirige vers moi, sa fronde à la main. Je le couche en joue. Il se cache derrière l'arbre, puis reparaît. Je l'ajuste de nouveau : il se dissimule encore. Ce manège se répéta cinq à six fois; quand tout à coup (c'est là que je pus me convaincre du mépris que les Abyssiniens professent pour la mort) il se découvre complètement et s'élance sur moi en faisant tournoyer sa fronde. Je l'attends à dix pas, le coup fait balle. Il étend les bras et s'afaisse foudroyé.

« Le combat cessa instantanément et les balaguers se retirèrent dans le fond du ravin.

« J'allai vers le cadavre de mon adversaire : il avait reçu toute la charge dans la tempe! Je pris sa fronde que je mis dans ma poche et que j'ai rapporté comme souvenir de ce terrible moment. »

Profitant de cette accalmie, les voyageurs remplissent leurs poches et leurs cartouchières de nouvelles munitions tandis que le bacha Samrou va tenter de pourparler avec les ennemis. Après une demi-heure de suspension d'armes, les balaguers reviennent en nombre immense au combat.

« Instinctivement nous nous précipitions pour entrer dans l'église, vers la porte que nous avions vue du côté opposé! Heureusement Asseïn découvrit une poterne cachée dans un massif. Ce fut notre salut, car l'autre porte était gardée. Les balaguers nous y attendaient pour nous barrer le chemin. Pris entre deux feux, il ne nous serait plus resté qu'à vendre chèrement notre vie. »

En Abyssinie, toute église est un asile sacré. Néanmoins la frénésie des balaguers était si grande qu'il y avait lieu de craindre que leur hésitation à poursuivre la lutte ne fût pas longue, quand les assiégés virent accourir à eux un homme à la peau très noire, aux cheveux laineux, portant sabre, lance et bouclier et suivi de deux ou trois hommes également armés.

« — Je suis soldat, dit-il, et soldat du négous, je viens vous sauver ou mourir avec vous.

« Nous étions muets de surprise et ne trouvâmes rien à lui répondre.

« Dégainant alors son grand sabre en faucille, il alla se camper sur le seuil de la porte extérieure, déclarant qu'on lui passerait sur le corps avant d'entrer. Nous-mêmes, sur la porte du sanctuaire, le fusil en arrêt, nous le voyions lutter contre les paysans, frappant d'estoc et de taille.

« Cependant les balaguers ne s'étaient pas attendus à ce renfort dont ils ignoraient sans doute l'effectif réel. Non moins surpris que nous-mêmes, ils hésitaient visiblement... D'un tour de main notre nouvel allié tourna et barricada la porte...

« Nous pressâmes cordialement la main du soldat noir en le félicitant de sa belle conduite. »

La nuit venue, les voyageurs se comptèrent; il y avait deux absents. Grâce à l'intervention d'une vieille femme, que le kantiba Guorguis avait connue au camp du négous, ils parvinrent à s'emparer pendant la nuit des bagages qu'ils avaient dû abandonner. Ils purent s'assurer qu'il n'y avait plus personne autour de l'église, mais ils ne jugèrent pas à propos de tenter une évasion, car le pays entier pouvait être soulevé et ils craignaient non seulement d'être assaillis de nouveau, mais encore de perdre leurs bagages et les précieuses collections déjà recueillies.

Ce ne fut qu'après bien des pourparlers et après avoir couru des dangers de toute sorte qu'ils parvinrent enfin à s'échapper de cette situation désespérée.

Les limites de ce récit nous interdisent de faire connaître plus au long les détails et les péripéties de cette lutte inégale; nous nous contenterons, pour montrer toute l'étendue des dangers que nos deux compatriotes eurent à courir, et dont-ils sortirent victorieux, de citer ces lignes significatives de M. Raffray.

« Dans l'emportement de la lutte je n'avais pas songé à la mort. Mais je jugeais maintenant de sang-froid notre situation: nous étions comme le condamné, qui, au pied de l'échafaud, attend la réponse à son recours en grâce. Je pensai à mon père à la famille, à la patrie que je ne reverrai plus sans doute, et, du fond du cœur, je leur adressai un suprême adieu! Puis cherchant dans ma poche un flacon à insectes qui contenait du cyanure de potassium :

« — Partageons en bons camarades, dis-je à M. de Sarzec, il y en a plus qu'il n'en faut pour nous deux et les sauvages du moins ne nous prendront pas vivants pour nous mutiler. »

Que pourrions nous dire de plus poignant que cette résolution suprême de deux hommes jeunes, vigoureux, vaillants, qui ne trouvent d'autres refuges que la mort pour échapper aux dangers qui les menacent ?

PIERRE ARNOUX

LE ROYAUME DU CHOAH

C'est en 1870, après nos désastres et lorsque notr influence en Orient semblait à jamais perduc, que Pierre Arnoux songea à mettre son courage et son énergie au service de sa patrie en allant porter son nom chez les nations à moitié sauvages qui vivent près des sources du Nil-Bleu.

Il habitait déjà l'Egypte depuis plusieurs années, et il s'était fréquemment trouvé en relations avec des gens de l'Éthiopie.

Dès 1862, un traité nous avait mis en possession d'Obock, et Arnoux savait mieux que personne de quelle importance pourrait devenir pour nous un jour cette station navale, placée en face d'Aden, susceptible comme ce poste anglais d'être fortifiée et de devenir inexpugnable.

Obock a encore sur Aden d'autres avantages notoires; doué d'un excellent port, il est comme Aden la clef d'entrée de la mer Rouge. De plus il est près de grandes et riches mines de houille qui, si elles étaient exploitées, pourraient fournir du combustible aux marines du monde entier qui suivent la voie du canal de Suez.

Arnoux résolut d'aller visiter les contrées qui seraient appelées à être en communications avec Obock lorsque nous en aurions pris effectivement possession. Les circonstances étaientfavorables. Le roi du Choah, Menelick II, après avoir été prisonnier pendant dix ans du négous Théodoros et de son successeur Johannes Kassa, venait de rentrer dans son royaume et son pouvoir y était fort et respecté.

Menelick, fils de Sahlé-Salassé, est un homme bon, généreux, intelligent, désireux de faire progresser ses peuples et de les rapprocher de la civilisation européenne. Arnoux lui adressa un mémoire où il lui exposait tout un programme de réformes et de progrès à accomplir.

Deux mois après l'envoi de cette lettre, il reçut une réponse dans laquelle le roi non seulement se montrait favorable à ses projets, mais encore l'invitait à venir au Choah le plus tôt possible, pour mettre son programme en pratique.

Après avoir vainement tenté de se faire appuyer soit par le grand commerce, soit par le gouvernement français, Arnoux résolut de partir avec ses propres ressources. Toute sa fortune personnelle fut engagée dans son expédition. Armé de la lettre du roi, il se mit en relations avec Mohamed, fils d'Abou-Bekre, émir de Zeïlah, qui consentit à lui servir de guide; puis, monté sur un sambouk, mauvaise barque dépourvue même de boussole, il arriva le 28 février 1874 à Zeïlah, où il débarqua sans encombre.

Une nouvelle lettre du roi attendait là Arnoux chez l'émir Abou-Bekre, qui le reçut amicalement. Menelick annonçait au voyageur qu'il avait chargé Abou-Bekre de lui fournir des guides et tous les moyens de transport nécessaires pour l'amener dans ses états.

Après quelques retards causés par le mauvais vouloir et la duplicité de l'émir, la caravane partit d'Ambobo le 22 décembre, et suivant l'itinéraire suivi déjà en 1843 par un autre Français, M. Rochet d'Héricourt, elle arriva le 24 octobre. vers cinq heures du matin, sur le plateau d'Assakalé-Dabbah dans la province d'Olino, près d'un torrent.

Arnoux, qui avait cru remarquer chez les gens de sa suite certain air embarrassé, n'était que médiocrement rassuré. Il avait pour compagnons de route quatre Français, armés comme lui de fusils et de revolvers ; il était peu probable que les indigènes osassent les attaquer de front, mais il y avait à redouter quelque embuscade nocturne.

La journée se passa sans accident, et le soir, au dîner, Arnoux recommanda à ses compagnons de redoubler de surveillance. On campait au milieu des bagages dont l'amas ou *boulot* formait une sorte de fortification. Les Européens s'adjoignant leur interprète ou drogman, sur la fidélité duquel ils pouvaient compter, se divisèrent la nuit en six quarts pendant lesquels ils devraient alternativement faire bonne garde autour du camp.

Le premier qui fut désigné pour être de faction s'appelait Jaubert, celui qui lui succéda se nommait Béranger ; il fut lui-même remplacé par Dissard.

Il était environ une heure du matin : la nuit était claire et étoilée ; la lune, dans son plein, éclairait au loin les champs de sa lumière blanche ; pas le plus léger bruit ne venait troubler le silence de la nuit. Dissard, cédant peut être à la fatigue peut être aussi rassuré par l'immense calme de la nature, s'endormit sur un pliant.

Profitant de ce sommeil imprudent, un indigène de la tribu des Assaï-Mara s'introduisit dans le camp, s'approcha en rampant du dormeur et le frappa par derrière d'un coup de lance. Le coup porta entre les épaules, un peu à gauche et à la place du cœur. Le malheureux blessé se releva d'un mouvement automatique, courut l'espace de quinze ou vingt pas, puis il jeta un faible cri, lâcha son arme et tomba mort.

Au même moment un autre indigène, s'avançant près de Béranger endormi sur le dos, le frappa au ventre avec tant de violence que le fer traversa le corps de part en part. Cependant Béranger put encore se lever, poussa un cri épouvantable et vint tomber sur Arnoux, qui dormait à côté et qu'il inonda de sang.

L'alarme était donnée ; tout le monde courut aux armes, mais les assassins eurent le temps de s'enfuir. Plus tard Menelick fit cruellement expier ce forfait en faisant saccager et massacrer toute la tribu à laquelle appartenaient les coupables.

Arnoux arriva enfin au Choah dans les premiers mois de 1874. Il y resta deux années. Comme Bonnat, pendant sa captivité chez les Achantis, il devint l'ami et le conseiller du roi, étudia le pays, alla visiter le pays des Gallas, obtint une concèssion de cent mille hectares dans un terrain qu'il choisit lui-même pour y créer plus tard un établissement français.

Guerrier du Choah.

L'esclavage fut aboli, grâce à l'influence de notre vaillant compatriote dans toute l'étendue des Etats de Menelick ; une fabrique de poudre, des fours à chaux, un moulin à farine furent établis par ses soins ; il devint non seulement l'ami du roi, mais celui de toute sa famille, et jusqu'aux deux jeunes lions familiers du prince, qui lors de la première visite avaient grincé des dents et froncé le museau d'une façon fort peu rassurante, devinrent avec lui familiers et dociles comme des chiens.

Menelick, chaque jour plus convaincu des avantages que notre civilisation pourrait apporter à son peuple et de la supériorité qu'il acquerrait lui-même sur ses voisins et sur ses rivaux, chargea son hôte de négocier en son nom un traité d'alliance avec la France.

Arnoux, qui n'avait pas hésité à donner en cadeau à son ami le monarque du Choah toutes les richesses qu'il avait apportées, et qui composaient le chargement de sa caravane, n'eut pas à se repentir de ses largesses et de sa générosité.

Quand il songea au départ, Menelick organisa pour lui une caravane composée de 166 chameaux chargés de toutes sortes de choses précieuses qui sont les produits de ces riches contrées : dents d'éléphants, café, cire, peaux, etc., etc., représentant une valeur de plus de cinq cent mille francs.

A cette opulente caravane furent joints seize magnifiques chevaux gallas, splendidement caparaçonnés et qui devaient être, pendant toute la durée de la route, conduits à la main par un serviteur attaché spécialement à chacun d'eux.

Ce n'était pas une mince tâche à entreprendre que celle de conduire ces animaux à travers le désert qui sépare le Choah de la mer. Là, en effet, il n'y a encore nulle route tracée, et il fallait traverser des peuples indépendants, souvent hostiles. Voici ce que dit à ce sujet Arnoux, dans son journal de voyage.

« Le cheval galla ressemble tout à fait au pur sang russe; il en a les jambes fines, la tête fière, la croupe pleine et rebondie ; le sang chaud et ardent ; la robe surtout est magnifique. Du reste, je ne me dissimulais pas les peines que j'aurais pour sauver les miens. Habitués à vivre sur les hauts plateaux, où la température est égale et douce, toujours bien soignés, bien nourris, comment se verraient-ils transportés tout à coup sous un ciel torride, n'ayant qu'une mauvaise nourriture, point d'eau le plus souvent, et devant eux un désert dont la traversée nécessitait près de deux mois! A plusieurs reprises on a essayé de conduire des chevaux gallas à la côte, la plupart ont péri avant d'arriver. »

Parmi les richesses et les curiosités que le voyageur ramenait en Europe se trouvait une civette vivante que Omer Boxa, chef redoutable des Gallas du Sud, avait offert à son vainqueur Menelick, et dont ce dernier avait fait don à Arnoux pour être remise au roi d'Italie.

« La civette était pour moi un autre sujet de préoccupation, dit le voyageur. Rien de plus gracieux que ce petit animal qui produit le musc et qui se trouve en grande abondance dans les pays gallas; par la taille et le pelage, il rappellerait l'hyène, mais il a le museau plus fin et les formes bien plus délicates; il ne s'apprivoise jamais, quelque soin qu'on prenne de lui, et l'on est forcé de le tenir constamment enfermé dans une étroite cage de bois à claire-voie. Ma bête avait constamment, attachés à son service, un homme pris dans mon personnel et un chameau pour porter sa cage; à peine arrivés au campement et ma tente dressée, le premier soin était de mettre la civette à l'abri. Comme cette bête ne se nourrit que de lait et de viande fraîche, et que, dans le désert, je n'avais pas toujours à ma portée une nourriture semblable, il fallait s'en procurer à grand'peine et souvent au prix de beaucoup d'argent. »

De toutes les richesses qu'il emportait, Arnoux, grâce à la mauvaise foi, à la jalousie et à la piraterie des Egyptiens, n'a pu sauver que cette malheureuse civette qui est aujourd'hui la propriété du roi Humbert. Et encore ce n'est qu'au prix de mille sacrifices de la part de son conducteur qu'elle a pu parvenir à sa destination.

Il faudrait un livre pour raconter toutes les peines, toutes les misères qu'Arnoux eut à endurer à son retour. Il avait pour gardes de sa caravane les deux fils d'Abou-Bekre, qui profitèrent de ce retour, pour emmener à Zeilah tout un troupeau de bétail humain. C'est en effet ainsi que les Égyptiens tiennent leur engagement d'abolir la traite des noirs;

16

toutes leurs villes de l'intérieur sont les entrepôts et servent de marché à cette triste marchandise ; presque tous les hauts fonctionnaires en sont les grands entrepreneurs.

Les fils d'Abou-Bekre savaient la pensée d'Arnoux sur cet infâme trafic ; ils connaissaient la part qu'il avait prise dans la résolution adoptée par Menelick de l'interdire dans ses états. Ils firent tout leur possible pour désorganiser la caravane qu'ils étaient chargés de conduire et pour l'empêcher d'arriver au but qu'elle devait atteindre. Grâce aux efforts surhumains, à la prudence, au courage d'Arnoux, ils arrivèrent enfin sur les rives de la mer.

Ne pouvant se rendre à Obock, encore inhabité et dépourvu de tout moyen de communication avec Aden, Arnoux dut se résigner à entrer à Zeilah, où il arriva en août 1876. Là, il était appelé à voir s'écrouler tous ses projets et toutes ses espérances.

Des instructions étaient venues d'Égypte à Abou-Bekre que s'accordait à ravir avec ses propres rancunes. Il fallait à tout prix empêcher aux Européens la route vers le Choah, entraver l'établissement des relations régulières et faciles avec ce pays, ajourner indéfiniment la prise de possession d'Obock par les Français. Pour cela il importait de ruiner et d'anéantir l'audacieux voyageur qui avait conçu ce projet.

Ce projet ne réussit que trop bien. Arnoux fut retenu à Zeilah, sa caravane, chevaux et marchandises, fut confisquée ; il eut lui-même toutes les peines à atteindre Aden, seul et ruiné de fond en comble. Depuis il a vainement demandé justice. La France, semble-t-il, n'a nul moyen de venger ses nationaux qui prodiguent pour elle leur fortune et leur sang.

Renonçant provisoirement à obtenir la réparation matérielle et morale qui lui était due, Arnoux n'avait pourtant pas abandonné son œuvre. Comme Dupuis, le généreux conquérant du Tong-Kin, il appartenait à la race de ces sublimes entêtés qui poursuivent une idée avec d'autant plus de persistance que plus d'obstacles se placent sur leur route. Il vint en Europe avec une commande d'armes et d'outils du roi du Choah ; cette commande, qui ne représentait rien moins qu'une somme de trois millions, il devait la faire, sinon en une fois, du moins en utilisant les fonds d'une première livraison pour en faire une seconde et ainsi de suite. Les capitaux particuliers avaient répondu à son appel, et la nouvelle expédition du Choah partit, emportant dans l'Afrique centrale les produits de l'industrie de notre vieille Europe.

Les contrées qu'arrosent le haut Nil sont non seulement très fertiles, mais encore elles regorgent de richesses de toute sorte, gommes précieuses, parfums, plumes d'autruche, ivoire, bois d'essence recherchée, etc.

Arnoux repartit de France accompagné d'un certain nombre de personnes françaises et emmena avec lui sa fille, une grande, vaillante et belle femme qui avait déjà accompagné son père à la cour du roi de Choah.

Le but de la nouvelle entreprise était non seulement de fonder à Obock un comptoir commercial, mais encore de chercher à renouer des relations avec Menelick II et faire des échanges de marchandises en traversant le pays des Danakil qui sépare la côte du royaume de Choah.

Les Danakil se montrèrent dès le principe fort peu favorables aux entreprises de la nouvelle compagnie. Nous avons eu plus d'une fois l'occasion de dire que les peuples soumis à la domination égyptienne vivent surtout du commerce de la traite dans laquelle leurs chefs s'enrichissent. Ils ne verront jamais avec plaisir s'établir près d'eux des Européens ennemis de cet abominable trafic. Les mêmes raisons qui avaient rendu Abou-Bekre ennemi de la première tentative commerciale d'Arnoux suscitèrent contre la compagnie Franco-Ethiopienne les colères et les défiances de la population indigène.

Ajoutons que ces peuples sont pauvres et misérables, les richesses des Européens excitaient leurs appétits et dès les premiers jours de l'installation des Européens, on vit des Danakil se glisser dans le camp et dérober les objets laissés à leur portée. Arnoux, à côté de ses qualités solides, avait un défaut qui devait lui coûter la vie : il était fort enclin à la colère et dans maintes circonstances il se laissa aller jusqu'à frapper les indigènes.

Dans la nuit du 13 au 14 décembre, deux Danakil s'étaient introduits dans le camp et protégés par la nuit, étaient en train de voler un ballot de marchandises. La sentinelle les vit et suivant sa consigne fit feu dessus. Bien que son fusil ne fut chargé que de chevrotine, un des deux voleurs fut tué. Ce fut le signal d'une véritable déclaration de guerre de la part de leurs compatriotes.

Il est une coutume musulmane qu'Arnoux a eu le tort de ne pas prendre assez en considération : c'est que tout meurtre doit se payer par une rançon donnée aux membres de la famille de la victime.

Notre compatriote, devant l'attitude hostile des indigènes, demanda aide et protection à notre consul d'Aden. Celui-ci envoya le bateau de guerre *le Forbin* qui vint mouiller dans le port d'Obock.

Le capitaine du navire se mit en relation avec les chefs des Danakil; ces cheiks demandèrent pour rachat du sang répandu, une somme qui leur fut accordée. Malheureusement rien n'est moins honnête que les Orientaux. Les cheiks ayant reçu l'argent destiné à la famille du mort, le gardèrent pour eux, et n'en donnèrent pas la moindre partie aux parents qui se crurent obligés de venger celui qui avait été victime de sa criminelle tentative.

C'est ainsi que la haine au lieu d'être apaisée par les négociations du *Forbin* alla sans cesse en grandissant. Une conspiration s'ourdit pour assassiner Arnoux et tous les membres de la société qu'il dirigeait.

Ceux-ci comprirent le danger qui les menaçait, peut-être même avaient-ils à se plaindre du tempérament violent du chef; c'est du moins ce qui semble ressortir d'une lettre de l'un d'eux qui nous a été communiquée. Quoi qu'il en soit, ils profitèrent du départ de Paul Soleillet, agent d'une autre maison de commerce nouvellement installée à Obock, et ils se firent rapatrier à Aden, par le célèbre explorateur du Sahara.

Ce fut au retour de ce petit voyage que Soleillet apprit la nouvelle de l'assassinat d'Arnoux, et put lui-même constater la mort de l'infortuné.

Le funeste événement a eu lieu le 3 mars à trois heures de l'après-midi. Pierre Arnoux était sorti de sa factorerie pour aller vaquer à quelques travaux. Il vit passer à ses côtés trois Danakil qui semblaient se promener sur la grève, et auxquels il ne fit aucune attention.

Tout à coup, lorsqu'ils furent arrivés assez près de lui, l'un des trois promeneurs traversa le malheureux explorateur d'un coup de lance, pendant que les deux autres se jetaient sur lui.

Guerrier Dankali (d'après une photographie).

Lorsqu'il fut tombé, un des assassins le frappa sur la tête

d'un coup de ces couteaux énormes dont tout indigène est porteur dans ces pays et lui ouvrit le crâne d'où s'échappa la cervelle.

La mort a été instantanée.

Un employé de la Société française d'Obock, dont Paul Soleillet était l'agent, M. Clouet, était dans la factorerie voisine de celle de P. Arnoux et surveillait des maçons, travaillant à la porte de l'enclos, il entendit des cris formidables. Un autre employé de la même maison. M. Lafond, entendit aussi ces cris de détresse. Tous deux comprirent qu'un drame horrible venait de s'accomplir et, après s'être munis de leurs armes coururent du côté où le bruit s'était fait entendre.

Ils virent les assassins s'enfuir, et trouvèrent le cadavre encore chaud de l'infortuné, atteint de neuf blessures, dont chacune était mortelle. Mais laissons la parole à un des témoins accourus tardivement au secours de l'assassiné.

Voici la déclaration de M. Grand :

« M. Louis Grand, vers trois heures et demie, entendit crier dans la plaine. En ce moment, M. Clouet, surveillant ses hommes, me dit que M. Arnoux était assassiné. Je suis rentré prendre les ordres de M. Rigod.

« J'ai pris mon fusil et suis allé dans la plaine où j'ai trouvé M. Arnoux étendu à terre. En arrivant, j'ai vu fuir trois hommes dont l'un avait une calotte rouge.

« J'ai fait transporter le corps à la factorerie de la Compagnie Française d'Obock.

« Le samedi 4 l'enterrement a eu lieu.

« Dans la nuit du samedi au dimanche, notre drapeau français servant de jalon dans la plaine, a été enlevé. A neuf heures nous avons entendu trois coups de feu ; nous sommes sortis en armes. Deux d'entre nous sont allés savoir ce qu'il y avait. On leur a répondu que trois Danakil avaient tâché de pénétrer dans la factorerie de la Compagnie Franco-Ethiopienne. Les sentinelles ont fait feu en l'air.

« A minuit, un coup de feu s'est fait entendre de nouveau. Deux Danakil avaient voulu enfoncer la porte. Dans la même nuit, la chaloupe a été dévalisée et il n'y est resté que l'ancre et la trinquette. »

Une autre déposition de L. Mazet vient compléter la précédente.

« Le 3 mars, environ à trois heures de l'après-midi, tout près de la ligne qui nous sert de grue, vers le bois du ravin, environ à cent mètres de l'habitation de M. Arnoux, j'ai entendu des cris venant de cette direction. Le surveillant Mosselet qui se trouvait près de là à surveiller des hommes arriva à moi en criant : *Arnoux mort!* En même temps j'aperçus trois Danakil s'enfuyant dans la plaine armés de lances et de couteaux, Prévoyant un événement grave, je rentrai immédiatement à notre logement prendre ma carabine.

« Quand j'arrivai sur le bord du talus, les meurtriers qui s'étaient enfuis dans la plaine avaient complètement disparu. Je me rendis sans reprendre haleine, au pied de la rampe de l'habitation de M. Arnoux. Là je trouvai mademoiselle Joséphine Arnoux éplorée. Elle vint à moi en criant : Mon père est mort!

« J'ai trouvé M. Arnoux environ à dix pieds de la rampe, gisant à terre, rendant le sang par la bouche et ne donnant plus signe de vie. Il avait encore dans la main gauche son porte-cigare avec son cigare à moitié consumé. Il était en bras de chemise et sa main droite crispée tenait une poignée de pierres.

« De concert avec M. Grand, agent de la Compagnie, qui comme moi était là en même temps, nous avons pris immédiatement toutes les mesures pour faire transporter le corps dans la factorerie de la Compagnie Française. » (Le reste comme dans le rapport précédent.)

M. Charles Clouet raconte comme il suit les faits qui ont suivi le meurtre.

« MM. Mazet, Lafond et Grand sont descendus dans la plaine et sont revenus environ une demi-heure après apportant le cadavre de M. Pierre-Antoine Arnoux. Un quart d'heure plus tard, nous avions déshabillé le cadavre et avions constaté les neuf blessures indiquées au procès-verbal annexé. Le lendemain à neuf heures, nous avons procédé à l'enterrement. Le corps a été inhumé dans le bas de la falaise au pied de la factorerie.

« Tout s'est passé en bon ordre. Les indigènes qui ont travaillé à l'inhumation ont montré beaucoup de respect pendant la cérémonie. Les ouvriers indigènes travaillant précédemment pour la factorerie de la Compagnie Française d'Obock ont continué leur besogne.

« Dès que l'assassinat a été consommé, les indigènes employés aux travaux de la factorerie se sont sauvés des chantiers. Une demi-heure après, rappelés, ils sont tous revenus.

« Dans la nuit du samedi au dimanche un drapeau français planté dans la plaine et servant de jalon a eu sa hampe brisée et l'étoffe enlevée...

« Vers les neuf heures du soir, notre attention a été attirée par trois coups de feu tirés dans l'espace d'une minute. Nous avons constaté qu'ils partaient de la factorerie Franco-Éthiopienne. Immédiatement nous avons pris les armes et nous avons fait bonne garde.

« Nous envoyâmes à la factorerie pour savoir ce qui venait de se passer; les gardiens ont répondu que trois indigènes avaient enlevé les branches d'arbres servant de chevaux de frise au mur de la Compagnie à la hauteur de la maison de M. Lafond et avaient escaladé ce mur.

« Au bruit des coups de fusil ils se sont retirés.

« Vers minuit, notre attention a été de nouveau attirée par un coup de feu tiré de la factorerie Franco-Éthiopienne. Etant encore allés aux renseignements, nous apprîmes que le gardien Hébrahim avait tiré sur deux indigènes qui cherchaient à briser la porte d'entrée principale.

« Depuis nous avons envoyé visiter le côtre de la Compagnie, la *Mascotte*, et nous avons constaté que tout le gréement et toutes les voiles, à l'exception de la trinquette et de l'ancre, avaient été enlevés. »

Nous ne multiplierons pas les citations. Celles qui précèdent suffisent pour établir que l'hostilité des Danakil contre les membres de la factorerie Arnoux était arrivée à l'état le plus aigu et qu'elle menaçait de s'étendre à tous les Européens.

Les assassins, nous l'avons dit, s'enfuirent aussitôt après leur crime accompli. Mais, dès le lendemain, quand ils virent qu'on enterrait leur victime sans essayer de représailles, ils crurent qu'on avait peur d'eux et, au lieu de se cacher, ils se vantèrent publiquement d'avoir *tué le Blanc* et ils fêtèrent leur triomphe par des danses guerrières auxquelles prirent part les indigènes de la côte.

PAUL SOLEILLET[1]

A OBOCK

Dans la première partie de ce livre nous avons quitté Soleillet au moment où des difficultés de toutes sortes l'obligeaient à renoncer, pour longtemps peut-être, au grand voyage dont il avait toute sa vie caressé le projet et qui l'eût conduit du Sénégal en Algérie.

Ce fut alors qu'il entra comme directeur d'une compagnie commerciale qui se proposait de fonder des comptoirs à Obock, petite possession française située sur la côte Est du continent africain. Loin de renoncer d'ailleurs, même momentanément aux explorations et aux voyages dans l'intérieur, il se traça comme but d'aller visiter le royaume du Choah dont le roi Menelick II avait déjà témoigné à notre compatriote, Pierre Arnoux, ses sentiments favorables à la France et son désir de se placer lui et son peuple sous notre protectorat.

Dès son arrivée à Obock, l'assassinat d'Arnoux par les indigènes, loin de refroidir son zèle, enflamma son courage et il ne tarda pas, avec une suite peu nombreuse, à s'enfoncer dans les terres et à entrer dans les états du roi du Choah.

Ce beau voyage d'exploration se termina heureusement, malgré les nombreux obstacles semés sur la route de l'intrépide voyageur. Nous sommes heureux de donner ci-après le texte même d'une lettre que nous reçûmes datée d'Ankober (côte orientale d'Afrique) le 10 février 1883. Cette lettre contient,

1. Cf. Jules Gros. *Paul Soleillet en Afrique*, In-8. Paris, A. Picard et Kaan

sinon le récit complet, au moins le résumé fidèle des événements qui signalèrent ce voyage.

« Le 30 écoulé, dit Paul Soleillet, s'adressant à l'auteur de ce livre, je suis rentré à Ankober, après avoir terminé heureusement l'exploration du Kaffa. Ce voyage doit faire de moi, sinon le voyageur, et je crois l'être, au moins un des voyageurs européens dont les itinéraires couvrent les plus grands espaces en Afrique.

« Muni de la toute-puissante recommandation de S. M. le roi Menelick II, qui est suzerain du *tatino* (roi) du Kaffa, j'ai été partout on ne peut mieux reçu et j'ai, grâce à cette protection souveraine, pu parcourir non seulement ce royaume du Kaffa qui, avant moi, n'a été vu que par deux Européens, M. Arnaud d'Abbadie et l'évêque italien Massaglia, mais de plus j'ai pu visiter les états de Djéma et Goûma où aucun Européen n'avait encore pu pénétrer. Je me suis également promené dans le royaume de Guerra où tout dernièrement deux voyageurs italiens, l'ingénieur Chérini et le capitaine Siecchi, ont été retenus prisonniers près de deux ans. Le premier est même mort à Guerra et je suis allé faire un pieux pèlerinage à sa tombe. Le second rentré heureusement en Italie, a raconté dans les journaux et les revues géographiques de son pays tout ce qu'il avait eu à souffrir dans ses voyages.

« Kaffa est bien l'empire du café; partout entre l'affluent de l'Oromo, le Guébé, qui prend sa source dans les monts Ennérea, à peu près par le 9° et 8° parallèles nord et dans l'espace compris entre le 35° et 36° ouest de Paris, les caféiers sont les arbustes qui croissent sous l'ombre des immenses forêts où passent d'innombrables troupeaux d'éléphants. Ces animaux couvrent en grande partie ce pays, et on les rencontre même sur les chemins les plus fréquentés et aux abords des villes populeuses.

« Le café qui pousse ainsi naturellement n'est pas récolté; chacun en prend ce qu'il veut, mais cette cueillette ne s'aperçoit pas, tant immense est le produit. Une quantité assez considérable de ce café sauvage est descendue par les marchands à Massaouah, il est connu dans le commerce sous le nom de café d'Abyssinie, Bien que noir et assez vilain à l'œil, il est de qualité assez bonne.

« Au Kaffa, outre le café sauvage, on en cultive de très grandes quantités qui n'atteignent pourtant pas la millionnième partie de ce qu'on pourrait avoir. Ce café est vert, très beau à l'œil et il a un arome supérieur aux qualités les plus appréciées du monde. Je vous en ferai boire, mon cher Gros, à mon retour à Paris, dans de magnifiques hanaps en corne de buffle qui m'ont été donnés par leurs gracieuses majestés, les reines de Djéma et de Goûma. Vous m'en direz de bonnes nouvelles.

« Un résultat important de mon voyage est donc d'avoir démontré que la route d'Obock au pays du café et de l'ivoire est actuellement ouverte. Mon plus ardent désir serait de voir le commerce français en profiter.

« Si les reines de Djéma et de Goûma m'ont gracieusement accueilli et si j'ai été admis à leur présenter personnellement mes hommages, il n'en a pas été ainsi du roi et de la reine du Kaffa. Ce pays est l'empire du mystère.

« Personne ne jouit du droit de voir le roi. Lorsque les ministres, les princes ou les grands du royaume ont à lui parler, ils entrent à reculons et vêtus d'une peau de bête, dans la salle où le roi se tient caché derrière un rideau. Si ce prince a à sortir, on le couvre avec un sac qui l'enveloppe entièrement, on le place ensuite sur le plus vieux cheval qu'on puisse trouver. Les quatre plus grands personnages du royaume tiennent les rênes et une troupe d'eunuques qui les entoure chasse les curieux à coups de fouet. Je me hâte d'ajouter qu'ils ont peu à faire, car quiconque serait convaincu d'avoir entrevu le roi, même dans son sac, serait immédiatement mis à mort sans autre forme de procès.

« Le roi actuel du Choah, qui est un prince intelligent et éclairé, a pour la France un amour tout particulier. Son ardent désir et celui de ses peuples, serait d'avoir la protection effective du gouvernement français. Ce roi est actuellement le souverain dont les états sont les plus grands, les plus riches, les plus peuplés, les plus civilisés, les mieux policés et administrés, non seulement de l'Ethiopie, mais de toute l'Afrique orientale. Tous les indigènes respectent son pouvoir, à des titres divers, il est vrai, d'Assab à Berbera et cela jusqu'au Nil, jusqu'au Kaffa, y compris ce royaume qui relève aussi de Menelick. Partout j'ai vu son autorité respectée, sa protection toute-puissante. Je ne saurais personnellement oublier qu'il a suffi d'un ordre d'un de ses vassaux, de mon ami le sultan Mohamed Loïtah, pour faire rebrousser chemin à des sicaires que le pacha de Zeïlah, le négrier Abou-Bekre l'assassin impuni des Français Lucereau et Pierre Arnoux avait lancés à ma poursuite, avec l'ordre de m'anéantir, moi et mes compagnons. Voici du reste en quels termes un de nos agents, M. Léon Chefneux, me raconte le fait dans une lettre de Sagallo en date du 2 décembre 1882 :

« Monsieur l'agent général.

« J'ai appris chez le sultan Mohamed Loïtah, et cela m'a été confirmé ici, que l'on avait l'ordre de vous assassiner en route, voici dans quelles circonstances :

« Trois jours après votre départ de Gapad, 40 Çomalis ont passé à une faible distance du camp de Mohamed Loïtah. Celui-ci, averti, les envoya chercher et après bien des hésitations, ils finirent par avouer qu'ils étaient envoyés par Abou-Bekre pour vous tuer. Comme preuve de ce qu'ils avançaient, ils montraient un collier qui leur avait été remis par Abou-Bekre. L'usage veut, lorsqu'on donne ainsi un ordre verbal, que l'on remette à ceux qui sont chargés de l'exécuter, un objet qui sert à les faire reconnaître et au besoin à leur faire prêter main-forte.

« Mohamed Loïtah les a retenus quelques jours, puis il les a fait rebrousser chemin les menaçant de la guerre s'ils continuaient à vous poursuivre. Cette affaire est de notoriété publique ici, Mohamed Loïtah l'écrit au consul, et moi je lui ferai une déposition à cet égard à mon arrivée à Aden.

« Ce fait prouve la puissance de Menelick, un peu d'histoire fera comprendre quel intérêt aurait la France à recueillir les ouvertures que ce roi est disposé à lui faire.

« Sans remonter à la reine de Saba qui était, dit-on, l'aïeule de ces princes, disons que le grand-père du roi actule Sahala Salassié, fit, dit-on, apporter son petit-fils à son lit de mort, le bénit et prédit que cet enfant régnerait plus longtemps que lui et qu'il était destiné à restaurer l'empire d'Ethiopie Le roi Salassié avait régné trent etrois ans.

« Peu de temps après la mort du vieux roi, l'empereur

Théodoros ravagea le Choah et emmena en captivité le jeune Menelick, qui ne revint au Choah qu'après la mort du vainqueur. Il reconstitua alors son royaume en le conquérant partie par partie, on peut dire de lui, comme d'Henri IV, qu'il règne et par droit de naissance et par droit de conquête.

« Pour peu qu'on connaisse l'Éthiopie, on sent qu'il y a bien là une grande nation encore pleine de vitalité et qu'il suffirait d'un homme ou d'un événement favorable pour la reconstituer.

« Ici, nombreux sont ceux qui ont les yeux tournés vers le roi du Choah. Sa devise : *il est né le lion de Juda*, est d'heureux augure ; il est du reste désigné par l'opinion, comme le successeur de l'empereur actuel d'Abyssinie, qui l'a, assure-t-on, désigné, par un acte secret, comme son successeur en cas de survivance. Du reste, il est indiscutablement déjà beaucoup plus puissant et plus riche que l'empereur.

« Menelick II est très libéral ; il a aboli l'esclavage dans ses états, il désire entrer dans l'union monétaire et postale et il accueille les étrangers avec cette courtoisie et cette urbanité qui a toujours distingué les Ethiopiens, comme ils l'ont fait voir pour Bruce.

« De même que son grand-père entretint des relations amicales avec la France et, repoussant les offres de l'Anglais Harris, signa un traité de paix et d'amitié avec le roi Louis-Philippe, Menelick II repousse obstinément les offres dont l'accablent les autres puissances. C'est la France seule qu'il veut pour alliée. Pour lui la nation française est toujours la grande nation, la nation aimée. Dans toute l'Éthiopie on n'a pas oublié que depuis Charlemagne les Français ont été les protecteurs des chrétiens en terre musulmane.

« Quand, en 1871, le roi du Choah apprit nos revers, il réunit quelques milliers de thalers et se proposait de les envoyer comme cadeau à la France pour l'aider à payer sa rançon de guerre. Un Européen, placé auprès de lui, l'en dissuada en lui disant qu'on se moquerait de son mince cadeau. Le fait n'en est pas moins touchant. »

La question de colonisation sur la côte orientale d'Afrique et de prise de possession d'Obock prit après l'arrivée de Soleillet une grande importance.

« L'Ethiopie, a dit Soleillet, nous intéresse aujourd'hui par les raisons suivantes : lorsqu'en 1854 ou 1855, le percement de l'isthme de Suez fut chose décidée, le gouvernement français reconnut qu'il ne pouvait maintenir sa situation dans l'île Bourbon, l'Inde et la Cochinchine, sans avoir dans une portion de la mer Rouge un lieu, appartenant à la France, où les navires pourraient relâcher, où l'on établirait des depôts de charbon, où l'on créerait des bassins de radoub, ou nous serions chez nous, et qui nous permettrait d'aller, sans sortir pour ainsi dire de chez nous, de Brest à Saïgon.

« C'est sur la côte éthiopienne que furent achetés les points à occuper : Adulis et Obock.

« Jusqu'à Mahomet, le peuple éthiopien posséda un grand empire sur les deux rives de la mer Rouge; les Éthiopiens furent les facteurs du commerce avec l'Inde et la Chine. Ce qui a frappé tous ceux qui ont lu les auteurs anciens, c'est que les Romains et les Grecs, qui connaissaient la soie, ne connaissaient pas le pays d'où elle provient; c'étaient les Éthiopiens qui servaient d'intermédiaires à ce commerce; on trouve ceci constamment rapporté dans leurs livres.

« Chez eux, une des plus grandes dignités était celle de Roi de la Mer; celui qui la possédait devait nourrir toute l'armée pendant trois mois et il avait par là une situation tellement considérable que l'empereur David Ier, à la fête de l'Invention de la Croix, après avoir fait défiler son armée sous ses yeux, se sentit si puissant et conçut un tel orgueil que, pendant huit jours, il fit prier Dieu de lui envoyer un ennemi à sa taille; il attaqua les Musulmans et fut victorieux avec l'appui des Portugais conduits par Christophe de Gama.

« Les Portugais, traités d'abord en libérateurs par les Éthiopiens, furent par eux chassés du pays, après environ un siècle de séjour, au moment où les jésuites voulaient y dominer.

« Les Éthiopiens rompirent alors leurs relations avec l'Europe, elles furent plus tard reprises. Un médecin français, Poncet, détermina les Éthiopiens à envoyer une ambassade à Louis XIV. Dans la suite, le voyageur Bruce fut bien accuelli et bien traité.

« Ceux qui ont prétendu ne pas avoir eu à se louer des Éthiopiens, avaient des mœurs et des manières qui ne convenaient pas à ce peuple; on agit quelquefois envers lui comme nous ne voudrions pas qu'on agit envers nous.

« On critique quelquefois les mœurs des Ethiopiens, dit Soleillet, mais on ne se rend pas assez compte des détails. Les voyageurs les plus sérieux, Bruce, Rochet d'Héricourt, Tamisier, Dufey, les frères d'Abbadie, ne leur ont accordé que des louanges; pour moi, qui suis un serviteur de la vérité, je n'ai jamais parlé ni écrit sur eux sans en faire les plus grands éloges. »

Leur puissance est aujourd'hui diminuée et réduite à l'Afrique.

La population se compose de deux races distinctes : sur le bord de la mer, les Çomalis et les Danakil, en partie musulmans, en partie se rattachant à la religion naturaliste d'Abraham par Ismaël ou par Jacob; sur les plateaux de l'Éthiopie, population chrétienne appartenant à deux ou trois races et se rattachant à la race juive par Menelick.

Notre possession d'Obock se trouve sur la côte éthiopienne, qui commence au cap Guardafui pour s'étendre jusqu'à Massaouah.

Obock a été choisi en 1857 par M. Lambert pour créer un centre que la France jugeait indispensable à la conservation de ses colonies de Bourbon, de l'Inde et de la Cochinchine.

Examinons maintenant si Obock peut nous rendre ce service.

Malgré l'expérience acquise en 1870, quand on vit les Anglais refuser, à Aden, à un navire français, de se ravitailler de charbon, c'est seulement en 1884 qu'on a songé à installer un dépôt de charbon à Obock; c'est l'éventualité d'une guerre avec la Chine qui a fait prendre cette résolution. En 1880 Pierre Arnoux s'y était établi.

« J'ai été étonné en arrivant à Marseille dit Soleillet des idées que l'on se fait sur Obock; on croit que cette position des Français est un eldorado et qu'on y fait fortune. Pour ma part, j'y suis allé avec l'espoir de m'enrichir, mais je n'y suis point parvenu; toutefois avec du travail, de l'argent et du temps, on peut faire quelque chose de sérieux.

« Il faut se placer, pour apprécier les avantages d'Obock, au point de vue du gouvernement français; cette position permettra à nos navires partis de Brest et de Toulon de se rendre en Orient sans demander du charbon dans les entrepôts anglais.

« Obock présente toutes les conditions désirables; il n'y a rien de superflu, mais le nécessaire s'y trouve dans d'excellentes conditions. Il y a un très bon ancrage, sur un bon fond.

« Le port est protégé du vent; les deux passes du nord et du sud sont très praticables avec le secours de bouées; je suis entré facilement de jour et de nuit avec un bateau à vapeur. On trouve une plage et des falaises; la plage, dont le fond est argileux, est parfaite pour la création et l'exploitation de salines importantes.

« Le bois est abondant; on trouve de la pierre à chaux et des moellons à bâtir; l'eau est excellente. Ce dernier fait a été contesté, mais j'affirme qu'on trouve en toute saison de très bonne eau. Une grande rivière coule à ciel ouvert devant Obock; l'évaporation produite par une chaleur qui varie de 40 à 44 degrés la dessèche, mais dans le sous-sol on trouve une eau abondante et de bonne qualité, à la condition de ne pas creuser les puits à une grande profondeur. Le sol présente d'abord une couche de sable, puis une argile imperméable; si l'on va plus avant et qu'on atteigne la roche madréporique, on obtient une eau saumâtre.

« A Obock, les légumes sont excellents, ce qui prouve, comme on sait, la bonté de l'eau.

« La grande exploitation agricole n'est pas possible; il n'y a de terre arable que pour les jardins légumiers. Obock sera une petite colonie et pas autre chose.

« Les peuples de l'intérieur amènent des troupeaux de bœufs et de moutons et approvisionnent ainsi de viande la colonie.

« L'industrie locale sera la fabrication du sel, qui a une grande valeur dans l'intérieur de l'Afrique. La côte est poissonneuse et par conséquent la pêche est abondante; on peut y faire des salaisons de poisson pour Bourbon, Maurice et Madagascar; les Arabes y venaient autrefois faire sécher, pour les vendre en Chine, des ailerons de requin.

« On a cherché, non seulement à avoir dans Obock un lieu

17

La rade d'Obock (d'après une photographie).

de relâche, mais encore à établir de là des relations commerciales avec l'intérieur. En 1881, j'ai trouvé en ce lieu M. Pierre Arnoux, qui y était arrivé depuis juin 1880 et n'avait encore pu faire parvenir aucune lettre dans l'intérieur du pays.

« C'était par Zeïlah que l'on correspondait avec le Choah. Les Italiens d'Assab communiquaient avec le Choah par la même route. Je fis partir mon agent par Zeïlah ; mais j'ouvris une enquête auprès des indigènes, et j'appris qu'ils reconnaissaient la route d'Obock impraticable, étant entrecoupée par des cratères de volcans que les chameaux ne pouvaient franchir qu'avec de très grandes difficultés.

« De plus, on y rencontre beaucoup de petites tribus dont on a à subir les vexations et particulièrement celles du puissant sultan d'Aoussa qui possède une armée d'esclaves. Le voyage se fait donc dans de mauvaises conditions ; au lieu de populations ayant des lois, on trouve un homme ayant pour unique règle sa volonté. Je cherchai si une route n'existait pas entre la petite ville de Tadjourah et le Choah, et je reconnus qu'il n'en existait pas.

« Dans mes recherches, j'arrivai à Sagallo, propriété d'un cheik en rapport avec la France, qui avait reconnu son indépendance ; ce chef avait lié amitié avec notre pays, pour se protéger également contre les Égyptiens et contre les Anglais.

« J'ai conclu un traité avec ce cheik qui m'a cédé Sagallo et son port ; on a ri de ce traité, mais on ne peut pas plus nous contester Sagallo qu'on ne nous conteste Obock.

« Les Égyptiens ne sont d'ailleurs plus en état de contester cette possession. Quand ils sont arrivés à Sagallo, ils se sont crus chez eux parce qu'on ne les en chassait pas. Mais le Dankali arborait le drapeau français tous les dimanches, et, détail curieux, on allait le reporter le dimanche soir chez l'officier égyptien qui le gardait. Quand je suis arrivé, cet officier a respiré et s'est écrié :

« — Je pourrai enfin sortir de mon fort !

« Il n'en était pas en effet sorti depuis un an.

« Les Anglais ne remplaceront pas les Egyptiens à Sagallo comme ils les ont remplacés à Zeïlah et Berberah.

« La route qui part de Sagallo est avantageuse ; elle sui

la vallée de la rivière l'Haouache, passe auprès d'un lac, ancien cratère, où il y a des millions de tonnes de sel à exploiter. Un traité donne le droit de faire du sel.

« On arrive de là au Choah.

« Sur la route se trouvent des pâturages et le pays à parcourir est sous les lois d'un seul chef.

« Les voyages par Zeïlah exigent toujours quarante à cinquante jours : je suis descendu d'Ankober à Sagallo en dix-neuf jours; avant, j'ai fait descendre par la même route, en quinze jours, M. Chefneux, qui n'avait pas d'animaux de charge. Antonelli, en suivant la route d'Aoussa, n'a pas employé moins de cinquante à soixante jours, ainsi que M. Brémond qui vient de rentrer à Obock.

« La partie du pays qui s'étend de la mer au plateau abyssin est un désert, mais elle peut être cultivée.

« On arrive au pied du plateau qui se rattache au plateau éthiopien, dont l'altitude varie entre 2,000, 2,800 et 3,500 mètres. On rencontre une population qui présente identité de langue et de mœurs avec l'Éthiopie.

« Une fois arrivé au Choah, on trouve une population civilisée ayant une langue littéraire le culte chrétien, des formes judiciaires analogues aux nôtres, puisque le code Justinien a été traduit en ghez et que des *Institutes* ont été tirés les principes de notre Code civil.

« Le pays est parfaitement administré d'après des lois régulières; l'administration a des rapports avec celle du moyen âge; les chefs du pays sont nommés à temps ou à vie; mais il y a des formes particulières qui diffèrent de celles du moyen âge; la terre est la propriété du cultivateur, qui peut l'affermer, la vendre ou la donner comme il veut.

« Les habitants du pays ne s'habillent pas comme nous; ils portent la toge comme les Romains. Cette population est, de toutes celles de l'Afrique, la plus civilisée, la mieux administrée, la plus riche, la plus accessible à nos idées de civilisation, à notre industrie.

« Le roi du Choah, qui veut bien m'honorer de son amitié, m'a prié de revenir, de lui rendre compte de certaines cultures; il a dessein d'entrer dans l'union monétaire; il voulait envoyer un ambassadeur et obtenir d'avoir à Paris un résident du Choah.

« Si je ne l'ai pas amené, c'est qu'avant mon départ un envoyé du Président de la République a dit qu'il ne fallait pas envoyer de délégué, mais je suis venu porteur d'une lettre adressée au Président de la République. »

On voit par ces citations quel homme valeureux était Paul Soleillet. M. Elisée Reclus, qui se connait en héros et en explorateurs, a dit de lui que c'était le plus admirable explorateur de notre époque. Il est allé agrandir au Choah la liste déjà trop longue des voyageurs dévorés par le continent mystérieux.

DENIS DE RIVOYRE[1]

OBOCK

Si la France s'est enfin décidée à poser effectivement le pied sur la côte orientale d'Afrique ; si elle possède aujourd'hui, à Obock, un établissement qui peut offrir à sa marine une station précieuse sur la route de l'Indo-Chine, et à sa politique une porte ouverte, de ce côté, sur l'Afrique intérieure, c'est certainement, pour une large part, à M. Denis de Rivoyre, et à sa patriotique persévérance qu'on le doit.

Lorsqu'après avoir passé le canal de Suez, le navigateur a descendu la mer Rouge, au moment de franchir le détroit de Bal-el-Mandeb, il aperçoit à sa droite une pointe de terre qui s'avance dans les flots : c'est le cap appelé *Raz Doumeirah*, et à partir de cet instant, son regard peut se reposer sur une terre française, car c'est là que commence le territoire de notre possession d'Obock. Puis, en pénétrant dans le golfe d'Aden, il longe, sur le littoral africain, de hautes falaises dénudées, et au bout de quelques milles, une déchirure du rivage le conduit à une rade abritée, à une plage de sable unie où aboutit une étroite vallée, qui remonte en s'élargissant, vers l'intérieur, estompant de la teinte sombre des grands arbres dont elle est couverte, l'aridité des sables environnants : c'est Obock.

Acheté en 1862, sur les indications du commandant Fleuriot de l'Angle, des chefs indigènes de la contrée, par le gouvernement français, ce point était, dans sa pensée, destiné à servir d'assiette à la fondation d'un établissement national qui pût, dans ces parages, nous affranchir du monopole

1. Cf. Denis de Rivoyre. *Les Français à Obock*. in-8. Paris, A Picard et Kaan.

onéreux et jaloux d'Aden. Mais oublié et délaissé, à peine acquis, quand M. de Rivoyre, au retour de son premier voyage d'exploration en Abyssinie et sur les côtes de la mer

Denis de Rivoyre.

Rouge, prononça ce nom à la Société de géographie dans la séance du 7 février 1868, et dépeignit les avantages commerciaux et politiques à retirer d'une installation sérieuse à Obock, il est à croire, sans porter atteinte à la science de personne, que chez bien peu de ses collègues il éveillât aucun souvenir, et provoquât une bien vive émotion.

Néanmoins, l'œuvre était entamée, et à partir de cette époque, M. de Rivoyre ne cessa d'y consacrer l'autorité de sa parole et de sa plume non moins que sa fortune et son existence même. A la fin de 1880, il repartait sur un petit vapeur, résolu à séjourner, avec son monde, assez longtemps à Obock pour frayer une voie féconde aux efforts tentés de le suivre.

Tel qu'il se montra en 1862, lorsque le pavillon français y fut planté, tel était encore Obock, en 1880. Le soleil et les troupeaux continuaient à s'en partager paisiblement la jouissance. Dans ce laps de dix-huit années, quelques rares navires français y avaient bien relâché, mais après que les équipages avaient renouvelé la provision d'eau dans les puits voisins de la mer, après que les états-majors avaient tiré quelques gazelles ou quelques perdrix dans les bois et sur les plateaux, on allait bien vite demander un dédommagement légitime et plus confortable aux plaisirs d'Aden. Ce n'était pas, cependant, qu'un représentant de l'autorité française, n'y eût été installé. Lorsque M. de Rivoyre et ses compagnons eurent débarqué, ils dressèrent leur bivouac à l'ombre d'un mimosa gigantesque, d'où l'on pouvait apercevoir le vapeur mouillé dans le port, et surveiller, à la fois, les abords ombragés de la vallée. Mais pas une âme pour animer la solitude ; c'était à la fin de septembre, et la saison chaude avait chassé les naturels et leurs troupeaux, des bords desséchés de la mer, vers les montagnes plus fraîches de l'intérieur.

Tout à coup apparaît un grand vieillard maigre, porté sur deux longues jambes étiques, un haillon pour tout vêtement autour des reins, et suivi d'un enfant encore plus chétif. C'était le gardien du pavillon, « Monsieur le gouverneur ! » comme l'appelaient, en riant, les marins de passage. Cinq ou six chamelles aussi maigres que lui composaient sa fortune et fournissaient à ses besoins. A quelques pas de là, les branches d'un mimosa, réunies entre elles par une natte, formaient sa maison. La hampe du pavillon confié à sa garde s'élevait auprès.

Bien que limités, comme on le comprend, les devoirs de sa charge n'en présentaient pas moins certains dangers. Lorsque, quelques jours après, muni de tous les renseignements et des indications qu'il était venu chercher, après s'être livré aux explorations nécessaires, M. de Rivoyre quitta Obock, il remarqua, mouillé dans le port, non loin de son navire, une de ces grosses barques indigènes pontées, nommées *sambouck*, et arrivée peu de jours après lui. Tout y était silencieux à bord. Personne ne s'y montrait les jours précédents; matin et soir, deux ou trois matelots nègres étaient descendus à terre pour faire de l'eau et remontés aussitôt : quel mystère ou quel trafic se cachait derrière ces flancs muets?

A peine les Français éloignés, on en eut la clef. Dès que la fumée de leur vapeur se fut évanouie à l'horizon et qu'il fût bien certain qu'ils n'allaient pas revenir, on vit timidement surgir quelques têtes. Puis, un canot chargé d'officiers et de soldats s'en détacha. C'était une troupe envoyée par le gouvernement égyptien, à l'instigation d'on ne sait qui, pour arracher notre pavillon, et planter le sien à sa place. Impuissant spectateur de cet attentat, le gardien parvint, cependant, à en informer le commandant de notre station des Indes, qui envoya aussitôt un aviso à Obock, pour y remettre les choses à leur place.

Mais il est probable que quelques encouragements donnés par le gouvernement français à ses nationaux pour apporter la vie sur ce point, eussent encore mieux réussi à le préserver de toute violation. Ce n'était par encore, malheureusement, le courant.

Convaincu qu'il fallait avant tout, pour assurer son avenir, préparer à Obock des relations commerciales et des communications maritimes, M. de Rivoyre se dirigeait vers Mascate, vers le golfe Persique, afin d'en amener chez nous, les marins et le trafic. Mais là, ne se bornait pas l'ensemble de ses vues. Dès 1865 et 1866, il avait exploré une partie de l'Abyssinie, le Tigré, le Mensah, les Bogos, etc., et partout, il avait trouvé l'esprit de ces populations chrétiennes tourné vers la France, protectrice naturelle de leur foi; partout il les avait trouvées disposées à se rapprocher d'elle. Un de leurs princes, Négousiè, roi du Tigré, nous avait même cédé dans ce but, aux termes d'un traité négocié en 1861 par le commandant Russell, le territoire de la baie d'Adulis, un peu au-dessous Massaouah, et l'île de Dessé qui en commande l'entrée.

Dans l'antiquité, ces bords avaient offert au génie commer-

Les puits d'Obock (d'après une photographie)

cial des Grecs une de leurs stations les plus riches et les plus prospères. Ils y avaient fondé la ville d'Adulis, où affluaient tous les produits de l'Éthiopie, et où aboutissait la route la plus courte des plateaux à la mer. L'invasion musulmane, en isolant et refoulant les chrétiens dans leurs montagnes, en avait fermé l'issue. M. de Rivoyre en remonta les défilés oubliés, et après avoir reconnu que, là, était la route la plus courte, la plus aisée du littoral à l'intérieur, que ce serait assurément la voie à venir de tout le commerce, si la France voulait, un jour, revendiquer son droit sur ces rivages, il en étudia tous les détails, toutes les ressources, de façon à lui en faciliter la tâche, l'heure venue.

Obock au sud de la mer Rouge, tête de ligne pour l'Abyssinie méridionale, les pays Gallas, l'Aoussah, le Choah ; Adulis au centre, conduisant au Tigré, à l'Amarah, à Gondar c'était toute l'Éthiopie, sans effort, sans lutte, sans dépenses entre nos mains. A cheval, à la fois sur le golfe Arabique et sur la vallée du Nil, du haut de ces plateaux, inaccessibles dès lors en dehors d'elle, c'était pour l'influence française, la souveraineté incontestable et pacifique de l'Orient. L'Égypte ne vivant que du Nil désormais à nous, le canal de Suez surveillé par Adulis, et la route de l'Indo-Chine tenue au-dessous et au-dessus du détroit de Bab-el-Mandeb, nous pouvions dédaigner l'impuissance des menées rivales se déchaînant à nos pieds ! Et la France aurait conquis une grande page de plus dans l'histoire de l'humanité.

Il serait encore temps de se ménager cet horizon en prenant résolument possession d'Adulis. C'est notre droit, et les événements qui s'annoncent dans ces parages nous en feraient même un devoir. Car, puissance arabe elle-même, par la possession de l'Algérie, la France ne saurait se désintéresser des secousses qui agitent le monde arabe, ou qui s'y préparent, et dont, si elle ne sait les faire tourner à son profit, le contre-coup peut plus tard, au contraire, ébranler sa situation. Le régime bienfaisant et libéral dont elle a doté ses sujets indigènes, lui a gagné les sympathies de leurs coreligionnaires. Adulis, au seuil du solsacré de l'Arabie, lui fournit la faculté multiple de se tenir sans cesse en contact avec ceux-ci, de rester leur alliée, leur inspiratrice, tout en conservant la confiance et l'amitié des chretiens d'Éthiopie, rangés sous sa protection. Double et magnifique rôle en vérité, pour un grand peuple qui saurait le comprendre, et que M. de Rivoyre, éclairé sur les moyens et la facilité de le réserver à la France, voudrait lui assurer.

Aussi est-ce encore plus pour récompenser ses efforts patriotiques et son dévouement aux grands intérêts extérieurs de la France que la Société des Études Coloniales et Maritimes lui décerna sa première grande médaille d'or. Et dans la séance du 16 avril 1885, à la Sorbonne, quand elle lui fut remise par l'amiral Thomasset, président de la Société, celui-ci pouvait dire aux applaudissements de l'auditoire :

« Cette récompense n'est pas un encouragement. Il y a « des hommes qu'on n'encourage pas. Car des hommes de « la trempe de M. de Rivoyre sont de ceux qui, lorsqu'ils ont « donné à la patrie, leur argent, leur temps, leur sang, « croient lui devoir encore [1]. »

Nous pouvons ajouter que M. de Rivoyre, entre temps, a été officier, et décoré pendant la guerre de 1870, puis qu'il fut sous-préfet en Algérie, et plus tard à Toulon. Autant de titres qui ne nuisent pas à la valeur d'un homme ! Voire même d'un voyageur !

1. *Bulletin de la Société des Études Col. Marit.* année 1885, n° 4, p. 107.

L'ABBÉ DEBAIZE

SA MORT DANS L'AFRIQUE ORIENTALE

En 1880 un jeune explorateur français, l'abbé Debaize s'embarquait pour l'Abyssinie, muni d'une importante mission scientifique.

C'était la première fois qu'une chambre française des députés confiait directement à un voyageur une mission semblable et votait une somme de cent mille francs pour en faciliter l'exécution. M. Georges Périn, député, avait pris l'initiative de cette proposition et avait dit à la tribune en parlant de son protégé :

« M. Debaize est un homme encore inconnu, mais qui se recommande par de longues et sérieuses études et par une excellente préparation à cette grande entreprise. »

Et, en effet, le jeune explorateur, qui avait à peine trente trois ans, avant de solliciter l'importante mission qui était devenue le rêve de son existence et le suprême espoir de son avenir, s'était préparé par des études sérieuses à la remplir avec fruit.

Né à Clazais (Deux-Sèvres) le 19 novembre 1845, il avait vécu pendant sa jeunesse à Pont-Ecrepin (Orne), et le curé de cette paroisse avait commence son éducation. En ocbtobre 1863, le jeune homme était entré au séminaire de Séez, où il fit de sérieuses études scientifiques. Quand il eut été ordonné prêtre, toute son intelligence le portant vers l'amour des voyages et des découvertes, il alla à Rome et sollicita du pape l'autorisation de se séparer momentanément du service régulier dans les missions catholiques. Là, en effet, tout esprit d'initiative est supprimé; chaque missionnaire abandonne son individualité pour se soumettre à une obéissance passive. D'ailleurs la science perd tous ses droits dans des entreprises qui ont pour mission spéciale et exclusive l'enseignement de la religion et un ardent prosélytisme.

Le pape accueillit cette demande, et l'abbé Debaize se trouva ainsi libre de solliciter une mission scientifique et indépendante.

Arrivé à Paris pour compléter ses études au point de vue des voyages, il alla étudier la géographie à la Bibliothèque nationale, où MM. Emile et Richard Cortambert s'empressèrent de guider ses recherches avec l'obligeance inépuisable qu'on leur connaît; puis il fit des études d'histoire naturelle au Muséum, où M. Milne-Edwards et le docteur Hamy lui enseignèrent l'art de chasser, de dépouiller et de conserver les peaux d'oiseaux et d'animaux, les minerais, les plantes, les objets curieux grâce auxquels on étudie l'ethnographie d'une nation. Enfin il fréquenta l'observatoire de Montsouris, où de savants officiers de la marine française lui enseignèrent le maniement des instruments avec lesquels un explorateur est appelé à faire ses observations et à déterminer la latitude et la longitude des points principaux par lesquels il passe.

M. Georges Périn fit valoir devant la Chambre ces études spéciales et toutes les qualités physiques et morales qui pouvaient plaider en faveur de l'abbé Debaize, et une somme de cent mille francs fut votée comme nous venons de le dire, pour le mettre à même de faire un voyage à travers l'Afrique en suivant un itinéraire analogue à ceux déjà suivis par le lieutenant Cameron et par Stanley.

Le jeune explorateur, plein de joie et d'espérance partit de Paris le 19 avril et arriva le lendemain à Marseille où il fut reçu à bras ouverts par M. Alfred Rabaud et par les autres membres de la Société de géographie présidée par cet estimable savant [1].

1. M. Rabaud a publié un résumé de la vie et des travaux de M. Debaize dans les numéros d'avril, mai et juin 1880 du *Bulletin de la Société de géographie de Marseille*. Nous avons fait plus d'un emprunt à ce travail remarquable.

Le lendemain, dimanche, 21 avril, jour de Pâques, à huit heures du matin, il se rendit, accompagné de M. Rabaud, à bord du *Yang-tsé* des messageries maritimes, sur lequel il devait s'embarquer pour se rendre à Aden. Le vent soufflail avec une grande violence; le navire ne put sortir du port et dut attendre jusqu'au lendemain un moment d'accalmie. Enfin l'on se mit en route, et le voyage d'Aden fut des plus heureux.

Déjà, à son arrivée à Aden, l'abbé Debaize avait pris un coup de soleil qui avait failli l'emporter, et auquel il n'échappa que grâce à une sorte de miracle. Il partit d'Aden le 18 mai sur un des vapeurs de la *British India*, et il arriva à Zanzibar le 29. Là, il fut reçu par M. Henri Greffulhe, un des hommes du monde les plus dévoués à la science géographique, et qu'on a souvent et justement désigné comme étant la providence de tous les voyageurs dans l'Afrique orientale.

Après avoir assisté, de la côte, le 2 juin, au départ de M. Cambier, de l'association internationale belge, M. Debaize s'occupa, à Zanzibar, à organiser sa propre expédition. Dans les premiers jours de juillet il alla à Bagamoyo pour y engager les hommes qui composeraient son personnel. Enfin le 23 juillet, il expédia de Zanzibar ses porteurs et ses marchandises, et ce ne fut que le lendemain qu'il quitta définitivement Zanzibar pour s'engager dans son grand voyage sur le continent africain.

M. Debaize partit de Bagamoyo, emmenant à sa suite 510 Ouanyanésis et 307 Zanzibarites, soit ensemble 817 hommes. Cette importante caravane occupait une longueur de 1,650 mètres, sans compter 150 femmes, chargées des vivres des porteurs.

Comme l'explorateur l'indique dans ses lettres à M. Richard Cortambert, tout alla au mieux dans le principe, mais le soin de surveiller un nombre si considérable d'hommes constituait une tâche terrible et extrêmement fatigante.

De Kosiviri, l'abbé Debaize, qui entretenait, au moyen d'exprès, une correspondance suivie avec M. Greffulhe, lui annonça que sept de ses Zanzibarites venaient de déserter.

De Marabou, sur la route d'Oudjiji, à la date du 19 novembre 1878, il écrivit à son correspondant la lettre suivante :

« J'ai été favorisé par la divine Providence d'un bonheur exceptionnel extraordinaire. De Zanzibar à Kouihara, près de Taborah, je n'ai pas été une seconde malade : toujours et continuellement, j'ai pu m'occuper de ma nombreuse caravane. Ni Zanzibarites ni Ouanyanésis ne m'ont quitté... J'avoue que j'ai eu beaucoup de mal pour arriver à cet heureux résultat, j'ai dû déployer toute mon énergie et faire le méchant : dès l'Ougougo, je pris tous les contremaîtres (nyamparas) Ouanyanésis à part, et je leurs dis : « Les hommes de votre pays ont l'habitude de quitter les caravanes et de s'en aller chez eux, soit à la sortie de l'Ougougo, soit en arrivant à Toura; eh bien, cela ne se fera pas avec moi. Ma résolution est prise. Tous les jours, vous marcherez devant moi, et si un seul paquet est laissé en route parce que le Ouanyanési qui le portait se sera sauvé, je verrai sur mon livre à quel nyampara appartenait cet homme, et immédiatement je punirai sévèrement ce nyampara. Je n'ai pas affaire ici à vos hommes, c'est vous seuls qui êtes responsables. Dans le cas où les Ouanyanésis m'abandonneraient la nuit, immédiatement je châtierai le nyampara; et ne comptez pas que vous pourrez m'échapper. Dans l'intérêt de toute la caravane, j'agirai avec la plus grande rigueur. Tous les soirs, désormais, deux Zanzibarites coucheront devant la tente de chacun de vous, et des deux l'un sera toujours réveillé.

« Vous avez bien compris. Parlez maintenant à vos hommes en conséquence. Pour moi, ma résolution est bien arrêtée. »

« Vous ne sauriez vous imaginer quel heureux effet produisit cetre petite harangue sur mes serviteurs; ils savaient que j'étais homme à accomplir mes menaces, et ils firent si bien que les Ouanyanésis m'ont accompagné jusqu'à destination.

« En traversant l'Ougougo, j'ai pris la route de Kanyényé, et je n'ai payé qu'un *hongo* (tribut) insignifiant. Aussi suis-je arrivé à Kouithara avec une riche caravane. Quel bonheur pour moi, qui dois rester si longtemps sans me ravitailler !

« A partir de Ouyandzi jusqu'à Toura, il y a une forêt immense dont la traversée dure huit jours; c'est un passage excessivement dangereux. Les pères, en le traversant, furent attaqués par une bande de brigands et perdirent un grand nombre de paquets et de caisses. Cette bande de brigands féroces infeste continuellement la forêt, attendant les caravanes qui passent. Sachant cela, je pris mes précautions en conséquence. Mes hommes marchèrent en files indiennes serrés ; 40 hommes, armés jusqu'aux dents, allaient continuellement de la tête à la queue de la caravane et me rendaient compte de tout ce qui se passait. Tout alla si bien que nous ne fûmes pas attaqués pendant le jour et ne perdîmes pas un paquet ; mais les voleurs, pendant la nuit, voulurent s'approcher du camp et nous attaquer. Pour défendre la vie des miens et préserver la caravane du pillage, j'organisai des patrouilles, et nous donnâmes la chasse à ces brigands.

« Cette défense légitime ne fut cependant pas sans effusion de sang ; nous en tuâmes plusieurs ; nous en prîmes un certain nombre ainsi que plusieurs femmes et un petit enfant. Trois défenses d'éléphant tombèrent également en notre pouvoir.

« J'ai donné au gouverneur d'Ounianyembé, Abdallah ben Nassib, les trois défenses comme cadeau. Les femmes furent mises en liberté, car les féroces brigands les avaient enlevées à leur famille. J'avais été forcé d'agir dès le début avec la plus grande énergie et sans hésitation, pour sauver des vies plus précieuses, en sacrifiant l'existence de quelques-uns de ces misérables qui, depuis si longtemps, sont la terreur des caravanes.

« Ce combat, que je n'ai pu empêcher, m'a fait une réputation qui, je l'espère, m'en évitera d'autre, car la renommée s'en est répandue partout et le *M'Zongo* (chef) français est regardé par les noirs et, jusqu'à un certain point, par les Arabes, comme un être d'une force inouïe, disent-ils, car j'ai osé attaquer et vaincre des hommes qui sont la terreur de Mirambo lui-même.

« Gardez-moi le secret de cet incident, car je ne veux faire connaître ces péripéties de mon voyage qu'à mon retour. Je m'en vais maintenant à Oudjiji, de là j'irai à Ouvira au nord du lac Tanganyika. A Ouvira, le sultan dira aux porteurs que vous m'enverrez quelle direction je dois prendre ; pour le moment, il m'est impossible de le savoir et, par conséquent, de l'écrire. Je compte attaquer l'inconnu par la

Porteurs de caravane et nyampara (contremaître).

pointe nord du lac et entrer de plain pied chez les Makrakas. »

M. Debaize, dit M. Rabaud, avait été jusqu'alors exceptionnellement heureux dans le voyage de Zanzibar à l'Ounyanyembé, et avait pu, en toute franchise, écrire ses lettres pleines de tant d'assurances et d'espérances ; il éprouva alors quelques déboires, comme tous les voyageurs africains. Il fut abandonné à Kouihara par 180 Zanzibarites sur lesquels il comptait ; il mit beaucoup de temps pour quitter le district de l'Ounyanyembé. Enfin il arriva à Oudjiji, sur la côte nord-est du lac Tanganyika, où il mourut.

Voici une lettre de M. Cambier qui fera connaître à nos lecteurs le détail des événements qui ont accompagné cette perte à jamais regrettable. Elle est datée d'Oudjiji le 2 février 1880 et est adressée à M. Greffulhe de Zanzibar.

« Quand vous recevrez cette lettre, vous aurez probablement été informé de la mort de notre ami, M. Debaize, et des circonstances qui l'ont causée.

« Quand M. Debaize vint me voir à Karéma, il était, me dit-il, malade de la fièvre depuis quatre jours ; il avait perdu son chapeau pendant la nuit et attribuait son indisposition à une légère insolation qu'il n'avait pu réussir à éviter, même en se couvrant la tête d'un turban épais. Connaissant le peu de soin que M. Debaize prenait ordinairement de sa santé, je crois qu'il a dû commettre quelque imprudence après la perte de son chapeau, car j'avais quitté notre ami plein de santé, une vingtaine de jours auparavant ; quoi qu'il en soit, l'indisposition de M. Debaize devint assez sérieuse, il resta chez moi environ vingt jours avant d'être en état de retourner à Oudjiji. Pendant ce temps le P. Deniaud était venu également à Karéma, et le 10 novembre, ils me quittèrent ensemble pour se rendre dans l'Ougouha.

« M. Debaize, encore convalescent, put cependant s'occuper des soins de son expédition ; il se rendit dans l'Ougouha, revint au Malagarazi chercher une partie de ses hommes pour les transporter sur la côte occidentale du lac, retourna à Oudjiji, où il resta trois jours, et repartit pour l'Ougouha.

« Quand il revint à Oudjiji, pour la dernière fois, le 3 décembre, notre malheureux ami était devenu aveugle. Il persistait à ne considérer son indisposition que comme passagère, et il s'installa, en attendant, dans le « tembé », renfermant le reste de ses marchandises près de la mission anglaise. Le 8 décembre, M. Hore insista fortement pour qu'il se laissât transporter à la mission anglaise. M. Debaize lui promit de s'y rendre le lendemain s'il ne se sentait pas mieux, mais il fut pris de délire le soir même, et M. Hore le fit emmener chez lui. »

Tel est le résumé de tout ce que nous savons sur l'entreprise et la mort de l'abbé Debaize. Ses papiers, recueillis religieusement par M. Hore, missionnaire anglais qu'il avait, de son vivant, chargé de ce soin, ne contiennent aucun détail sur le commencement de son voyage. Sans doute l'explorateur se considérait encore sur le territoire connu et se proposait de ne commencer son journal que de l'autre côté du lac Tanganyika. Quoi qu'il en soit, telle a été la fin de cette entreprise sur laquelle le monde savant avait le droit de tant compter. Une insolation avait menacé de l'arrêter avant même qu'elle fût commencée, à Aden ; un reflet de soleil sur les flots du Tanganyika mit à mort celui auquel la France avait confié une mission qui devait faire la gloire du pays en même temps que celle de l'explorateur.

M. GEORGES RÉVOIL

AU PAYS DES ÇOMALIS

La Société de géographie de France a distribué, en 1882, ses prix aux explorateurs qu'elle a trouvés les plus méritants, pour les voyages accomplis en 1881.

Parmi les lauréats, au premier rang, figure M. Georges Révoil, qui a obtenu une médaille d'or pour la belle exploration qu'il a faite de 1878 à 1881 dans le pays des Çomalis, situé sur la côte nord-est de l'Afrique.

Nous sommes heureux de pouvoir insérer ici la plus grande partie du savant rapport fait à ce sujet par M. William Huber, membre de la société.

En examinant les cartes d'Afrique, dit-il, on se demande pourquoi ce grand triangle limité par le golfe d'Aden, l'Océan Indien et les montagnes des Gallas, est resté si longtemps vierge de tout détail topographique et de toute exploration.

La raison de la longue ignorance où l'on est resté de ce pays des Çomalis situé en vue de tous les navires qui vont et viennent de l'Extrême Orient ou de la côte d'Afrique est que les premières tentatives faites par des voyageurs ont été malheureuses. Tous ont été arrêtés presque sur le littoral ou assassinés à quelques heures de la côte ; de plus, le pillage des navires échoués au cap Guardafui, a fait aux habitants de cette contrée une réputation de cruauté et a désigné cette partie du continent africain comme un pays inhospitalier et maudit.

Si les différentes tribus Çomalis n'étaient pas en état de guerre continuel, peut-être les comptoirs arabes du golfe d'Aden et de l'Océan Indien recevraient-ils les produits divers de cette région, arrosée par trois cour d'eau de l'importance du Nogal, de l'Ouébi et du Djoub, Mais l'état permanent des hostilités fait que les tribus riveraines barrent les approches de la mer à celles de l'intérieur et que les Arabes ou les Indiens musulmans de la côte auxquels le fanatisme çomali pourrait accorder quelque faveur, n'osent sortir de leurs comptoirs, sous peine de tomber frappés à la porte.

S'il est une puissance que les pays Çomalis devraient tenter, c'est l'Angleterre, dans l'intérêt de sa colonie d'Aden et de sa ligne des Indes. — Quelles sont les causes qui lui conseillent de ne rien entreprendre sur cette côte, en vue de s'en assurer la possession ou la bienveillance?

L'Angleterre sait fort bien que rien ne peut sortir des pays çomalis, sans passer par les marchés d'Aden, de Bombay ou de Zanzibar; aussi se contente-t-elle de faire bonne garde, et, en attendant le moment psychologique, de surveiller de près les agissements de tous les navires étrangers mouillant dans ces parages. Avec ses instincts pratiques et sa patience, l'Angleterre sent que, tôt ou tard, le trafic de cette région passera sous son pavillon. Elle ne veut faire aucune conquête par la force, mais s'est contentée, en 1877, de placer sous le protectorat de l'Egypte toute la côte de Suez à M'routi, et sous celui du sultan de Zanzibar la rive de l'océan M'routi à l'équateur. L'influence qu'elle exerce sur ces deux puissances lui assure la sienne propre. Cela lui suffit.

Les voyages dans le pays des Çomalis sont donc rares : quelques reconnaissances du littoral furent faites à partir de 1846.

En 1856, le célèbre Speke pénétrait jusqu'au Rhat, chez les Ouarsanguélis, sans pouvoir atteindre les montagnes de Karkar. Cet échec a depuis découragé toute tentative.

M. Georges Révoil a fait trois voyages dans cette région; les deux premiers exécutés aux frais d'une société commerciale de Marseille ont servi de prélude au troisième subventionné par le ministère.

Nous ne suivrons pas M. Révoil dans le détail de son itinéraire : c'est la même série de difficultés d'organisation, de désertions, de promesses violées, de privations, de dangers, commune à toutes les tentatives dans le centre africain. On trouvera ces détails intéressants écrits ; nous nous bornerons à donner la synthèse de son voage.

Ces voyages se divisent en trois itinéraires, savoir : le premier de Berguel sur les rives de l'Océan Indien à Bendes-Khor, sur le golfed 'Aden ; le second plus à l'ouest de Bender-Gazem, marché le plus important de la côte medjourdine, sur Fyïeh ; le troisième, enfin, de Lasgoré sur Feraali et Rhat, dans la vallée du Darror.

Le résultat le plus important consiste dans les notions précises de topographie rapportées par M. Révoil. Les itinéraires ont été relevés à la boussole et rectifiés par des observations astronomiques au sextant et à l'horizon artificiel. Les distances partielles ont été prises au podomètre; les hauteurs au baromètre.

M. Révoil nous a révélé de la sorte ce système de chaînes de montagnes parallèles, courant de l'ouest à l'est et encaissant les rivières parallèles aussi du Danot et du Nogal. — Le pays est partout d'une aridité exceptionnelle ; une herbe maigre et sans sève ne donne aux troupeaux qu'une nourriture insuffisante. Les roches de grès de la crête des montagnes découpent leurs silhouettes éclatantes sur un ciel bleu foncé. Un silence de mort règne dans ces fournaises qu'ailleurs on appellerait des vallées.

L'impression de tristesse est augmentée par le nombre incalculable de tombes que l'on rencontre à chaque pas. Les pays Çomalis ne sont plus que la vaste nécropole des races et des générations qui se sont succédé sur un coin du monde d'où la vie semble s'être retirée. Ces sépultures consistent en un tas de pierres de forme et de hauteurs différentes, dans lesquels M. Révoil a trouvé quelques restes des objets usuels à ces populations disparues, débris de poterie, de verre, de bronze.

De Berguel à Bender-Khor, le voyageur a suivi le pied des monts Mogor-Gorali en franchissant successivement des vallées qui n'avaient jamais été visitées, pour s'enfoncer dans les gorges profondes et escarpées de Togouené, tout aussi inconnues.

Types de Çomalis.

Dans ces régions désolées, à peine rencontre-t-on quelques campements de nomades vivant en troglodytes dans des enfoncements de rochers.

Couverts de haillons de peau, les cheveux démesurément longs et sans soin, ces malheureux vivent du maigre produit de leur chasse à l'arc ou du lait de quelques chèvres étiques, le plus souvent de lianes comestibles et de racines.

Ces sauvages, voisins de la brute, ont un aspect féroce. Ils regardaient passer la caravane avec l'expression d'un fauve convoitant sa proie. Ce sont certainement les nomades les plus dangereux parce qu'ils ont faim.

En fouillant des vestiges de ruines et de campements, M. Révoil a trouvé des armes de silex et des monceaux de détritus de coquillages et d'ossements de poisson, signalant l'occupation des lieux par une peuplade d'ichtyophages. Puis mêlés à ces débris, des fragments de bronze et de fer provenant sans doute des premiers conquérants, enfin des éclats d'obus sortis probablement de quelque bouche à feu portugaise.

En examinant ces épaves, et en les comparant avec les spécimens de l'art rudimentaire ou de l'art antique conservés dans les collections, M. Révoil arrive à la conclusion que la conquête égyptienne a pris la place des peuples autochtones ichtyophages, que les Grecs et les Romains ont ensuite occupé temporairement ce pays.

L'histoire de la conquête égyptienne nous a été révélée par les inscriptions trouvées par les pilones du temple de Karnac et sur ceux de celui de Deir-el-Bahari.

Toutefois M. Révoil ne pense pas que l'aride pays qu'il a visité ait jamais pu tenter les hommes.

M. Révoil espérait obtenir des chefs l'autorisation de se rendre dans la vallée du Nogal courant de l'ouest à l'est, au sud des monts Karkar. Il passa un mois à la côte en vaines et énervantes discussions. Toujours prêts la veille, les chefs avaient chaque lendemain un nouveau prétexte de retard jusqu'au jour où leurs promesses se changèrent en un refus formel.

Ce pays, dit M. Révoil, est bien celui de la patience !

Pour mettre à profit son séjour à Meraya, M. Révoil renouvelle l'ascension du pic de Karoma, récoltant çà et là les rares éléments que le sol ingrat offre à ses collections d'histoire naturelle. De guerre lasse, il gagne par mer Bender-Gazem.

Une agitation très vive régnait dans cette bourgade : la route des caravanes était ensanglantée par des perpétuelles razzias entre les Medjourdines, les Delbohantes et les Ouarsanguélés, surexcités par l'atroce misère causée par la sécheresse. Le voyageur tenta néanmoins l'aventure en s'engageant entre les monts Almédo et les monts Almescate. Ces deux chaînes parallèles à celle de Karkar, bordent au nord la large plaine du Darrov.

Tout le pays est sec ; de grandes plaines arides s'étendent jusqu'aux monts de Karkar dont le profil s'estompe à l'horizon ardent. Sur quelques points privilégiés paissent des troupeaux de chameaux et de chevaux de petite race, entre de maigres buissons d'accacias mimosas.

La caravane doit se tenir constamment en garde contre les importunités inquiétantes des nomades. Elle gagne enfin Tijieh pour rendre hommage au chef çomalis Mohamed Noûv, duquel Révoil espérait obtenir un laisser-passer.

Cette désagréable visite n'eut d'autre résultat que de forcer le voyageur à revenir sur ses pas. Fatigué par ces refus systématiques, il rentra à Aden pour se ravitailler.

Pendant ces excursions, M. Révoil avait eu l'occasion de remarquer de nombreux tas de pierre, affectant des formes et des dispositions diverses, souvent très curieuses. Tantôt ronds, tantôt elliptiques ou carrés, cubiques ou piramidaux, ces tas présentent souvent, à leur milieu une dépression en forme de petit cratère, comme si un tassement s'était produit sur ce point.

Ce sont évidemment des sépultures ; leur nombre est considérable ; tout le pays en est couvert ; aussi M. Révoil dit-il que, dans les pays Çomalis, le seul champ que l'on cultive est celui des morts.

La méfiance des indigènes lui interdisait de faire la moindre fouille dans ces tumuli, un naturel lui avoua pourtant qu'il en avait bouleversé un en bravant l'esprit malfaisant auquel il servait de demeure. On y avait trouvé des perles, du bronze, des poteries.

M. Révoil gagne cet homme et sans éveiller l'attention, fouille avec succès deux ou trois de ces tombes. Il trouve partout ce que son guide lui avait annoncé.

La légende veut qu'une méchante reine ait été ensevelie de la sorte; l'usage s'en généralisa, mais un mauvais génie réside dans toutes ces sépultures.

C'est ce génie que les femmes çomalis vont consulter quand il s'agit d'un mariage. Pour le conjurer elles jettent toujours une pierre quand elles passent dans le voisinage.

La coutume date de loin, car Strabon en avait connaissance. Dans un texte sur les habitants de ce littoral :

« Ils ensevelissent leurs morts, dit-il, en leur attachant le cou et les jambes avec des rameaux de paliure, puis ils jettent sur le corps des pierres en riant en se réjouissant, jusqu'à ce qu'il soit tout couvert et qu'on ne puisse plus l'apercevoir. »

Les siècles, on le voit, n'ont rien changé au rite de la cérémonie.

M. Révoil était bientôt de retour à Lasgoré, déterminé à faire encore une pointe sérieuse dans le sud.

Il franchit les montagnes par un col dont l'altitude n'est pas moindre de 1650^{m}; de là, suivant le lit du Mogor, il atteignit les bords du Darror, après quelques jours de route sous des pluies torrentielles. Le pays était toujours en guerre : son escorte terrorisée le laissa seul avec deux serviteurs. Enfin il atteignit Fararalé au pied même des monts de Karkar, à 24 heures à peine du Nogal.

Un Européen n'avait encore abordé ces montagnes de grès, absolument nues, hautes de 1000 à 1200 mètres. M. Révoil croyait enfin toucher au but, ce fleuve du Nogal dont il rêvait de voir les eaux.

Mais le chef Çomali, le sachant loin de tout secours, devint de plus en plus exigeant : par une nuit sombre, M. Révoil entendit discuter dans un conciliabule tenu près de sa tente, comment on s'assurerait de ses bagages en faisant disparaître sa personne. Un coup d'audace le sauva.

Il s'avança résolument vers le chef en lui adressant les plus vifs reproches. Le chef eut peur et ne persista pas dans son hostilité.

Sorti de ce pas critique, M. Révoil retourna au N.-E. sur Rhât et Haffdâr, point déjà visité par Speke. Il trouva partout des tumuli et, à Haffdâr même, les ruines d'une assez grande construction en pierres sèches, flanquée d'une tour. A partir de Rhat, la rivière de Darror prend une pente rapide; elle était presque à sec lors du passage de l'explorateur, mais deux heures de pluie suffisent pour la faire déborder.

De retour à la côte, et dans l'espoir d'être enfin récompensé par le succès, le voyageur fit une dernière tentative vers le sud, par les vallées de la Selid et du Melo, mais son élan fut encore entravé : le mot d'ordre étant donné partout.

Il s'embarqua pour Aden sur un cutter et, comme poursuivi par la mauvaise chance, alors qu'en temps ordinaire, la traversée du golfe s'effectue en 48 heures: il resta 18 jours en mer, avec des vivres pour 4 jours seulement.

Ce voyage de M. Révoil a ceci d'intéressant qu'il a ouvert une contrée à peine entrevue, qu'il a signalé l'existence des deux grandes vallées du Darror et du Nogal et des chaînes parallèles des monts Almescate et Karkar.

Il nous rapporta : 1° Des itinéraires relevés à la boussole et rectifiés par des observations astronomiques au sextant et à l'horizon artificiel, prises à chaque point de halte. Les calculs de longitude et de latitude ont été vérifiés par l'observatoire de Marseille. Les distances partielles ont été déterminées au podomètre.

2° Des observations barométriques et thermomètriques.

L'ensemble de ces travaux a permis d'établir la première carte qu'on ait de cette étrange contrée.

3° Trois cents clichés photographiques réunis dans un intéressant album offert à la Société de géographie; une collection ethnographique curieuse; hutte d'indigène avec ses accessoires, exposée au musée du Trocadéro, et de nombreux croquis qui font revivre le paysage et les habitants de la région explorée.

4° Il rapporta enfin des collections diverses de mammifères, reptiles, mollusques, plantes, espèces en grande partie nouvelles.

Il signala les produits du pays en gommes, encens, myrrhe, plumes d'autruches, baryte et galène, mines de mercure, dont Pline parlait déjà.

M. Rèvoil estime le commerce par caravane à une valeur de plusieurs millions, mais il faut ajouter que toutes les marchandises ne sont pas originaires de l'aride pays des Çomalis; elles viennent en grande partie du sud de cette région que M. Révoil désirait si ardemment visiter.

La partie relative à la géographie historique n'est pas la moins intéressante. Les trouvailles de M. Révoil mettent en question l'identification du pays de Pount des égyptologues avec l'*aromatria regio* des Romains et les pays Çomalis, MM. de Rougé et Busch le plaçaient au sud de l'Arabie, mais depuis la découverte des pilônes de Karnac, datant du règne de Toutmès III (environ 1600 ans avant notre ère) et l'interprétation de leurs inscriptions géographiques, il semble logique d'admettre l'opinion du regretté Mariette Bey et d'y voir la côte d'Afrique dans les environs du cap Guardafui.

Cette opinion, partagée par Schweinfurt qui visita l'île de Socotora est basée sur les remarquables bas-reliefs et l'inscription trouvés sur les murs du temple de Deir-el-Bahari à Thèbes, lesquels racontent l'expédition que la reine Hasatou envoya au pays du Pount dans un but purement commercial.

M. Révoil n'a trouvé aucun indice d'identification sur la côte Çomali du golfe d'Aden; il admet, au contraire, que le légendaire pays de Pount doit être la rive de l'Océan indien des environs de Brawa et probablement des vallées du Nogal et de l'Ouébi.

A l'appui de cette opinion, il rapproche l'arme figurée sur les bas-reliefs de celle encore en usage chez les naturels de Brawa et des environs. Les huttes figurées par le sculpteur égyptien sont coniques comme celles des Çomalis Bimals et autres tribus du bassin de l'Ouébi. Dans ces parages, plus que sur aucun point du littoral arrive en quantité considérable la myrrhe, dont il est si souvent fait mention dans les inscriptions anciennes. Là aussi seulement arrive l'ivoire, tandis que les ports avoisinant Guardafui et ceux du golfe d'Aden n'exportent qu'une quantité insignifiante de myrrhe et de défenses d'éléphant.

TABLE DES GRAVURES

TABLE DES MATIÈRES

II. AFRIQUE OCCIDENTALE

III. AFRIQUE ORIENTALE

PARIS. — IMPRIMERIE A. PICARD ET KAAN. 293. L, C.

www.ingramcontent.com/pod-product-compliance
Ingram Content Group UK Ltd.
Pitfield, Milton Keynes, MK11 3LW, UK
UKHW021058220726
13924UKWH00005B/2142

9 782019 156886